Der zweite Messias

Christopher Knight
Robert Lomas

Der zweite Messias

Das Grabtuch von Turin,
die Templer und das
Geheimnis der Freimaurer

Aus dem Englischen
von Sabine Steinberg

Scherz

Meiner Frau und unseren drei Kindern gewidmet

R. L.

Meiner Frau Susan und unseren Töchtern
Kathryn, Lucy und Sophie zugeeignet

C. K.

Die Originalausgabe erschien unter dem Titel
«The Second Messiah» bei Century, London

Erste Auflage 1999

Durchsicht der deutschen Übersetzung:
Axel Pohlmann

Wein ist stark,
ein König ist stärker,
Frauen sind sogar noch stärker.
Aber die Wahrheit besiegt alles.

Das Buch Esdras

Inhalt

Einleitung

In unserem Buch *Unter den Tempeln Jerusalems* haben wir die Ursprünge der Freimaurerei dargelegt und gezeigt, wie sich die modernen Rituale der Freimaurer aus denen der Jerusalemer Urgemeinde entwickelten, die später von dem berühmten Kreuzfahrerorden der Tempelritter übernommen wurden. Diese Ordensritter umrankte eine seltsame Geschichte, die nach dem ersten Kreuzzug mit einer neun Jahre währenden Ausgrabungsarbeit in den Ruinen des herodianischen Tempels begann und nahezu zweihundert Jahre später mit der Verhaftung der Ordensmitglieder als Häretiker endete.

Unsere Forschungsergebnisse widersprachen allem, was man bisher über die Geschichte der Freimaurerei erforscht hatte, wurden aber von vielen Theologen – darunter auch einige katholische Priester – und Historikern der Templer- und Freimaurergeschichte als plausibel in Betracht gezogen.

In den Monaten, die der Veröffentlichung des Buches folgten, begegneten wir in England, Schottland und Wales Hunderten von Freimaurern, die uns sämtlich gratulierten und uns ihre Unterstützung anboten.

Eine bemerkenswerte Ausnahme stellte allerdings die Vereinigte Großloge von England dar, die noch nicht einmal das Vorabexemplar, das wir schickten, zur Kenntnis nahm. Scheinbar hatten wir als Freimaurer die Sünde begangen, über das Jahr 1717 hinaus unabhängige Forschungen zur Vergangenheit des Freimaurertums zu betreiben. Wir hatten zwar keine Regel des Ordens gebrochen, erhielten aber bald Kenntnis von einem Brief der Großloge an die Provinzialgroßlogen von England und Wales, in dem unsere Entdeckungen kurz und ausgesprochen verdreht dargestellt waren.

Kurz darauf besuchte der Ehrwürdige Meister einer berühmten Freimaurerloge eine unserer Lesungen – in der Absicht, Beweise gegen uns zu sammeln. Am Ende jedoch beglückwünschte er uns, kaufte unser Buch und bat uns, es zu signieren. Aus der ganzen Welt erreichten uns Briefe von allen möglichen Lesern, von denen viele uns mit weiteren Beweisen versorgten. Einige hochrangige Freimaurer waren voll des Lobes. Zum Beispiel bemerkte David Sinclair Bouschor, ehemaliger Großmeister von Minnesota:

> «*Unter den Tempeln Jerusalems* könnte der Funke sein, der eine Reformation im christlichen Denken entzündet und zu einem neuen Überdenken ‹der Fakten› führt, die wir seit Generationen blind akzeptiert und befolgt haben. Dieses Buch ist ein Muß für Freidenker.»

Ein amerikanischer Theologe schrieb uns folgendes:

> «Ich bin Freimaurer des zweiunddreißigsten Grades des Schottischen Ritus, dreimal war ich Meister meiner Loge, bin ehemaliger Weiser Meister des Rosenkreuzes, ein Mitglied des Ordens von Amaranth und ein Shriner, zu allem bin ich noch ordinierter Pfarrer der reformierten Baptistenkirche. Jedoch haben mich diese ganzen Erfahrungen und meine Studien nicht auf das Material vorbereitet, das ich in Ihrem Buch vorfand. Wenn ich nicht schon auf der Suche nach unseren antiken Ursprüngen gewesen wäre und wenn ich nicht den Mut gehabt hätte, über die Grenzen unserer Dogmen hinauszusehen, hätte ich *Unter den Tempeln Jerusalems* vielleicht nicht zu Ende gelesen. Aber ich habe es getan und empfand Ihre Schlußfolgerungen verglichen mit meinen Ergebnissen völlig akzeptabel. Das hat mich zu dem Schluß geführt, daß ein Körnchen Wahrheit in der Anschuldigung gegen die Freimaurerei liegt, daß ‹nur die obersten (Hoch-) Grade die Wahrheit kennen›.»

Diese letzte Bemerkung war besonders faszinierend, denn soweit wir wissen, gibt es über dem zweiunddreißigsten Grad, dem dieser Gentleman angehört, nur noch einen weiteren. Könnte hier ein Geheimnis verborgen sein, das so bedeutend ist, daß nur eine Handvoll Freimaurer es kennt? Vielleicht, so dachten wir uns, war dieses große Geheimnis verlorengegangen und mußte jetzt wieder neu entdeckt werden.

Die Beweise waren zu verführerisch, um sie beiseite zu schieben. Wir wußten sicher, daß die Freimaurer die Rituale der Urgemeinde von Jerusalem und der Tempelritter weiterentwickelt hatten, und es schien wahrscheinlich, daß die Vereinigte Großloge von England entweder den Kontakt mit ihren eigenen Ursprüngen verloren hatte oder absichtlich etwas von großer Bedeutung verbarg – und das selbst vor ihren eigenen Mitgliedern. Ihre Entschlossenheit, jede Diskussion von allem, was außerhalb ihrer Doktrin lag, zu vermeiden, unterschied sie sehr von jeder anderen Großloge, die wir kennen, und wir beschlossen, unsere Forschungsarbeit weiterzuführen.

Als wir uns neuerlich auf die Suche begaben, waren sechs Schlüsselfragen noch unbeantwortet:

1. Sind einige Freimaurerrituale absichtlich geändert oder unterdrückt worden?
2. Gibt es ein großes Geheimnis der Freimaurerei, das entweder verlorenging oder absichtlich verborgen wurde?
3. Wer stand hinter der Gründung der Tempelritter?
4. Warum entschlossen sich die Tempelritter, unter den Ruinen des herodianischen Tempels Ausgrabungen durchzuführen?
5. Welche Glaubenssätze standen hinter der Brandmarkung der Tempelritter als Häretiker?
6. Können die tiefer gehenden Rituale der Freimaurer ein neues Licht auf die Ursprünge des Christentums werfen?

Wir wußten, daß die Antworten auf diese Fragen nicht leicht zu finden sein würden, aber im Verlauf unserer Nachforschungen vermochten wir eine sehr wichtige Frage zu beantworten, die wir uns bis dahin gar nicht gestellt hatten: Woher stammt das Grabtuch von Turin wirklich?

Wir haben bereits früher spekuliert, daß es zwischen den Tempelrittern und dieser einzigartigen Reliquie eine Verbindung geben könnte, aber wir ahnten nicht, welch bedeutende Rolle sie und das Bild des Mannes, das darauf sichtbar ist, in der Geschichte gespielt haben.

1

Der Tod einer Nation

Wer die Vergangenheit beherrscht, beherrscht die Zukunft.
Wer die Gegenwart beherrscht, beherrscht die Vergangenheit.

George Orwell, *1984*

Alter Glaube in neuem Licht

Man sagt, daß in den letzten dreißig Jahren mehr Informationen zusammengetragen wurden als in den fünftausend Jahren davor. Dank moderner Forschungsmethoden und der Einrichtung riesiger Datenbanken und Nachschlagsysteme haben wir alle schnellen Zugriff auf ungeheure Mengen von Informationen. Wir können heute die Welt, in der wir leben, besser begreifen – ihre Vergangenheit und ihre mögliche Zukunft –, als es noch vor einem Lebensalter je vorstellbar war.

Wir alle mußten uns an den Gedanken gewöhnen, ständig Neuerungen ausgesetzt zu sein – von der Zahnpasta bis hin zu Autos wird alles von Jahr zu Jahr ausgereifter, besser. Die meisten von uns glauben nämlich heutzutage, daß «neuer» auch «besser» bedeutet, aber obwohl die neuen Dinge ständig ihr Aussehen ändern, sterben alte Ideen dennoch nur langsam aus, und die «Wahrheiten», die man uns als Kindern eintrichterte, bleiben unangetastet. Woher wissen wir, daß Kolumbus Amerika entdeckte? Warum glauben wir, daß Jesus Wasser in Wein verwandelte? Wir glauben, die Antworten auf beide Fragen zu kennen, weil man uns sagte, daß es so sei, und weil wir nie Gelegenheit hatten, diese in unserer Kultur allgemein akzeptierten Annahmen anzuzweifeln.

Geschichte scheint demnach nicht eine Aufzeichnung von Ereignissen aus der Vergangenheit zu sein, sondern eine Aufzählung bevorzugter Thesen einiger Menschen mit besonderem Interesse an der Verbreitung ebendieser Thesen. Wie schon George Orwell in seinem Roman *1984* bemerkte, wird die Geschichte immer von den Siegern geschrieben, und wer das Schreiben der Geschichtsbücher überwacht, der kontrolliert die Vergangenheit. Zweifellos war in den letzten zweitausend Jahren die beherrschendste Macht der westlichen Welt die römisch-katholische Kirche. Die Konsequenz daraus ist, daß Geschichte oft so geschrieben wurde, wie die Kirche sie sich wünschte.

Die Kirche hat die westliche Kultur immer mit «Wahrheiten» versorgt, aber je mehr schlüssige Beweise auftauchen, desto eher muß man zu dem Schluß kommen, daß der Papst nicht so unfehlbar ist, wie man früher behauptete. Zum Beispiel wurde Galileo, als er behauptete, daß die Erde sich um die Sonne drehe, zu lebenslanger Haft verurteilt und sein Werk verbrannt, und erst im Jahr 1992 gab eine päpstliche Kommission den Irrtum des Vatikans zu und hob das Urteil auf. Im neunzehnten Jahrhundert wurde die Evolutionstheorie von Charles Darwin von der Kirche bekämpft, aber im Jahr 1996 mußte der Vatikan auch hier eingestehen, daß man sich geirrt hatte.

In der Vergangenheit wußte die Kirche die Antworten auf Fragen des Lebens, für die niemand eine Lösung hatte. Aber in dem Maße, in dem die Wissenschaft voranschritt, wurde gleichzeitig das Verlangen nach Mythen kleiner. Doch während der Vatikan sich langsam und vorsichtig bewegt, wenn es um die Rolle der Menschheit im Schöpfungsprozeß geht, rührt er sich überhaupt nicht von der Stelle, wenn es um die Interpretation von Ereignissen geht, die im Neuen Testament beschrieben sind – obwohl es eine große Anzahl historisch belegter Beweise gibt.

Das wurde im November 1996 deutlich, als Papst Johannes Paul II. mit dem Erzbischof von Canterbury, dem Oberhaupt der Anglikanischen Kirche, zusammentraf. Bei diesem Treffen hielt es der Papst für nötig, den Engländer an die absolute Vorrangstellung des römischen Bischofs zu erinnern, indem er erneut seinen historischen Status als direkter Nachfolger Petri, dem Christus angeblich seine Kirche anvertraut hatte, betonte (Quelle: *The Times* [London], 28. November 1996).

Dieser Machtanspruch gründet auf eine direkte Nachfolge Christi, die unter dem Namen «apostolische Sukzession» bekannt ist. Und diese wiederum basiert auf der Geschichtsschreibung der römisch-katholischen Kirche, die im großen und ganzen widerlegt wurde, als moderne Wissenschaftler sich die Jerusalemer Urgemeinde einmal genauer anschauten. Alle Beweise deuten heute darauf hin, daß Jesus der Führer einer rein jüdischen Sekte war und daß sein Nachfolger nicht Petrus, sondern sein jüngerer Bruder Jakobus – der erste Bischof von Jerusalem – war.

Die Rolle, die Jakobus, der Bruder Jesu, spielte, galt in der römisch-katholischen Kirche immer als Bedrohung, und schon in ihren Anfängen kontrollierte die Kirche die Geschichte, indem sie Informationen über diese äußerst wichtige Gestalt einfach verschwinden ließ. Noch 1996 ließ der Papst offiziell verlauten, daß Jesus das einzige Kind Marias gewesen sei und deshalb Jakobus gar nicht sein Bruder gewesen sein könne (Quelle: *The Times* [London], 30. August 1996). Der Pontifex traf diese seltsame und völlig unbegründete Feststellung, obwohl Bibelstellen das Gegenteil beweisen und viele Wissenschaftler anderer Meinung sind.

Das Beweismaterial von heute zeigt, daß Petrus zwar sehr wohl die römische Gemeinde in den Jahren 42 bis 67 nach Christus leitete, aber keinesfalls die Kirche. Der oberste Leiter der gesamten Kirche in jenen Tagen war Jakobus, Bruder Jesu und Bischof von Jerusalem. Uns ist kein ernstzunehmender Bibelforscher bekannt, der diese Tatsache anzweifelt, und S.G.F. Brandon hat das in seinem Buch *The Fall of Jerusalem and the Christian Church** ganz klar festgestellt, als er schrieb:

> «(...) die Vorrangstellung der Jerusalemer Urgemeinde und ihre jüdische Prägung stehen ohne jeden Zweifel fest, ebenso wie die alleinige Führerschaft von Jakobus, dem Bruder des Herrn, nicht in Frage zu stellen ist.»

Jakobus war ein hervorragender Nachfolger seines Bruders und leitete die Gemeinschaft, die wir die Jerusalemer Urgemeinde nennen, sowie

* Anm. z. dt. Ausg.: Die Titel von Büchern, die es nicht in einer deutschsprachigen Version gibt, sind im Literaturverzeichnis des Anhangs übersetzt.

die Juden der Diaspora (die versprengten Gemeinden in der griechisch-römischen Welt), zu denen die Gemeinden in Ephesus/Türkei, Alexandria und Rom gehörten, mit fester Hand.

Ungefähr drei Jahre nach dem Tod Jesu traf Paulus, ein Jude aus der südtürkischen Stadt Tarsus, in Jerusalem ein. Aufgrund der «falschen» Geschichtsschreibung, die heutzutage gepflegt wird, glauben viele Menschen, daß dieser Mann, als er noch ein Verfolger der Christen war, «Saulus» hieß und seinen Namen dann in «Paulus» abänderte, als er selbst Christ wurde, nachdem er auf dem Weg nach Damaskus einen Anfall von Blindheit erlitten hatte.

Die Wirklichkeit sieht anders aus. Erstens gab es damals noch keine Christen – die Jerusalemer Urgemeinde war jüdisch, und der Kult namens Christentum entstand erst viele Jahre später in Rom. Der Mann, der diese neue Religion begründete, hatte seinen Namen vom hebräischen «Saul» in das römische «Paulus» geändert, als er als junger Mann römischer Bürger wurde, denn er wollte einen Namen, der ähnlich klang wie sein alter.

Es wird gesagt, daß Paulus leidenschaftlich für das jüdische Gesetz eintrat, was dazu führte, daß er die Jerusalemer Urgemeinde verfolgte, denn sie war seiner Meinung nach eine jüdische Sekte, die das Gesetz brach und deshalb vernichtet werden mußte. Man behauptet sogar, daß er an der Steinigung des heiligen Stephanus, des ersten christlichen Märtyrers, beteiligt gewesen sein soll. Doch das alles kann man nur als jüdisches Sektenproblem betrachten, denn die Jerusalemer Urgemeinde unter Leitung des Jakobus war ganz und gar jüdisch, und zu jener Zeit war Jesus nichts anderes als ein jüdischer Märtyrer, der gestorben war, weil er versucht hatte, seinem Volk Selbstbestimmung zu verschaffen.

Irgendwann war Paulus vom Gedanken des Opfertodes Jesu so fasziniert, daß er gegen Jakobus opponierte, weil dieser nicht akzeptieren wollte, daß sein Bruder ein Gott war. In seinem Brief an die Galater gibt Paulus sich große Mühe darzulegen, daß er zum Zeitpunkt seiner Bekehrung völlig unabhängig von der Jerusalemer Urgemeinde oder irgendeiner anderen menschlichen Organisation war, und er führt seine abenteuerlichen Gedanken auf eine direkte Eingebung von Gott zurück. Paulus schreibt:

> «Als es aber dem [Gott] gefiel, seinen Sohn an mir zu offenbaren, damit ich ihn unter den Heiden verkündigen sollte (...)» *(Brief an die Galater 1, 15.16a)*

Die Gedanken, die Paulus entwickelte und auf denen die Verfasser der Evangelien später aufbauten, entstammten zum Großteil seiner Phantasie. Der christliche Gelehrte S.G.F. Brandon schreibt in seinem Buch *The Fall of Jerusalem and the Christian Church:*

> «Der Ausdruck «seinen Sohn an mir zu offenbaren» ist zugegebenermaßen ziemlich seltsam, aber er ist ohne Frage von großer Bedeutung für unser Verständnis von Paulus' Interpretation dessen, was Gott mit ihm vorhatte (...) Wenn man sie als sachliche Feststellung genauer betrachtet, dann stellen diese Worte eine ungeheure Anmaßung für jeden Menschen dar – und ganz besonders für einen Menschen mit den geistigen Voraussetzungen eines Paulus. Wörtlich bedeuten seine Worte, daß Gott in der Person des Paulus seinen Sohn offenbarte, damit er ihn unter den Heiden «evangelisieren» sollte (...) Paulus verband damit eine neue Facette des Gottessohnes, so daß ab jetzt ein neuer Zugang zu Jesus erforderlich wurde, der bis dato in der Kirche unbekannt war (...) Wir sind daher in der Lage festzustellen, daß Paulus der Exponent einer Interpretation des christlichen Glaubens war, die er selbst als völlig verschieden von der Interpretation ansah, die man am besten mit den Bezeichnungen traditionell oder historisch versieht.»

Wenn die Vorstellungen des Paulus und seiner Anhänger eine Verdrehung der wahren Lehre der Jerusalemer Urgemeinde darstellen, bleibt die Frage: Was war die wahre Lehre?

In unserem vorigen Buch, *Unter den Tempeln Jerusalems,* legten wir den komplexen, aber, wie wir hoffen, wohlbegründeten Sachverhalt dar, daß die Jerusalemer Urgemeinde die Zeremonien der «lebendigen Auferstehung» benutzte, um Menschen in die höheren Weihen einzuführen. In diesen Zeremonien durchlebte der Kandidat einen symbolischen Tod und wurde in ein Leichentuch gewickelt, bevor man ihn auferstehen ließ – genauso wie es Freimaurer heute noch tun. Aus zeitgenössischen Quellen – darunter auch die Schriftrollen vom Toten Meer – ist bekannt, daß es zu jener Zeit bei den Juden üblich war, die Mitglieder einer Sekte als «die Lebendigen» zu bezeichnen und die Außenstehenden als «Tote».

Nachdem wir uns gründlich mit der Terminologie der Bewohner Jerusalems im ersten Jahrhundert auseinandergesetzt hatten, kamen wir zu dem Schluß, daß an den Taten von Jesus Christus absolut nichts Übernatürliches ist. Seine sogenannten Wunder – wozu auch die «Auferstehung der Toten» gehört – können einfach als Ereignisse angesehen werden, die von späteren Generationen, die mit der jüdischen Denkweise gänzlich unvertraut waren, falsch verstanden wurden. Zu den völlig mißverstandenen Ausdrücken gehört unter anderem auch «Wasser in Wein verwandeln», was einfach nur bedeutet, Menschen in einen höheren geistigen Stand zu erheben. Noch heute benutzen Freimaurer ein stilisiertes Wiederauferstehungsritual, in dem ein Kandidat aus dem «Grab» aufersteht, um hernach ein Meistermaurer mit allen Weihen zu sein. Das geschieht im Dunkeln vor Boas und Jachin, den beiden nach Osten gerichteten Säulen, die auch am Eingang des Jerusalemer Tempels standen.

Nachdem Paulus zu dem Schluß gekommen war, daß er eine neue Interpretation des Todes Jesu gefunden hatte (gegründet auf das falsche Verständnis der Terminologie von Jerusalem), war ihm klar, daß er mit Jakobus, dem Oberhaupt der Jerusalemer Urgemeinde, Probleme bekommen würde. Im zweiten Kapitel des Galaterbriefes wird deutlich, wie sehr er sich bei dem Versuch, Jakobus sein neues Evangelium zu erklären, winden mußte:

> «Ich zog aber hinauf infolge einer Offenbarung; und ich setzte ihnen das Evangelium auseinander, das ich unter den Heiden predige (...)
> (...) sondern im Gegenteil, als sie sahen, daß mir das Evangelium an die Unbeschnittenen anvertraut sei wie dem Petrus an die Beschnittenen – denn der, welcher bei Petrus wirksam war zum Apostelamt an den Beschnittenen, war auch bei mir wirksam für die Heiden –, und als sie die Gnade erkannten, die mir verliehen ist, gaben Jakobus und Kephas und Johannes, die als Säulen gelten, mir und Barnabas

den Handschlag der Gemeinschaft, daß *wir* zu den Heiden, sie aber zu den Beschnittenen gehen sollten.» (Brief an die *Galater 2, 2a.7–9*)

Ein paar christliche Beobachter haben argumentiert, daß das «Evangelium der Unbeschnittenen» des Paulus nur eine geographische Aufteilung darstellte, bei der Paulus es übernahm, die Heiden außerhalb des jüdischen Staatsgebietes zu unterrichten – aber dieses Argument entbehrt jeder Grundlage. Im zweiten Korintherbrief (11,4) warnt Paulus vor jenen, die einen «anderen Jesus» und einen «anderen Geist» predigen, und hält seine Anhänger an, nur seine Erklärungen zu akzeptieren. Obgleich wir sicher sind, daß Jakobus das Evangelium des Paulus nicht billigte, haben neutestamentliche Exegeten Beweise dafür gefunden, daß manche Rabbis in Palästina es als notwendig ansahen, das Judentum in einer Form zu präsentieren, die auch von denjenigen angenommen werden konnte, die in den Traditionen der griechisch-römischen Kultur erzogen worden waren (Quelle: W.L. Knox, *Some Hellenistic Elements in Primitive Christianity*).

Nur sehr wenige Menschen machen sich die Mühe, die Forschungsergebnisse der Exegeten zu lesen, und deshalb ist alle Welt so empfänglich für die Dogmen der katholischen Kirche, wo Paulus' Visionen für real gehalten werden – trotz der Tatsache, daß sie jeder Grundlage in der Jerusalemer Urgemeinde entbehren. R. Furneaux hat in seinem Buch *The Other Side of the Story* die Lage wie folgt zusammengefaßt:

«Der Wert der christlichen Beweisführung beruht auf den Gründen, aus denen diese Literatur entstanden ist, und auf den Umständen, die zu ihrer Entstehung führten. Trotzdem ist alles anfänglich suspekt, weil man Tatsachen annimmt, von denen man heute weiß, daß das Geschehen unmöglich so gewesen sein kann. Die Evangelisten behaupten steif und fest, daß Jesus ein halbgöttliches Wesen war, gegen jedes Naturgesetz geboren wurde und den Tod besiegte. Weder haben die ursprünglichen Jünger das geglaubt, noch hat er selbst jemals so etwas behauptet.

Die Paulusbriefe sind die ältesten Quellen über die Ursprünge der Christenheit, die es gibt. Aber was das Zusammentragen von Fakten über Jesus angeht, sind sie die am wenigsten nützlichen (...). Bezeichnend ist, daß sie einen bemerkenswerten Mangel an Interesse sowohl an Jesus als historischer Gestalt sowie an dem sprichwörtlichen Begründer des Glaubens zeigen.»

Paulus erfand einen häretischen Glauben, der völlig unjüdisch ist und eine theologische Struktur verachtet, die Gott und Mensch immer strikt trennte. Wie Guignebert in *Le Monde Juif vers le Temps de Jesus* bemerkte, ist das seltsame Evangelium des Paulus in allen jüdischen Aufzeichnungen ohne jede Parallele. Wenn wir recht mit der Annahme haben, daß der Jesus bei Paulus das völlige Gegenteil des Jesus bei Jakobus und der Jerusalemer Urgemeinde ist, muß die Antwort auf folgende Frage gefunden werden: Warum überlebte diese häretische Form, während die wahre Kirche starb?

Um diese Frage zu lösen, ist es nötig, die Gestalt des Jakobus, des Bruders Jesu, der den Beinamen «der Gerechte» trug, zu verstehen. Den bestehenden Quellen kann man entnehmen, daß die Juden der Jerusalemer Urgemeinde den Juden der Diaspora erhebliches Mißtrauen entgegenbrachten und daß sie nur wenig oder gar kein Interesse daran hatten, Heiden zu bekehren.

Jakobus der Gerechte war Bischof von Jerusalem und von den Zeloten als offizieller Hoherpriester eingesetzt worden. Damit war er das Gegenstück zum proömischen Hohenpriester der Sadduzäer.

In den *Clementine Recognitions* in der Übersetzung der *Ante-Nicene Christian Library* (Bd. III) finden wir in den Kapiteln 66 bis 70 einen Bericht darüber, daß Jakobus sich einer öffentlichen Befragung durch die berühmten Rabbis Gamaliel und Kaiaphas im Tempel unterzog, um die wahre Lehre seines Bruders Jesus darzulegen. Die Beredtheit und die Logik des Jakobus fanden den uneingeschränkten Beifall der eingeladenen Zuhörer, als ein Widersacher (viele Gelehrte sind der Meinung, daß es Paulus war) einen großen Tumult verursachte, der damit endete, daß Jakobus eine Treppe hinuntergeworfen und verletzt wurde.

Eusebius, der Kirchenhistoriker des dritten Jahrhunderts, gibt in seiner *Kirchengeschichte* einen weit verständlicheren Bericht vom Tod des Jakobus, als es die kurze Notiz bei Josephus vermag. Jakobus wird dort als höchst populärer Asket dargestellt, der seltsamen religiösen

Praktiken frönte und von Ananus im Tempel verhaftet wurde, worauf ein Sanhedrin zusammentrat und Jakobus des Gesetzesbruchs angeklagt wurde. Hierbei wird ihm eine seltsame Frage gestellt, die K. Kohler in seiner *Jüdischen Enzyklopädie* vermerkt hat und die kein Gelehrter erklären konnte:

> «O Gerechter, dem wir verpflichtet sind, Vertrauen zu schenken, verkünde uns, was das Tor zum Heil ist. *(Sha'ar ha-yeshu 'ah)*»

Diese Frage ist völlig logisch, wenn Ananus Gerüchte über das Paradigma der Zwillingssäulen, das den Nasoräern – den führenden Angehörigen der Jerusalemer Urgemeinde – so viel bedeutete, gehört hatte und er jetzt Jakobus bat, ihm dies zu erklären. Die Zwillingssäulen Boas und Jachin umrahmten den Eingang zum Allerheiligsten – dem größten Heiligtum in Jahwes Tempel –, und sie wurden durch den königlichen und den priesterlichen Messias von Israel verkörpert. Das jüdische Volk konnte nur dann Heil erlangen, wenn beide Säulen vorhanden waren – und das wiederum würde eine Beseitigung der römischen Herrschaft und ihrer Marionetten, der Sadduzäer, erforderlich machen.

Jakobus wollte diesen unwürdigen Juden keinesfalls seinen Glauben erläutern und antwortete mit einer Phrase, die den Fragestellern wie blanker Unsinn vorkam. Daraufhin warfen sie Jakobus von der Tempelmauer, steinigten ihn und töteten ihn schließlich mit dem Knüttel eines Tuchwalkers.

Die Dynastie der Führer der Jerusalemer Urgemeinde war eher monarchisch als ekklesiastisch geprägt, denn nach dem Mord an Jakobus im Jahr 62 nach Christus wurde ein Vetter ersten Grades von Jesus, Simeon, der Sohn des Kleophas, das neue Oberhaupt der Kirche (Quelle: H. Schonfield, *The Passover Plot*). Auch er wurde später ermordet, wie es H. Maccabee in *The Mythmaker* verzeichnet – er wurde von den Römern hingerichtet, weil er Ansprüche auf den Thron Davids erhob. Die Tatsache, daß Jesus nach dem Tod seines Vetters Johannes des Täufers die alleinige Führerrolle übernahm und dann wiederum von seinem Bruder Jakobus und dem nächsten männlichen Mitglied der Familie beerbt wurde, hat viele Kommentarautoren (darunter auch Maccabee) zu dem Schluß veranlaßt, daß die Jerusalemer Urgemeinde wie eine Monarchie mit Erbfolge strukturiert war. Eben genauso, wie man es vom Geschlecht Davids erwarten darf.

Man nimmt an, daß sowohl Jakobus als auch Paulus eines gewaltsamen Todes starben, und ein paar Wissenschaftler haben die These aufgestellt, daß Paulus vielleicht von den Zeloten hingerichtet wurde, weil er bei der Ermordung des Jakobus seine Hand im Spiel hatte. Doch es bleibt immer noch die Frage offen, warum die Religion des Paulus wuchs und gedieh, während die des Jakobus erlosch.

Warum hat kein Dokument der Jerusalemer Urgemeinde überlebt?

Wir sind der Meinung, daß eine solche Quelle sehr wohl bis heute überlebt hat, aber wie die Schriftrollen, die man in Qumran fand, wurden auch die Schriftrollen der Jerusalemer Urgemeinde versteckt, um sie vor den unberufenen Augen der Heiden zu schützen. Um zu begreifen, was mit diesen wichtigen Dokumenten geschah, müssen wir uns einer schrecklichen Periode der jüdischen Geschichte zuwenden.

Die fehlenden Jahre

Die Christen von heute lesen in der Bibel, um sich von den Lehren Jesu und seiner Jünger inspirieren zu lassen, die vor fast zweitausend Jahren versuchten, das Königreich Gottes auf Erden zu errichten. Laut der Bibel finden alle Geschichten in den vier Evangelien mit Kreuzigung und Auferstehung im Jahr 33 nach Christus ihren Schluß, obwohl auch das Jahr 36 nach Christus als möglich gilt. Das Neue Testament führt dann die Geschichte in der Apostelgeschichte bis zum Jahr 62 nach Christus fort. Andere Schriften wie Timotheus und die Petrusbriefe reichen noch bis ins Jahr 66 nach Christus. Aber dann klafft eine große Lücke bis zum 1. Johannesbrief, der um das Jahr 90 nach Christus datiert ist.

Obwohl sich die vier Evangelien des Neuen Testaments ausschließlich mit der Periode, in der Jesus lebte, befassen, ist man allgemein der Ansicht, daß das älteste, das Markusevangelium, von 70 bis 80 nach Christus von einem Frühchristen verfaßt wurde, der sich auf eine Vielzahl von Überlieferungen stützte (Quelle: B.L. Mack, *The Lost Gospel*).

Paulus wurde, so nimmt man an, um 65 nach Christus in Rom hingerichtet.

Die meisten Christen wird diese Lücke von zehn bis fünfzehn Jahren zwischen den zeitgenössischen Schriften des Paulus und den retrospektiven Aufzeichnungen des Verfassers des Markusevangeliums und der anderen Evangelisten nicht weiter stören, aber diese fehlenden Jahre sind ungeheuer wichtig.

Das Königreich Gottes kam entgegen den Erwartungen der Jerusalemer Urgemeinde nicht – statt dessen herrschte der Teufel.

Im Jahr 65 nach Christus lag in Jerusalem vieles im argen. Die Steuerlast aus Rom war erdrückend, die Beamten wurden immer korrupter, und in Jerusalem verloren achtzehntausend Männer ihre Arbeit, als der Tempel endlich fertig war. Rebellen – manche Patrioten, manche aber auch schlicht Gauner – forderten ihre Abgaben von der Bevölkerung, was schließlich in eine Art Schutzgeldkriminalität ausartete. Die Unruhe wuchs täglich, und der Historiker Josephus berichtet, daß die Römer völlig unsensibel mit den Juden umgingen – obwohl gerade er wenig Verständnis für den religiös-politisch geprägten Fanatismus der Zeloten und ihre Absicht, ihr Volk in einen hoffnungslosen Krieg mit Rom zu verwickeln, hatte. Eines der bezeichnendsten Beispiele für das mangelnde Einfühlungsvermögen der Römer bot der räuberische Kaiser Caligula, der im Tempel von Jerusalem eine Statue von sich aufstellen ließ. Natürlich rief das bei den Juden großes Entsetzen hervor, und es könnte sehr gut zu Caligulas Ermordung wenig später beigetragen haben.

Nicht nur die Römer machten den Juden das Leben schwer; die Familien der Priesterkaste von Jerusalem unterdrückten jeden mit Gewalt, der ihnen nicht gefiel (Quelle: J. Klausner, *Jesus von Nazareth*). Laut Josephus nahm das Unheil in Cäsarea seinen Lauf, als der Prokurator Gessius Florus die jüdische Bevölkerung bewußt in einen Aufstand trieb, weil er hoffte, daß seine Verbrechen im allgemeinen Durcheinander in Rom nicht beachtet werden würden. Die Nachricht vom wachsenden Aufruhr in Cäsarea verbreitete sich wie ein Lauffeuer im Land, und die Zeloten in Jerusalem fielen über die jüdischen Oberhäupter der Stadt und die römische Garnison her und schlachteten jeden ab, der ihnen in die Hände fiel. Sogar die Samariter, die die

Juden nie leiden mochten, schlugen sich, als die Revolte sich ausbreitete, auf die Seite der Zeloten.

Die Nachricht von der Vernichtung der römischen Garnison in Jerusalem hatte fürchterliche Folgen für die Juden von Cäsarea, wo sich ja das Hauptquartier des Prokurators befand. Aufgebracht durch den Verlust von Freunden und Familienmitgliedern in Jerusalem, begannen die römischen Soldaten damit, die gesamte Bevölkerung systematisch zu massakrieren. Und wie es im Krieg so ist, brachte dies wiederum die Juden auf, die sofort die nichtjüdischen Städte Philadelphia, Sebonitis, Gerasa, Pella, Scythopolis, Gadara, Hippos, Kedesa, Ptolemais und Gaba angriffen. Eine große Anzahl Nichtjuden wurde so Opfer des jüdischen Überfalls (Quelle: Flavius Josephus, *Geschichte des jüdischen Krieges*).

Die Juden hatten das Gefühl, ihre Zeit sei gekommen, und obwohl es damals keine richtige zentrale Organisation gegeben zu haben scheint, war ihr Haß auf Römer und Nichtjuden so groß, daß die Menschen offenbar in einen Taumel religiösen Wahnsinns getrieben wurden. Josephus berichtet, daß sich das Kampfgebiet über die Grenzen von Palästina ausdehnte, denn auch in Tyrus, Alexandria und in einigen syrischen Städten, zu denen auch Damaskus gehörte, fanden Pogrome statt.

Als sich endlich Anführer fanden, müssen sie gewußt haben, daß ihre Sache hoffnungslos war, denn es war nur eine Frage der Zeit, bis Rom die winzige Provinz mit seiner ganzen Streitmacht vernichten würde. Trotzdem – die Zeloten hatten nicht zu den Waffen gegriffen, weil sie glaubten, stärker als die Römer zu sein. Nein, D.A. Schlatter schreibt in seiner *Geschichte Israels von Alexander dem Großen bis Hadrian*, daß sie fest daran glaubten, Gott würde durch ein Wunder sein erwähltes Volk retten, wie er es getan hatte, als die Israeliten über die mächtigen Ägypter triumphierten. Ihr Glaube an Gott war so stark, daß Münzen mit der Inschrift: «Das erste Jahr der Erlösung Israels» geprägt wurden.

Die Zeloten waren unbarmherzig. Sie ermordeten jedes Mitglied der Priesterschaft, das sie für ihren Gegner hielten. Sie enteigneten und verhafteten diejenigen, die ihre Sache nicht stark genug unterstützten.

Es dauerte lange, ehe der erwartete Angriff kam, aber als er kam, wurde er zum Machtbeweis Roms. Cestius Gallius marschierte mit Legionären und Hilfstruppen in Palästina ein und bekam nur wenig Widerstand von den unorganisierten Juden zu spüren, während er geradewegs auf Jerusalem zumarschierte. Dem Legaten gelang es, mit seinem Angriff die Tempelmauern zu durchbrechen, doch dann befahl er seinen Truppen ohne erkennbaren Grund anstatt des endgültigen Angriffs den Rückzug in ein Gebiet nördlich der Stadt. Die Juden, die erwartet hatten, die Römer innerhalb weniger Stunden in der Stadt zu haben, sahen erstaunt zu, wie ihre Feinde im Angesicht des Sieges Fersengeld gaben. Zuerst hielten sie es für einen Trick der römischen Kampfstrategie, aber als sie merkten, daß die Römer einfach wegmarschierten, triumphierten sie.

An dieser Schlüsselstelle sollten wir uns einem Dokument zuwenden, an das jeder Jude, der gerade den Tempel Jahwes verteidigt hatte, gedacht haben muß.

Das seltsame Dokument heißt *Die Machtübernahme des Moses,* hat die Apokalypse zum Thema und beschreibt imaginäre Ereignisse – zum Beispiel wie der Erzengel Michael ein Grab für Moses grub und der Teufel erschien, um die Leiche für sich zu beanspruchen, die ihm verweigert wurde. Man glaubt, daß mit der Niederschrift des Dokumentes noch vor der Kreuzigung begonnen wurde, aber es scheint eine Zeitperiode bis zum und während des jüdischen Krieges abzudecken. Es wird darin auch eine geheimnisvolle Gestalt namens «Taxo» erwähnt, der seine Söhne lieber tötet, als sie den Glauben verraten zu lassen, und danach kommt es zur Intervention Gottes im Kampf um die Errichtung seines Königreiches. Viele Gelehrte (darunter auch *Peake's Commentary on the Bible*) haben die Gestalt des Taxo als den Lehrer der Rechtschaffenheit identifiziert, der in den Schriftrollen vom Toten Meer beschrieben wird und den wir für Jakobus, den Bischof von Jerusalem halten.

In der *Machtübernahme des Moses* wird behauptet, daß die Herrschaft Gottes nach der Ermordung vieler Menschen und Völker kommen wird und daß der endgültige Triumph die Herrschaft des Teufels beenden wird. In einer Passage ist zu lesen:

«Und dann wird Sein Königreich Seine Schöpfung ganz erfüllen
Und dann wird Satan nicht mehr sein
Und mit ihm wird alle Trauer verschwinden (...)
Denn der Himmlische wird aufstehen von Seinem königlichen
Thron
Und Er wird Seine heilige Wohnstätte verlassen (...)»

Die «heilige Wohnstätte» Jahwes – damit kann nur das Allerheiligste des Tempels gemeint sein, den die Juden gerade verteidigt hatten. Lesen wir weiter:

«Voller Zorn und Erbitterung wegen Seiner Söhne (...)
Denn der Allerhöchste wird aufstehen, der Ewige Gott allein.
Und Er wird erscheinen, um die Heiden zu bestrafen,
Und Er wird alle Götzen zerstören
Und so wird Israel glücklich sein (...)»

In diesem Dokument steht auch, daß die Juden, die in dieser Schlacht kämpften, ihre kostbarsten Schriftrollen und Schätze so nahe dem Allerheiligsten vergraben sollten, wie sie konnten, weil dann alles unter Gottes Obhut stehe. Wir können sicher sein, daß diese Sachen unter dem Tempel versteckt wurden, denn in den Schriften der «Kupferrolle» wird bestätigt, daß diese Anweisungen ausgeführt wurden.

Aus diesen in Kupfer getriebenen Aufzeichnungen geht hervor, daß unter dem Tempel mindestens vierundzwanzig Schriftrollen vergraben wurden. Dazu kommt noch eine weitere Kupferrolle, die die gleichen Informationen enthält wie die Qumraner Schriftrolle – und noch mehr. Insgesamt sind einundsechzig Stellen kodiert angegeben, an denen Schätze versteckt wurden. Der letzte Eintrag lautet:

«In der Grube gen Norden, in einer Höhlung mit einem nördlichen Eingang, ist direkt am Eingang eine Kopie dieses Dokuments vergraben, mit einer Erklärung und den Größen samt einer Inventur von allem.»

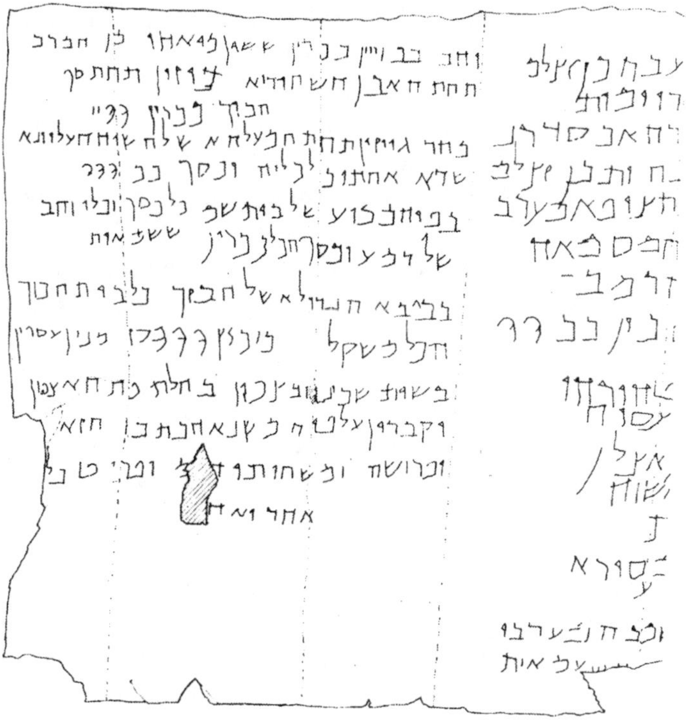

Ein Stück der Kupferrolle, die Auskunft über die versteckten Schriftrollen unter dem Tempel gibt

John M. Allegro, der mit seinem Buch *The Treasure of the Copper Scroll* eine gründliche Analyse der Schriftrolle vorlegte, meint über ihren Zweck:

> «Die Kupferrolle und ihre Kopie (oder Kopien) sollte den jüdischen Überlebenden des Krieges, der damals tobte, mitteilen, wo man diese Heiligtümer vergraben hatte, damit sie, falls man sie zufällig fand, nicht entweiht werden konnten. Sie sollte auch als Anleitung zur Bergung des Schatzes dienen, falls man ihn zur Fortführung des Krieges benötigte.»

Die Jerusalemer Urgemeinde hatte sich im Frühjahr des Jahres 68 nach Christus entschlossen, ihre Dokumente und Schätze zu verstecken und in Gottes Obhut zu übergeben – aber im Juni desselben Jahres wurde Qumran von den Römern zerstört. Vor dem Eintreffen der Römer hatten die Juden gerade noch soviel Zeit, die meisten Schriftrollen zu zerschneiden, damit die Nichtjuden sie nicht lesen konnten. Diese Tatsache machte die Entzifferung der Schriftrollen vom Toten Meer den modernen Forschern so schwer. Die wichtigsten Rollen entgingen diesem Schicksal, weil sie unter dem Tempel vergraben waren, um bis zum letzten Blutstropfen verteidigt zu werden.

Als die Römer sich zurückzogen, glaubten die jubelnden Verteidiger Jerusalems, daß das Wunder des Auszugs aus Ägypten sich wiederholt hätte und Jahwe auf geheimnisvolle Weise Sein Allerheiligstes vor den Feinden Seines Volkes gerettet hätte. Erfüllt von der Überzeugung, daß göttliches Eingreifen den Sieg errungen hatte, verfolgten die Juden die Römer, und Josephus gibt an, daß es ihnen gelang, mindestens sechstausend Soldaten zu töten, ehe die Legion über die Grenzen Palästinas entkam.

Diese Niederlage untergrub zusammen mit ähnlich hohen Verlusten in Britannien und Armenien das kaiserliche Prestige, und die Juden hielten den Krieg wahrscheinlich für gewonnen. Doch dann marschierte im Frühling des Jahres 67 ein neuer Widersacher mit Namen Vespasian mit drei Legionen und einer Schar Hilfstruppen in Palästina ein – und zwar in der Absicht, das jüdische Hinterland zu verwüsten, ehe er Jerusalem selbst belagerte. Das erwies sich als schwerer als angenommen, denn die Juden zogen sich in ihre besetzten Städte zurück, wo sie mit einem fanatischen Mut kämpften, der der Disziplin und den militärischen Fertigkeiten der Römer durchaus Paroli bot. Sie brachten den Römern schwere Verluste bei, aber schließlich fiel eine Stadt nach der anderen, und die rachsüchtigen Eroberer massakrierten die Bewohner, die den Kampf überlebt hatten (Quelle: S.G.F. Brandon, *The Fall of Jerusalem and the Christian Church*). Ein Jahr später waren Gabara, Jotapata, Jaffa, Tarichaea, Gischala, Gamala und Joppe Geisterstädte, und die Römer kontrollierten Galiläa, Samaria und die Küste im Westen Judäas. Im darauffolgenden Jahr wandte Vespasian die gleiche Strategie an, und die Städte

Antipatris, Lydda, Emmaus, Jericho und Adida fielen. Damit blieben noch die Festungen Herodium, Machaerus, Masada und Jerusalem.

Doch zu diesem Zeitpunkt schwieg der Krieg plötzlich – Vespasian wurde zum Kaiser ausgerufen. Wieder erklärten die Juden diese Wandlung zum Guten als einen Akt göttlicher Intervention. Aber kurz vor dem Passahfest im Jahr 70 sammelte Titus, der Sohn des Kaisers, vor den Mauern von Jerusalem seine Streitmacht zum endgültigen Angriff. Seine Armee war weit größer als alles, was die Juden bisher gesehen hatten – vier Legionen und eine Unmenge von Hilfstruppen.

Die Belagerung, die darauf folgte, ist als eine der schrecklichsten in der Geschichte überliefert worden. Die beiden jüdischen Kommandeure – Johannes von Gischala und Simon ben Gorias – führten ihre Truppen ebenso gewandt wie Titus und seine Offiziere die ihren. Die Stadt konnte nicht in einem Zug genommen werden, weil sie in drei voneinander getrennte Bezirke aufgeteilt war – die Festung von Antonia, der Palast des Herodes und der Tempel. Das bedeutete, daß der Kampf, nachdem die äußeren Mauern gefallen waren, nur in bestimmten Bezirken tobte, was der jüdischen Guerilla-Taktik weit mehr entgegenkam als den Römern, die starre Schlachtformationen gewohnt waren. Trotzdem wurden die Juden zurückgetrieben, bis ihnen nur noch der Tempel blieb, die Verkörperung von allem, was ihnen teuer war. Sie glaubten, daß vielleicht der äußere Hof des Tempels von den Heiden entweiht werden könnte, daß ihr Heiligtum aber unberührt bliebe, weil Jahwe es nicht zulassen würde, daß Heiden sein Allerheiligstes entweihten.

Wir können etwas von dem spüren, was die Juden erhofften, als sie ihre heilige Stadt verteidigten, wenn wir einzelne Passagen aus dem apokryphen zweiten Buch des Esdras lesen, das kurz vor dem Fall des Tempels geschrieben wurde (Quelle: A.L. Williams, *The Hebrew-Christian Messiah*). Es ist die Vision des erwarteten Eingreifens des Messias:

> «Und alles kam zusammen: das Heulen des Feuers, der flammende Odem und der große Sturm; und es fiel mit Macht über die vielen Kämpfer her und verbrannte sie, so daß nach wenigen Augenblicken von einer unzählbaren Heerschar nichts mehr war, nur Staub und Rauch: Als ich es sah, fürchtete ich mich.» (*2 Esdras 13,11*)

«Hört, o ihr mein geliebtes Volk, sprach der Herr: Wehe, die Tage der Plagen sind da, aber ich will euch davon befreien.» *(2 Esdras 16,74)*

Die Juden glaubten fest daran, daß Jahwes Eingreifen unmittelbar bevorstand, und sie waren sicher, nach Gottes Willen gehandelt zu haben, als sie ihre kostbarsten Schriftrollen und die sakralen Schätze unter dem Tempel versteckten. Die großen Geheimnisse der Juden würden von Jahwe selbst gerettet werden, wenn er sich erhob, um seine Feinde an den Säulen des Eingangs zum Allerheiligsten zu zerschmettern.

Aber Jahwe schlief.

Nach einem Kampf, der über einhundertneununddreißig Tage dauerte, stürmten die Heiden den Tempel und entweihten das Allerheiligste. Sie legten Feuer an Jahwes Haus, aber er antwortete immer noch nicht auf den Hilferuf seines Volkes und sein Messias kam auch nicht vom Himmel gefahren, wie viele es erwarteten, um die gottlosen Eindringlinge mit seinem heiligen Odem hinwegzufegen.

Die Stadt lag in Trümmern, ihre Bewohner waren ermordet. Die Römer machten sich anschließend daran, die drei verbleibenden Festungen Herodium, Machaerus und Masada zu zerstören. Die Verteidiger von Masada hielten den Belagerern drei Jahre stand, und als es keine Hoffnung mehr gab begingen sie Massenselbstmord.

Doch selbst nachdem der Tempel vollständig zerstört worden war, bot das Netz von Tunneln unter der Stadt einigen jüdischen Kämpfern noch Zuflucht. Josephus berichtet in seiner *Geschichte des jüdischen Krieges:*

«Dieser Simon (ben Gorias) hatte während der Belagerung von Jerusalem den oberirdischen Teil der Stadt besetzt, aber als die römische Armee innerhalb der Mauern war und die ganze Stadt schleifte, ließ er sich mit den meisten seiner treuesten Freunde, ein paar Steinmetzen, die die Werkzeuge ihres Handwerks mit sich führten, und Vorräten, die viele Tage reichten, in die geheimen Tunnel abseilen. Sie folgten den alten Gängen, so weit es ging, aber als sie auf Felsen trafen, begannen sie zu graben, weil sie hofften, weiterzukommen, um irgendwo in Sicherheit herauszugelangen und so zu entkommen. Aber im Laufe der Arbeit erwies sich diese Hoffnung als trügerisch, denn die Steinarbeiter kamen nur langsam und unter Schwierigkeiten voran, und die Vorräte, obwohl sparsam verwendet, gingen zur Neige. Doch da hatte Simon die Idee, daß er die Römer foppen konnte, indem er ihnen Angst einjagte. So zog er sich ein weißes Gewand an und trug darüber einen purpurroten Mantel. So erschien er oberirdisch an der Stelle, an der einst der Tempel stand. Die, die es sahen, staunten und erstarrten, aber dann kamen sie näher und fragten ihn, wer er sei. Simon wollte es ihnen nicht sagen, bat sie aber, einen General zu holen. Sie liefen sofort, einen zu holen, und Terentius Rufus, der das Kommando über die Besatzer hatte, erschien. Nachdem er von Simon die ganze Wahrheit erfahren hatte, ließ er ihn in Ketten legen und erstattete dem Cäsar Bericht, auf welche Art und Weise man ihn gefangengenommen hatte (...) Doch sein Auftauchen führte in den nächsten Tagen zur Entdeckung einer großen Zahl von weiteren Rebellen in den unterirdischen Gängen. Als der Cäsar nach Cäsarea zurückkehrte, wurde Simon in Ketten vor ihn gebracht, und er befahl, den Gefangenen in Haft zu lassen bis zu dem Triumphzug, den er in Rom plante.»

Diese Geschichte interessierte uns aus vielerlei Gründen. Erstens vermittelte sie einen Eindruck von dem Labyrinth von Gängen, das es immer noch unter den Ruinen des Tempels geben muß, und zweitens fragten wir uns, was diese Kämpfer mit weißen Tuniken und purpurfarbenen Mänteln im Untergrund wollten, in den sie doch gegangen waren, um dem Tod zu entkommen.

Die einzige Erklärung für das Vorhandensein der weißen Tuniken ist, daß diese letzten überlebenden Kämpfer Essener waren, die immer Weiß trugen und die gleichzeitig der Jerusalemer Urgemeinde und damit den Nazarenern entstammten. In *Peake's Commentary on the Bible* kann man lesen, daß weiße Kleidung ein Symbol für die Auferstehung war. Die Tatsache, daß die Männer einen purpurroten Mantel dabeihatten, ist besonders interessant, denn ein solches Kleidungsstück deutet auf eine Verbindung zu königlichem Blut hin und läßt vermuten, daß der König der Juden in Gestalt des Simeon, Sohn des Kleophas, an der Verteidigung des Tempels beteiligt war. Wenn es so war, dann ist er bestimmt entkommen, denn H. Schonfield schreibt in *The Passover Plot,* daß er zu einem späteren Zeitpunkt von den Römern gekreuzigt wurde.

Als der Krieg beendet war, existierte die jüdische Nation nicht mehr, und es war nur mehr eine Religion übrig – ein Glaube, der das Gotteshaus und seine ursprüngliche Daseinsberechtigung verloren hatte. Das Judentum fand ein neues einigendes Band im Studium des Gesetzes und im Gottesdienst in der Synagoge. Der Talmud nahm den Platz des Tempels ein und wurde im Laufe der Zeit zum leuchtenden Symbol des israelitischen Geistes (Quelle: W.O.E. Oesterley & G.H. Box, *A Short History of the Literature of Rabbinical and Mediaeval Judaism*). Die überlebenden Juden lebten zumeist in der Diaspora (viele von ihnen waren konvertierte ehemalige Nichtjuden) und erneuerten sich mit einer sehr abgehobenen Version ihres Glaubens, denn die radikalen Juden von Jerusalem gab es nicht mehr.

In Milmans *History of the Jews* kann man nachlesen, daß in den Jahren zwischen 66 und 70 ein Großteil der Bevölkerung Palästinas umkam. Nach Schätzungen, denen die Berichte des Josephus zugrunde liegen, wurden 1,35 Millionen Männer, Frauen und Kinder getötet – doch das Neue Testament gibt auch nicht den kleinsten Hinweis auf den Völkermord an den Menschen, die das Herzstück der christlichen Geschichte bildeten und von denen viele Augenzeugen der Taufe, der Predigten und der Kreuzigung Jesu gewesen waren!

Warum?

Weil die Heidenchristen der Diaspora Paulus' seltsame Lehren über Leben und Tod Jesu gelernt hatten, gab es jetzt niemanden mehr, der ihre falschen Ansichten hätte korrigieren können. Sie lehnten die Beschneidung ab und hörten bald ganz auf, sich als jüdische Sekte zu betrachten. Nachdem sie die Geschichte von «Gottes erwähltem Volk» zu ihrer eigenen gemacht hatten, wandten sie sich von den Juden ab, ja legten ihnen sogar fälschlicherweise den Mord an ihrem davidischen Messias zur Last.

Die einzigen detaillierten Berichte des jüdischen Krieges stammen von Josephus – einem Mann, der zu Anfang dieses Krieges militärischer Führer der Juden war und ihn als römischer Soldat – also als Kämpfer auf der gegnerischen Seite – beendete. Kein Bericht des Krieges vom Standpunkt der Jerusalemer Urkirche ist je bekannt geworden – eigentlich haben sich alle Aufzeichnungen der Urkirche in Luft aufgelöst. Viele Theologen haben es für höchst bedeutsam gehalten, daß die Heidenkirche so abrupt alles Wissen ihrer Vorgänger in Jerusalem verlor. S.G.F. Brandon schreibt in *The Fall of Jerusalem and the Christian Church:*

> «Die Tatsache, daß die christliche Überlieferung keine anderen Berichte über das Schicksal der Mutterkirche in Jerusalem besaß als die offensichtlich ungenauen des Eusebius und Epihanius, deutet stark darauf hin, daß alles, was von dieser berühmten Urgemeinde bekannt war, in keiner Weise benutzt werden konnte, um den wachsenden Bedarf an Hagiographie (Heiligenverehrung) zu decken. Wenn man bedenkt, welche einzigartige Autorität und welches Prestige die Jerusalemer Urgemeinde hatte, dann ist dieses Schweigen höchst bedeutsam. Wenn man das im Kontext von allem Wissen, das man über Wesen und Art des jüdischen Christentums hat, sieht, kann man nur einen vernünftigen Schluß ziehen – die Jerusalemer Urgemeinde ging zusammen mit der jüdischen Nation in der Katastrophe von 70 nach Christus unter (…) Innerhalb kürzester Zeit wurde die blühende jüdisch-christliche Kirche, unter deren verehrten Mitgliedern in Jerusalem sich die ersten Jünger und Augenzeugen befanden, vom Pesthauch des Krieges so vollständig zerstört, daß sie fast völlig aus dem Gedächtnis der katholischen Kirche gelöscht wurde.»

Wir glauben, daß es einen Hinweis auf den Fall von Jerusalem im Neuen Testament gibt, der gewöhnlich übersehen wird. Die Offenbarung des Johannes enthält rätselhafte apokalyptische Visionen, die eine Erinnerung an die Zerstörung Jerusalems wiedergeben könnten. Die Offenbarung wurde von einem jüdisch gesinnten Christen zirka vierzig Jahre nach der Zerstörung des Tempels geschrieben, und es wird die Schaffung eines neuen Jerusalem beschrieben. In Kapitel 20 beschreibt der visionäre Autor, daß die Märtyrer, die gestorben waren, als sie Jerusalem gegen das «Tier» (die Römer) verteidigt hatten, tausend Jahre mit Christus zusammensein würden, um dann aufzuerstehen. Er erzählt uns, daß am Ende des ersten Jahrtausends die Herrschaft Christi und seiner «geliebten Stadt» von heidnischen Nationen unter Führung von Gog und Magog angegriffen würde.

Jerusalem ist im Jahr 70 von den Römern zerstört worden. Eintausend Jahre und ein paar Monate später kamen seldschukische Türken und verwüsteten die Stadt.

Man kann nun glauben, daß diese genaue Erfüllung der Prophezeiung ein seltsamer Zufall ist, aber wir werden im Verlauf dieses Buches zeigen, daß die Herrscher des mittelalterlichen Europa das alles sehr ernst nahmen.

Die Rolle des Jakobus, des Bruders von Jesus, wurde von der römisch-katholischen Kirche absichtlich heruntergespielt, während die Bedeutung von Petrus und Paulus betont wurde, um das Postulat zu stützen, daß die römischen Päpste ihre Autorität in direkter Linie von Christus selbst bezogen.

Paulus war nach Jerusalem gekommen und hatte behauptet, er hätte eine Offenbarung gehabt, die ihm ein einzigartiges Evangelium bescherte, das sich sehr von dem unterschied, das Jakobus und die anderen, die Jesus persönlich gekannt hatten, predigten. Danach reiste er außerhalb von Israel und Judäa umher, um Heiden zu seiner «offenbarten» Version der Ereignisse – zu denen auch übernatürliche Vorfälle gehörten – zu bekehren. Paulus wurde von der Jerusalemer Urgemeinde nie anerkannt. Er verstand ihre jüdische Theologie falsch und wandelte sie in einen Kult um, wie er den römischen Bürgern gefiel.

Paulus hatte auch die «lebendige Auferstehung» und ihren Gebrauch durch die Jerusalemer Urgemeinde mißverstanden, und gemeinsam mit seinen Anhängern verfiel er dem Irrglauben, daß Jesus Tote wieder lebendig machte.

Nach dem Mord an Jakobus begannen die Juden einen Krieg mit den Römern, der mit der Zerstörung des Tempels und dem Tod des größten Teils der jüdischen Nation, wozu auch fast jeder Angehörige der Jerusalemer Urgemeinde zählte, endete. Zu diesem Zeitpunkt war auch Paulus bereits tot, und die neue Generation der Heidenchristen konnte einen Kult entwickeln, der fast gar nichts mehr mit den Lehren seiner Gründer zu tun hatte.

Vor der Zerstörung des Allerheiligsten waren die kostbarsten Schriftrollen und Schätze der Jerusalemer Urgemeinde unter den Ruinen des herodianischen Tempels vergraben worden. Die Wahrheit über Jesus und seine geheimen Rituale ruhte dort im verborgenen, war aber nicht verloren, denn die Tempelritter sollten die verschollenen Geheimnisse schließlich bergen.

Unsere nächste Aufgabe besteht nun darin zu überlegen, wie die Ereignisse des Jahres 70 mit den Freimaurern in Verbindung gebracht werden können. Zu diesem Zweck mußten wir uns genauer in Rosslyn umschauen – der mittelalterlichen Rekonstruktion des Tempels von Jerusalem, erbaut von Nachfahren der Tempelritter.

2
Die Geheimnisse von Rosslyn

Die neun Ritter

Die kleine Ortschaft Roslin liegt etwa fünfzehn Kilometer südlich von Edinburgh an der Straße nach Penicuik. Drei Dinge haben sie bekannt gemacht: ein Versuchsbauernhof der Regierung, der ein Paar genetisch identischer geklonter Schafe produziert hat; die Ruinen eines Schlosses, das von der Armee der Puritaner zerstört wurde, als der englische Bürgerkrieg auf Schottland übergriff, und eine sehr ungewöhnliche mittelalterliche Kapelle. Der Bau der Kapelle wurde 1440 begonnen, und sie hat sich als das erste Bauwerk erwiesen, das klare Verbindungen sowohl zur modernen Freimaurerei als auch zu den Tempelrittern und dem Jerusalem des ersten Jahrhunderts nach Christus aufweist.

Um Rosslyn begreifen zu können, mußten wir zunächst die Tempelritter kennenlernen, die zweifellos den berühmtesten christlichen Ritterorden des Mittelalters bildeten. Dieser Orden kämpfender Mönche hatte seinen Ursprung in einem sehr mysteriösen Ereignis, war voller Widersprüchlichkeiten und fand ein spektakuläres Ende – all das hat dazu geführt, daß sich viele Legenden um die Tempelritter ranken. Im Lauf der Jahrhunderte haben alle möglichen Romantiker und Scharlatane den Templern außergewöhnliche Taten zugeschrieben, und viele ernsthafte Wissenschaftler zeigen deshalb einer Theorie gegenüber, in der auch nur der Name des Ordens erwähnt wird, sogleich große Skepsis.

Es ist völlig richtig, daß viel Unsinn über die Tempelritter geschrieben wurde. Trotzdem wäre es falsch anzunehmen, daß dies nur ein gewöhnlicher Orden gewesen sei, der einfach die Phantasie von ein paar esoterisch veranlagten Typen beflügelt habe. Die Templer waren alles andere als gewöhnlich.

Nach der offiziellen Geschichtsschreibung wurde dieser ungemein erfolgreiche Orden im Jahr 1118 fast zufällig gegründet. Das war, kurz nachdem der erste christliche König von Jerusalem, Balduin I., gestorben und sein Vetter als Balduin II. ihm auf den Thron gefolgt war. Man sagt, daß dieser neue König von neun französischen Rittern aufgesucht wurde, die sich offenbar freiwillig als Schutztruppe anboten, um Pilger auf den Straßen des Heiligen Landes vor Räubern und Mördern zu schützen. Angeblich verschaffte ihnen der König sofort Unterkünfte auf dem Gelände des salomonischen Tempels und bezahlte neun Jahre lang ihren Unterhalt. Im Jahr 1128 wurde die Gruppe, obwohl sie sich nie weit vom Tempelberg entfernt hatte, vom Papst in den Status eines heiligen Ordens erhoben, weil sie seit einem Jahrzehnt die Pilger beschützte. Von da an trugen ihre Mitglieder offiziell den Namen «Der Orden der armen Soldaten Christi und des Tempels», kurz gesagt: «die Tempelritter». Dieser winzige Haufen von Männern in mittleren Jahren war plötzlich zur offiziellen Schutztruppe der römischen Kirche im Heiligen Land geworden. Wie müssen die Sarazenen vor ihnen gezittert haben!

Die Dinge änderten sich rasch. Innerhalb von ein paar Jahren verwandelte sich die zerlumpte Bande, die auf den Ruinen des Tempels der Juden in Zelten gehaust hatte, wunderbarerweise in einen glanzvollen und sagenhaft reichen Orden, der als Bankier der Könige Europas fungierte.

Uns mutete diese Version der Geschichtsbücher vom Aufstieg der Tempelritter ziemlich einfältig an, und wir mußten unbedingt herausfinden, was im zweiten Jahrzehnt nach dem ersten Kreuzzug wirklich passiert war.

In unserem Buch *Unter den Tempeln Jerusalems* kamen wir zu dem Schluß, daß die Templer überhaupt niemals Pilger beschützt haben, weil sie die ganze Zeit unter den Tempelruinen Ausgrabungen durchführten, auf der Suche nach etwas ganz Bestimmtem, möglicherweise dem Schatz Salomos. Schon andere Forscher waren bereits vor uns zu diesem Schluß gekommen, darunter auch G. Delaforge in *The Templar Tradition in the Age of Aquarius:*

«Die wahre Aufgabe der neun Ritter bestand darin, das Gelände zu erforschen, um bestimmte Reliquien und Manuskripte zu finden, die das Wesentliche der geheimen Überlieferungen des Judentums und des alten Ägypten enthalten und von denen einige wahrscheinlich bis in die Tage des Mose zurückreichen.»

Im Jahr 1894, fast achthundert Jahre nachdem die Templer begonnen hatten, unter den Ruinen des Tempels von Jerusalem zu graben, wurden dort wieder Ausgrabungen durchgeführt, diesmal von einem britischen Armeekontingent unter Leitung von Lieutenant Charles Wilson von den Pionieren. Die Briten fanden nichts von den Schätzen, die dort von der Jerusalemer Urgemeinde versteckt worden waren, aber in den Gängen, die vor Jahrhunderten in den Stein getrieben wurden, fanden sie Teile eines Templerschwertes, Sporen, die Überreste einer Lanze und ein kleines Templerkreuz. Alle diese Gebrauchsgegenstände befinden sich heute in der Obhut von Robert Brydon, dem Archivar der Templer in Schottland, dessen Großvater mit einem gewissen Captain Parker befreundet war, der an dieser Expedition und anderen Ausgrabungen unter dem herodianischen Tempel teilgenommen hatte. In einem Brief an Robert Brydons Großvater aus dem Jahr 1912 berichtet Parker, daß man unter dem Tempelberg eine geheime Kammer gefunden habe, aus der ein Gang bis zur Moschee von Omar führte. Als man in die Moschee durchbrach, mußten die britischen Armeeoffiziere vor aufgebrachten Priestern und Gläubigen um ihr Leben laufen.

Es kann keinen Zweifel daran geben, daß die Templer in Jerusalem ausgedehnte Ausgrabungen durchführten, und die einzigen Fragen, die wir beantworten mußten, waren: Was brachte sie dazu, ein so großes Projekt in Angriff zu nehmen, und was genau haben sie gefunden? Zu der Zeit, als wir unser letztes Buch schrieben, konnten wir nur spekulieren, daß das ganze Unternehmen eine reine Schatzsuche darstellte, obwohl wir überzeugt davon waren zu wissen, was sie gefunden hatten.

Wir sahen uns noch einmal genau den Treueid an, den die neun Ritter zu Beginn der Ausgrabungen schworen – das war zehn Jahre vor der offiziellen Gründung des Tempelritterordens. In den meisten Büchern über die Templer steht nur, daß der Eid ein Versprechen beinhaltete, «Keuschheit, Gehorsam und Armut» zu pflegen – was mehr nach einem Gelübde für Mönche klingt als nach dem Eid einer Gruppe von Rittern. Doch wenn man sich den Eid in der Originalsprache Latein anschaut, muß man eigentlich übersetzen: «Keuschheit, Gehorsam und *allen Besitz gemeinsam haben*» (Quelle: L. Charpentier, *Die Geheimnisse der Kathedrale von Chartres).*

Es ist ein Riesenunterschied, ob man schwört, nichts zu besitzen, oder ob man gelobt, allen Reichtum miteinander zu teilen – und Reichtum ist genau das, was die Templer innerhalb kürzester Zeit erlangten!

Doch die religiöse Natur dieses Schwures hielt unsere Neugier wach. Andere Beobachter haben das deshalb übersehen, weil sie wußten, daß später aus den Templern ein kriegerischer Mönchsorden wurde, aber woher wußten denn die neun ersten Ritter, was zehn Jahre später passieren würde? Daher stellten sich uns mehrere Fragen:

1. Warum mußten die Ritter Keuschheit geloben, wenn das damals noch nicht einmal die römisch-katholischen Priester taten?
2. Warum mußte eine so kleine Gruppe, die von niemandem abhängig war, Gehorsam schwören, und wem wollten sie gehorchen?
3. Wenn sie einfach nur Schatzsucher waren, warum sollte dann aller Besitz gemeinsam sein, obwohl man Beutegut normalerweise nach Anteilen verteilt?

Um diese Fragen korrekt zu beantworten, mußten wir genaueres über die Herkunft dieser kleinen Schar von Rittern herausbekommen, die sich im Jahr 1118 in Jerusalem versammelte. Wir waren ganz sicher, daß hier irgend etwas nicht stimmte, und unsere Hauptsorge war, daß die Wahrheit im Lauf der Jahrhunderte verlorengegangen sein könnte und es uns nicht mehr möglich sein würde, die Beweggründe dieser Männer herauszubekommen.

Was die zweite Frage angeht, so konnte man unserer Meinung nach den Schluß ziehen, daß das Wort «Gehorsam» bedeutete, daß andere Menschen involviert waren und mehr hinter der Sache gesteckt haben muß als eine einfache Schatzsuche. Insgesamt betrachtet war der Eid eher priesterlicher als ritterlicher Natur. Das erinnerte uns stark an die

Lebensweise der Essener, die ja in den Schriftrollen vom Toten Meer beschrieben ist. Sie führten, wie auch die Führer der Jerusalemer Urgemeinde, die die Schriftrollen und Schätze, die die Templer fanden, vergraben hatten, ein asketisches Leben.

Aufgrund unserer früheren Forschungen glauben wir, daß die Schriftrollen, die die Templer fanden, heute unter der Kapelle von Rosslyn in Schottland vergraben sind.

Ein Schrein der Tempelritter

Die Kapelle von Rosslyn liegt an einer Nebenstraße, die man leicht verfehlt, wenn man durch eine enge Kurve im Örtchen Roslin fährt und dabei an zwei hervorragenden Gasthäusern vorbeikommt. Anfangs sieht man wenig von dem Gebäude, weil es durch Bäume und die hohe Mauer, die über die ganze Nordseite verläuft, verdeckt wird, aber die seltsam proportionierte Westmauer ragt mit ihren beiden leeren Säulenbasen hoch empor.

Man betritt die Kapelle durch ein kleines Haus, in dem man Andenken kaufen, Tee trinken und Kekse essen kann. Tritt man durch die Hintertür, wird einem sofort die Bedeutung dieses einzigartigen und seltsamen Bauwerks deutlich – man steht hier vor einem in Stein gehauenen mittelalterlichen Text.

Wir kennen nichts, was sich mit William St. Clairs Bravourstück der Handwerkskunst vergleichen läßt, und jedes Mal schlägt uns die Aura der üppigen Steinmetzarbeiten im Inneren und am Äußeren der Kapelle in ihren Bann. Als Bauwerk ist die Kapelle nicht besonders schön oder beeindruckend groß, aber man spürt instinktiv, daß es sich hier um einen ganz besonderen Ort handelt.

Wir fanden an dieser sogenannten «Kapelle» nichts sonderlich Christliches – eine Beobachtung, die uns viele Besucher seitdem bestätigt haben. Es gibt eine Statue der Muttergottes mit dem Jesuskind, eine Taufkapelle mit einem Taufbecken und viele bunte Glasfenster mit christlichen Darstellungen – das alles aber ist viktorianisch und wurde hinzugefügt, als die Kapelle zum ersten Mal geweiht wurde. Diese Bemühungen waren zwar gut gemeint, passen aber überhaupt nicht in den Raum. Trotzdem können sie der Kapelle nichts von ihrer Großartigkeit nehmen.

Das sorgfältig geplante Gebäude ist nicht nur ohne Taufkapelle gebaut, es ist auch kein Platz für einen Altar im Osten vorgesehen, und heute steht zu diesem Zweck ein Holztisch mitten im Schiff. In den historischen Aufzeichnungen kann man lesen, daß das Gebäude erst geweiht wurde, nachdem Königin Victoria es besucht und vorgeschlagen hatte, es zu einer Kirche zu machen.

Gebaut zwischen 1440 und 1490, ist der Bau mit einer Kombination aus Motiven der Kelten und der Templer bedeckt, deren Elemente von modernen Freimaurern sofort erkannt werden. Ausgestattet mit einer genauen Kenntnis über die Ursprünge der Freimaurerei, fiel uns bald auf, daß geheime Hinweise in das Bauwerk eingewoben waren, die unzweifelhaft eine Verbindung zwischen dem Tempel des Herodes und diesem Wunderwerk des Mittelalters herstellen.

Es gibt nur zwei Räume: das Hauptschiff und eine Krypta, zu der man über eine Treppe im Osten Zugang hat. Im Hauptschiff gibt es vierzehn frei stehende Säulen. Zwölf sind identisch, aber die im Südosten und Nordosten sind jede für sich einzigartig, denn beide sind reich mit unterschiedlichen Ornamenten verziert. Schon seit langem ist man der Ansicht, daß diese Säulen diejenigen darstellen sollen, die am inneren Tor des Tempels in Jerusalem standen. Sie hießen Boas und Jachin und sind noch heute von großer Bedeutung für die Freimaurer.

Eine genauere Betrachtung veranlaßte uns zu dem Schluß, daß die Westmauer der Kapelle und die Gestaltung des Fußbodens eine Kopie der Ruinen des herodianischen Tempels darstellen und die Aufbauten in Richtung auf die Westmauer hin eine Interpretation der Vision des Propheten Ezechiel vom himmlischen Jerusalem sind.

Die Hauptsäulen Boas und Jachin haben in Rosslyn genau die gleiche Ausrichtung, die sie auch in Jerusalem hatten. Wir wußten, daß das Ritual des freimaurerischen Grades vom Königlichen Gewölbe die Ausgrabungen der Ruinen des herodianischen Tempels beschreibt – und darin ist ganz klar festgehalten, daß im Osten zwei besonders prächtige Säulen stehen sollten und dazu dann noch zwölf weitere mit gewöhnlichen Ornamenten. Und genau das fanden wir in Rosslyn vor.

Dann merkten wir, daß die Anordnung der Säulen ein vollkommenes dreifaches Tau (drei miteinander verbundene «T») formten – genauso wie es im freimaurerischen Ritual beschrieben ist. Nach dem Ritual des Königlichen Gewölbes mußte dann auch noch ein «Siegel Salomos» (ein Davidstern also) vorhanden sein, der mit dem dreifachen Tau verbunden war. Nach eingehender Untersuchung zeigte sich, daß die ganze Anordnung des Baus in der Tat dieser Vorlage entsprach.

William St. Clair selbst fügte diese Hinweise ein, als er Rosslyn baute, und er verbarg die Mittel zur Erschließung dieser Hinweise im geheimen Ritual des Grades vom Königlichen Gewölbe. Durch das freimaurerische Ritual erklärt er noch nach all den Jahren genau, was er damals zu sagen versuchte:

> «Das dreifache Tau bedeutete unter anderem im Okkultismus Templum Hierosolyma – *der Tempel von Jerusalem.* Es bedeutet auch: Clavis ad Thesaurum – *der Schlüssel zu einem Schatz* – und Theca ubi res pretiosa deponitur – *der Ort, an dem etwas Wertvolles versteckt ist* – und Res ipsa pretiosa – *die wertvolle Sache selbst.*»

Das war eine gewichtige Bestätigung unserer These, daß Rosslyn eine Rekonstruktion des herodianischen Tempels darstellte. Es drängte sich dann die Frage auf, ob die Worte dieses freimaurerischen Rituals ausschließlich dem Zweck dienten, die Bedeutung von Rosslyn offenzulegen, oder ob man Rosslyn zu dem Zweck gebaut hatte, uraltes Wissen zu manifestieren. Zu diesem Zeitpunkt war das völlig egal, denn wir wußten, daß William St. Clair ein Mann war, der in beide Richtungen agierte. Die maurerische Definition des salomonischen Siegels lautete wie folgt:

> «Das brüderliche Wappen des Königlichen Gewölbes ist ein doppeltes Dreieck, das manchmal auch das Siegel des Salomo genannt wird, und steht in einem Kreis aus Gold. Unten befindet sich eine Schriftrolle, auf der die Worte stehen: Nil nisi clavis deest – *Nur der Schlüssel wird gesucht* –, und auf dem Kreis ist zu lesen: Si tatlia jungere possis sit tibi scire posse – *Wenn du das verstehst, weißt du genug.*»

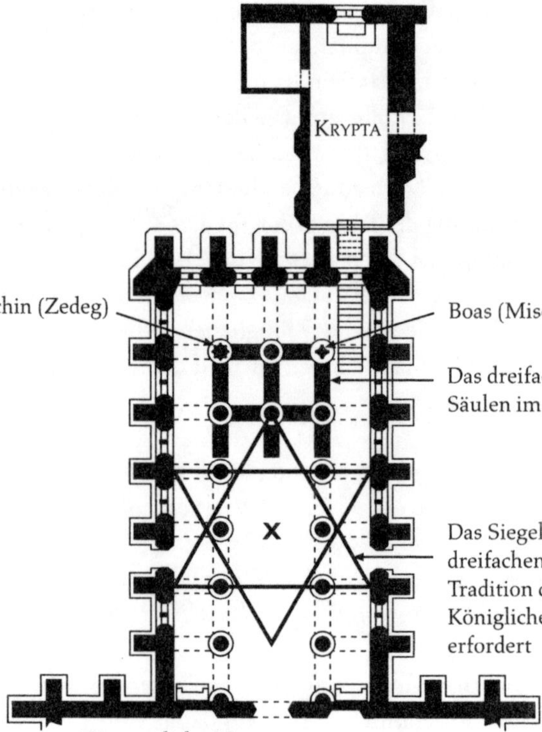

Der Grundriß von Rosslyn

William St. Clair hatte seine verschlüsselten Hinweise sorgfältig in den Ritualen der Freimaurerei verborgen, die bereits vor 1440 existiert haben müssen. Wir wußten bereits von unseren Forschungen her, daß der Baumeister dieses schottischen «Jahwetempels» den uralten Symbolen seinen eigenen Stempel aufgedrückt hatte, damit jemand in der Zukunft in der Lage sein würde, «den Schlüssel herumzudrehen» und die Geheimnisse von Rosslyn zu entdecken.

Die neun Ritter, die unter dem Schutt des herodianischen Tempels gruben, kartographierten sorgfältig die Fundamente unter der Erde, aber sie konnten, abgesehen von einem Stück der Westmauer, die zu jener Zeit noch stand, nicht wissen, wie der Bau früher ausgesehen

Eine Zeichnung von Lieutenant Warren, gefertigt während der Ausgrabungen eines Teams der britischen Armee unter dem Tempelberg von Jerusalem in den sechziger Jahren des letzten Jahrhunderts. Eine Besucherin wird 25 Meter tief zu den Arbeitern heruntergelassen. Das zeigt deutlich, welche Mühen die Tempelritter zwischen 1118 und 1128 auf sich nahmen.

hatte. Die Hauptmauern von Rosslyn folgen exakt der Linie der Mauern des herodianischen Tempels, die von der britischen Armee-Expedition unter Leitung der Lieutenants Wilson und Warren von den königlichen Pionieren ausgegraben wurden.

Wilson begann im Jahr 1865 eine Vermessung der Stadt Jerusalem, und im Februar 1867 kam Lieutenant Warren hinzu, um im Tempelbezirk Ausgrabungen durchzuführen (Quelle: K.M. Kenyon, *Jerusalem. Die Heilige Stadt von David bis zu den Kreuzzügen*). Eine der vielen Zeichnungen, die Warren fertigte, zeigt deutlich, welchen Schwierigkeiten die beiden begegneten, und es wird dann auch klar, warum die Tempelritter für ihre Ausgrabungen neun Jahre brauchten.

Ein Großteil des Bauwerks Rosslyn wurde als Wiedergabe der Vision des Ezechiel vom «himmlischen» Jerusalem errichtet – die vielen Türme und Spitzen zeigen das. Der einzige Teil, der ganz deutlich eine andere Ausrichtung hat, ist die Westmauer, die für einen größeren Zweck gebaut wurde. Die offizielle Erklärung für diese größeren Proportionen ist, daß die «Kapelle» nur als kleinere Andachtsstätte einer weit größeren Gemeindekirche dienen sollte. Die gegenwärtigen Aufsichtspersonen in Rosslyn geben allerdings zu, daß diese Erklärung eine bloße Annahme ist und daß es keinen Beweis dafür gibt, ob William St. Clair es auch so beabsichtigte. Natürlich ist es so, daß jede allein stehende Mauer Teil eines unvollendeten, geplanten Gebäudes sein könnte – oder Teil eines Gebäudes, das zerstört worden ist. Doch in diesem Fall gibt es noch eine dritte Möglichkeit, nämlich daß die Mauer die Replik eines zerstörten Bauwerks darstellt und eine Fertigstellung des Raumes nie beabsichtigt war.

Eine objektive Lösung dieser Streitfrage schien zunächst unmöglich zu sein.

Nach der Veröffentlichung unseres Buches *Unter den Tempeln Jerusalems* nahmen viele Leute Kontakt zu uns auf, die weitere Informationen besaßen oder uns ihre Hilfe anbieten konnten. Darunter war auch Edgar Harborne, ein sehr hochrangiger Freimaurer, denn er war einmal stellvertretender Groß-Zeremonienmeister der Vereinigten Großloge von England. Edgar ist Statistiker und hatte eine Forschungsprofessur an der Universität Cambridge. Er konnte uns bestätigen, daß unsere These über den Mord an Seqenenre Tao, dem ägyptischen König aus

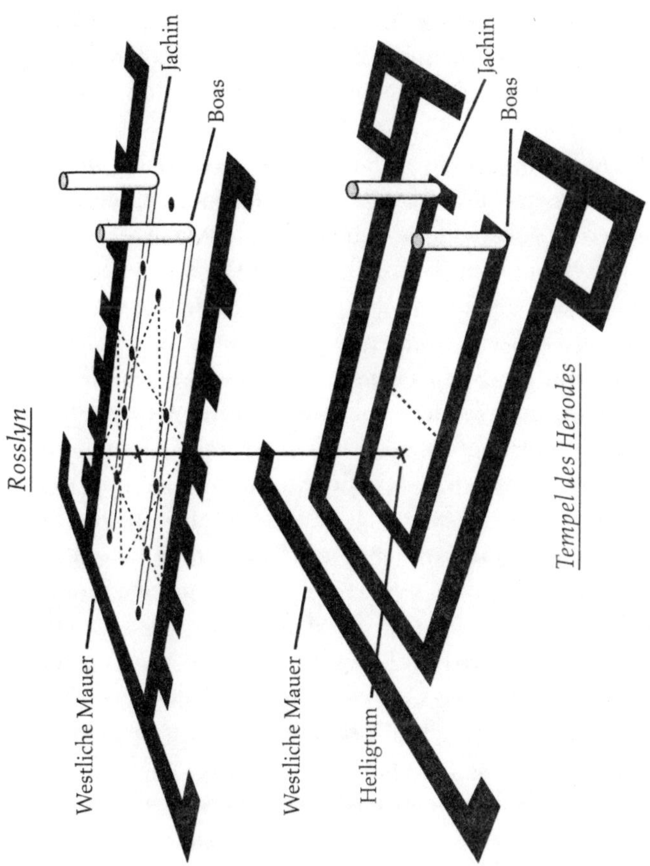

Vergleich des Grundrisses von Rosslyn mit dem des herodianischen Tempels

der siebzehnten Dynastie, völlig plausibel war, weil die Verletzungen völlig untypisch für Kriegsverletzungen in der Antike waren.

Edgar war sehr interessiert daran, Rosslyn mit seinem Freund Dr. Jack Millar zu besuchen.

Anfang August 1996 flogen Edgar und Jack nach Edinburgh, wo wir sie trafen und sofort mit ihnen nach Rosslyn weiterfuhren. Dort sollte eine zweitägige Untersuchung des Ortes stattfinden, die Vorbedingung für ein umfassendes Scanning des Bodens.

Dort gesellte sich dann Stuart Beattie zu uns, Projekt-Direktor von Rosslyn, der das Gebäude freundlicherweise für uns geöffnet hatte.

Edgar und Jack verbrachten ein paar Stunden mit der Besichtigung der Kapelle.

Dann gingen wir in ein Hotel und besprachen, wie wir am nächsten Tag vorgehen wollten. Die beiden wirkten sehr aufgeregt, und wir unterhielten uns über das, was wir gesehen hatten. Aber erst am anderen Morgen erzählte uns Jack, daß er an der Westmauer etwas entdeckt hatte, das seiner Meinung nach für uns sehr interessant sein könnte. Als wir wieder in Rosslyn waren, erklärte er:

«Es geht um die Streitfrage, ob die Westmauer die Replik einer Ruine oder der unvollendete Teil eines größeren Gebäudes ist», sagte er und wies auf den nordwestlichen Teil. «Nun, es gibt nur eine Möglichkeit: Diese Westmauer ist ein Schein-Bauwerk.»

Wir hörten aufmerksam zu, als er seine Argumente vorbrachte, die unsere These untermauern konnten. «Es gibt zwei Gründe, die mich mit Sicherheit annehmen lassen, daß es sich um eine nutzlose Konstruktion handelt. Erstens sind die Strebepfeiler zwar visuell vorhanden, haben aber keinerlei baulichen Nutzen – die Mauer ist überhaupt nicht an den Hauptteil des Gebäudes angefügt. Jeder Versuch weiterzubauen hätte zu einem totalen Zusammenbruch geführt, und die Menschen, die diese Kapelle erbauten, waren schließlich keine Dummköpfe. Sie hatten einfach nie vor, hier weiterzubauen.» Wir schauten zu der Stelle, die Jack uns zeigte, und konnten sehen, daß er völlig recht hatte.

Er fuhr fort: «Und dann müssen Sie einmal herkommen und sich die Decksteine anschauen.» Jack ging um die Ecke, und wir folgten ihm, so daß wir alle vor den Ruinen mit den Steinen, die alle nach Westen zeigten, standen. «Wenn die Erbauer einfach mit der Arbeit aufgehört hätten, weil sie entweder kein Geld mehr hatten oder es satt waren, dann hätten sie ordentliches, abgerundetes Mauerwerk hinterlassen. Aber diese Steine sind eigens *bearbeitet* worden, damit sie wie Ruinen aussehen. Diese Steine sind nicht so verwittert, sie wurden beschnitten, damit die Mauer den Eindruck einer Ruine erweckt.»

Jacks Erklärung war brillant einfach.

Ein paar Monate zuvor waren wir bereits mit Professor Philip Davies von der Theologischen Fakultät der Universität Sheffield und

Dr. Neil Sellors nach Schottland gefahren, wo wir alle Gäste von Baron St. Clair Bonde waren, einem direkten Nachfahren von William St. Clair und einem der Treuhänder der Kapelle von Rosslyn.

Wir waren zu dem unglaublich schönen Heim des Barons in Fife gefahren, wo er und seine schwedische Frau Christina uns herzlich willkommen hießen. Man bewirtete uns mit einem opulenten schwedischen Mahl, bei dem wir einen weiteren Treuhänder kennenlernten – Andrew Russell und seine Frau Trish.

Am nächsten Morgen setzten wir alle über den Firth of Forth, um Rosslyn zu besuchen, wo Professor Davies ein Treffen mit seinem alten Freund Professor Graham Auld, Dekan der Theologischen Fakultät der Universität Edinburgh, arrangiert hatte. Die beiden Theologen schauten sich die Kapelle von innen und außen genau an und wanderten schließlich auf die andere Seite des Tals, um sich auch aus der Entfernung ein Bild zu machen.

Während er sich die Nordmauer anschaute, faßte Philip seinen Eindruck folgendermaßen zusammen: «Das sieht überhaupt nicht aus wie eine christliche Kirche. Ich habe den starken Eindruck, daß die Kapelle gebaut wurde, um irgendein gewaltiges mittelalterliches Geheimnis zu bergen.»

Wenn man die Ansichten einiger Fachleute von den Universitäten Sheffield, Cambridge und Edinburgh zusammenfaßt, dann bestätigen sie unsere These, daß Rosslyn als Replik des herodianischen Tempels errichtet wurde.

Baron St. Clair wies seinerseits darauf hin, daß über fünfzig Prozent der in Stein gehauenen Figuren des Gebäudes entweder Schriftrollen oder Bücher in Händen haben, und ein kleiner Fries endet mit einer Szene, in der etwas, das wie Schriftrollen aussieht, in Holzkisten gelegt wird. Daneben steht eine Wache, die einen Schlüssel mit einem quadratischen Ende hält. Das Quadrat ist eines der wichtigsten Symbole der Freimaurerei. Dieses und viele andere Aspekte der Steinmetzarbeiten, über die wir in unserem Buch *Unter den Tempeln Jerusalems* berichten, überzeugten uns, daß die nasoräischen Schriftrollen, die nach unserem Wissen von den Tempelrittern unter dem herodianischen Tempel ausgegraben worden waren, sich hier in Rosslyn befanden.

Wie das Wissen überliefert wurde

Es war uns immer seltsam vorgekommen, daß die Kapelle *Rosslyn* buchstabiert wird, die Ortschaft, in der sie liegt, aber *Roslin*. Als wir dieser Frage nachgingen, sagte man uns, daß die Form mit dem Doppel-S und dem Y erst in den fünfziger Jahren dieses Jahrhunderts angenommen wurde, damit die Schreibweise des Ortes keltischer wirke.

Wir wußten, daß keltische Ortsbezeichnungen immer eine bestimmte Bedeutung haben, manche der längeren Ortsnamen enthalten sogar eine genaue Ortsbeschreibung, wie zum Beispiel der Waliser Ort *Llanfairpwllgwyngethgogerwyllyndrobwllllantisiliogogogoch* (das heißt übersetzt: «Die Marienkirche an dem Strudel in der Nähe des weißen Haselnußstrauchs gegenüber der roten Höhle des St. Silio»). Trotzdem verwirrte uns die gälische Bedeutung des Wortes «Roslin», was angeblich Wasserfall und Vorgebirge bedeuten soll (diese Ansicht wird auch von A. Sinclair in *The Sword and the Grail* vertreten) – aber diese Beschreibung konnte niemals auf den Ort und seine Umgebung zugetroffen haben. Die gebräuchlichen gälischen Begriffe für «Vorgebirge» lauten *roinn, rubha, maoil* oder *ceanntire* und für «Wasserfall» *eas* oder *leum-uisge*. In irischen Ortsbezeichnungen gibt es allerdings eine zusätzliche Bedeutung von «Ross», nämlich «bewaldetes Vorgebirge».

Da Robert Walisisch spricht, wußte er, daß «Roslin» phonetisch «Rhos Llyn» geschrieben wird. Und das bedeutet «See im Moor». Es überraschte uns nicht, daß die walisische Übersetzung den Ort ebenso schlecht beschrieb wie die irische, und deshalb schauten wir in einem Wörterbuch des schottischen Gälisch nach. Hier fanden wir:

Ros: ein Substantiv mit der Bedeutung «Wissen»
Linn: ein Substantiv mit der Bedeutung «Generation»

Es schien so, als könnte man das gälische Wort Roslinn mit dem Ausdruck «Wissen der Generationen» übersetzen.

Uns war bewußt, daß man oft merkwürdige Übersetzungen zustande bringt, wenn man sich ausschließlich auf Wörterbücher verläßt, und deshalb beschlossen wir, einen Kenner des Gälischen um Rat zu fragen.

Während eines Besuches bei der Großloge von Schottland hatten wir 1996 Tessa Ransford kennengelernt. Sie ist Direktorin der Bibliothek für schottische Dichtung in Edinburgh. Wir waren äußerst geschmeichelt, als wir entdeckten, daß sie, eine bekannte schottische Dichterin, ein Gedicht geschrieben hatte, das unser Buch würdigte. Der Hauptzweck der Bibliothek besteht darin, der Öffentlichkeit die Dichtkunst Schottlands zugänglich zu machen – ganz gleich, in welcher Sprache die Gedichte auch verfaßt wurden. Das bedeutet, daß Tessa, die übrigens mit einem Gälisch sprechenden Mann von der Insel Skye verheiratet ist, regelmäßig Menschen trifft, die das Keltische genau kennen.

Wir nahmen Kontakt zu Tessa auf und baten sie, unsere Übersetzung des Wortes Roslin zu überprüfen, und sie willigte freundlicherweise ein, darüber mit einigen Kennern des Gälischen zu sprechen. Ein paar Tage später rief sie uns an und teilte uns mit, daß in unserer Übersetzung eine wichtige Bedeutung des Wortes *ros,* was nämlich «uraltes Wissen» bedeute, fehle. Deshalb laute die Übersetzung ganz präzise: «Uraltes Wissen, das durch die Generationen überliefert wurde.»

Tessa und ihre Freunde waren richtig aufgeregt, und auch uns verblüffte diese Übersetzung, die genau zu dem Zweck von Rosslyn als Schrein der alten Schriftrollen zu passen schien.

Die nächste Frage lautete nun, wann das Wort «Roslin» oder «Roslinn» (damals gab es noch keine standardisierte Schriftweise) zuerst benutzt wurde. Wir wußten, daß das bereits lange vor dem Bau von William St. Clairs «Kapelle» der Fall war, was darauf hindeuten konnte, daß die Schriftrollen, die man unter dem herodianischen Tempel ausgegraben hatte, bereits im Schloß aufbewahrt wurden, ehe die «Kapelle» gebaut wurde.

Wir forschten nach und fanden bald heraus, daß die Geschichte der St. Clairs in Schottland mit einem Ritter namens William de St. Clair begann, der im Volksmund William «the Seemly», Wilhelm der Anständige, hieß. Er stammte aus der Normandie, wo seine Familie zu den Gegnern von Wilhelm dem Eroberer zählte, jenem Normannen, der England im Jahr 1066 eroberte. William de St. Clair war der Meinung, daß sein Anspruch auf den Thron von England über seine Mutter Helena, die eine Tochter des fünften Herzogs der Normandie war, ebenso berechtigt sei wie der Wilhelms, der ein illegitimer Sohn von Robert, dem Herzog der Normandie, und Arletta, der Tochter eines Lohgerbers, war. Die Familie St. Clair nennt König William I. übrigens noch heute Wilhelm den Bastard.

Wilhelm der Anständige war der erste St. Clair, der aus der Normandie in diese Gegend zog, und natürlich sprach er nur Französisch, aber sein Sohn Henri wurde bereits nach streng keltischen Vorschriften erzogen, und er sprach ebenso Keltisch wie normannisches Französisch (wie alle St. Clairs bis zur Zeit von Sir William, dem Erbauer der «Kapelle»). Wir fanden heraus, daß dieser Henri de St. Clair als erster den Titel eines Barons von Roslin annahm – und zwar kurz nachdem er vom ersten Kreuzzug heimgekehrt war.

Diese Datierung war eine herbe Enttäuschung für uns, denn sie zerstörte eine hübsche Theorie. Henri war wahrscheinlich um das Jahr 1100 vom Kreuzzug heimgekehrt, also gut achtzehn Jahre bevor die Templer mit ihren Ausgrabungen begannen, und deshalb konnte der Name Roslin («Uraltes Wissen, das durch die Generationen überliefert wurde») kein Hinweis auf die Schriftrollen sein, die ja zu dem Zeitpunkt noch gar nicht entdeckt waren. Doch als wir uns hinsetzten und darüber nachdachten, hatten wir das sichere Gefühl, etwas Neues und sehr Bedeutendes gefunden zu haben. Wir weigerten uns zu glauben, daß der bloße Zufall Henri einen so bedeutungsschwangeren Namen für seinen neuen Besitz hatte wählen lassen, und wir gruben weiter und forschten nach neuen Hinweisen.

Wir fanden bald heraus, daß Henri de St. Clair im Kreuzzug gekämpft hatte und Seite an Seite mit Hugues de Payen, dem Gründer des Templerordens, in Jerusalem einmarschiert war! Dazu kam noch, daß, kurz nachdem Henri den Namen «Roslin» als Titel angenommen hatte, Hugues de Payen Henris Nichte heiratete, die einen Landbesitz in Schottland mit in die Ehe brachte. Die Verbindungen waren über jeden Zweifel erhaben, aber was bedeutete das alles? Signalisierte Henri etwa durch die Wahl seines Titels, daß er um eine alte Tradition wußte, oder handelte es sich nur um ein Wortspiel, das er aus Spaß betrieb? Es schien, als würde unsere Annahme richtig sein, daß die neun Ritter, aus denen später der Orden der Tempelritter erwuchs, durchaus *wußten*, wonach sie suchten, aber wir konnten uns nicht vorstellen, *woher* sie wissen konnten, was unter dem Tempel des Herodes vergraben lag. Vielleicht fanden wir ja einen Hinweis, wenn wir uns das Gebäude in Rosslyn noch einmal genauer anschauten.

Die Ritter des roten Kreuzes vom babylonischen Paß

Unsere Entdeckung, daß es von Rosslyn unwiderlegbare Verbindungen zu Graden der modernen Freimaurerei gab, erregte nach der Veröffentlichung von *Unter den Tempeln Jerusalems* viel Interesse, und viele Forscher nahmen Kontakt zu uns auf. Einer von ihnen war ein Freimaurer-Historiker aus Belgien namens Jacques Huyghebaert. Jacques schickte uns eine E-Mail, in der er uns nach den Ursprüngen einer lateinischen Inschrift fragte, die in einen Bogengang von Rosslyn eingemeißelt worden war und die wir in unserem Buch erwähnt hatten. Übersetzt ins Deutsche lautet sie:

> «WEIN IST STARK,
> EIN KÖNIG IST STÄRKER,
> FRAUEN SIND SOGAR NOCH STÄRKER.
> ABER DIE WAHRHEIT BESIEGT ALLES.»

Dieses seltsame Motto ist die einzige Originalinschrift im ganzen Gebäude, weshalb sie in den vierziger Jahren des fünfzehnten Jahrhunderts höchstwahrscheinlich von großer Bedeutung für William St. Clair war.

Jacques schickte uns die folgende Mail:

> «Könnten Sie mir wohl die lateinische Originalversion dieser Inschrift zukommen lassen, die im Schrein von Rosslyn eingemeißelt ist? Wissen Sie, aus welchem Jahr sie stammt?
> (...) kennen Sie vielleicht einen bestimmten (freimaurerischen) Nebengrad, der sich mit der Beziehung zwischen Wein, Königen, Frauen und Wahrheit befaßt? Dieser Grad heißt der ‹Orden der Ritter des roten Kreuzes von Babylon› oder ‹Orden des babylonischen

Passes›, und in England steht er in enger Verbindung mit dem Grad des Königlichen Gewölbes.
(...) Sein Ritual basiert auf dem Buch Esdras und auf Ereignissen, die sich während der babylonischen Gefangenschaft zutrugen (...) Gemäß der freimaurerischen Legende dieses Grades bittet Serubbabel, der Prinz von Juda, um eine Audienz im Palast von Babylon, um die Erlaubnis zu bekommen, den Tempel des Allerhöchsten in Jerusalem wieder aufzubauen.
Der König von Persien ist zwar gewillt, die Erlaubnis zu erteilen, fügt aber hinzu, daß es seit undenklichen Zeiten unter den Königen und Herrschern dieses Gebietes Sitte gewesen ist, bei solchen Gelegenheiten bestimmte Fragen zu stellen. Die Frage, die Serubbabel beantworten muß, lautet folgendermaßen: Was ist am stärksten – die Kraft des Weines, die Kraft des Königs oder die Kraft der Frauen?»

Diese Neuigkeit versetzte uns in große Aufregung, und wir antworteten Jacques, daß das Vorhandensein dieser Inschrift in Rosslyn und ihre zentrale Bedeutung in einem höheren Grad der Freimaurerei kein bloßer Zufall sein konnte. Er antwortete:

«Wie Sie sagen, ist das bestimmt kein bloßer Zufall. Ich würde aber trotzdem zur Vorsicht raten (...) könnten Sie wohl versuchen sicherzustellen, daß diese Inschrift nicht von einem klugen Jungen im neunzehnten oder zwanzigsten Jahrhundert angebracht wurde, der diesen Grad kannte und die Inschrift einfach während Restaurierungsarbeiten einfügte?
Doch falls sich herausstellen sollte, daß die lateinische Inschrift in Rosslyn älter als 1700 ist, dann haben Sie zweifellos eine bedeutende Entdeckung gemacht, denn das wäre der erste unwiderlegbare Beweis dafür, daß Rituale höherer Grade in Schottland gepflegt wurden, und zwar lange vor Chevalier Ramsay, der mit seiner ‹Oration› angeblich 1740 in Frankreich alle Grade schuf.»

Wir nahmen sofort Kontakt zu Judy Fisken auf, die zu jener Zeit Kuratorin in Rosslyn war, um die Herkunft der Inschrift zu bestimmen.

Judy informierte uns, daß der Stein mit der Inschrift eindeutig aus dem gleichen Material sei, aus dem das ganze Gebäude erbaut wurde. Ihrer Ansicht nach seien die eingemeißelten Worte entstanden, als die «Kapelle» Mitte des fünfzehnten Jahrhunderts erbaut worden war. Wir konnten Jacques also folgende Antwort schicken:

«Die Chance, daß die lateinische Inschrift später eingefügt wurde, ist gleich Null. Kein Stück des Innenraums wurde unverziert gelassen, und diese Worte sind ganz sicher nicht über ein anderes Ornament eingemeißelt worden. Die Schrift stammt eindeutig aus dem fünfzehnten Jahrhundert. Außerdem war bis 1835 die Verbindung des Gebäudes zu den Freimaurern nur wenigen Menschen bekannt, denn jemand hat ja die Jachin-Säule überstrichen, damit sie aussah wie die anderen Säulen, so daß die freimaurerische Bedeutung der Zwillingssäulen wohl niemandem bewußt war.»

Eines Abends sprachen wir mit Philip Davies über diese Entwicklung unserer Nachforschungen, und am nächsten Morgen erschien er in Chris' Büro mit einer Fotokopie des ersten und zweiten Buches Esdras, die beide zu den apokryphen Schriften der Bibel gehören. Wir hielten Jacques natürlich über den Stand unserer Forschungsarbeiten auf dem laufenden:

«Professor Philip Davies hat uns eine vollständige englische Übersetzung der Bücher Esdras gegeben. Der Abschnitt, der uns interessiert, ist zwar ziemlich lang, aber sehr aufschlußreich! Ursprünglich soll der Vers das Wort Wahrheit nicht enthalten haben, es wurde dann von einem späteren jüdischen Autor angefügt.

Der König hat seiner Leibwache befohlen, ihm zu sagen, was das Stärkste ist, und ihnen versprochen, daß derjenige, der den klügsten Satz sagt, ein Lehen und großen Reichtum bekommen solle. Der Mann, der sagt: Die Wahrheit ist das Stärkste, wird zum Lehensmann gemacht und sagt dann zum König:

Erinnert Euch an den Schwur, den Ihr an dem Tag, als Ihr König wurdet, getan habt – Jerusalem wieder aufzubauen und alle Schätze, die aus Jerusalem verschleppt wurden und die Kyros verschonte, als

er begann, Babylon zu zerstören, und schwor, daß er sie dorthin zurückschicken würde. Ihr habt auch geschworen, den Tempel zu bauen, den die Edomiter niederbrannten, als Judäa von Chaldäern verwüstet wurde.
Das war William St. Clair wichtig, denn Rosslyn war sein rekonstruierter Tempel nach dem Modell des herodianischen Tempels und der Vision des Ezechiel vom neuen Jerusalem.
Wie gesagt – das alles kann nicht nur Zufall sein.»

In der Zwischenzeit hatten wir bei unseren maurerischen Brüdern herumgefragt, um Informationen über das Ritual der Ritter vom babylonischen Paß zu bekommen, und wir fanden den ersten Hinweis in einem Nachrichtenblatt der Freimaurer (Peter Preston, *The Fraternity of Yorkshire West Riding Newsletter*, Herbst 1994):

«*Rotes Kreuz von Babylon:* Das ist der mystischste aller Freimaurergrade. Dieser Grad ist dem fünfzehnten (Ritter des Schwertes oder des Ostens), dem sechzehnten (Prinz von Jerusalem) und dem siebzehnten (Ritter des Ostens und des Westens) des Alten und Anerkannten Ritus ähnlich. Die drei Punkte oder Teile der Zeremonie haben sich aus drei Ritualen der Grade entwickelt, die Mitte des achtzehnten Jahrhunderts ausgearbeitet wurden. Ein Teil der Zeremonie ist mit dem Durchschreiten der Schleier in den Schottischen Ritualen verwandt und denen des Lagers von Balduin (...) Um ein Mitglied der Vereinten maurerischen Grade zu werden, muß man sowohl ein Freimaurer des Königlichen Gewölbes als auch ein Markmeister sein.»

Da wir jetzt wußten, daß dieser Grad unter der Aufsicht des Großkapitels stand, war es ein leichtes, an das Ritual zu kommen – und es war faszinierend zu lesen. Zuerst glaubten wir, das «Lager von Balduin» sei eine Anspielung auf das Lager der Tempelritter auf den Ruinen des herodianischen Tempels unter dem Schutz König Balduins von Jerusalem, aber später sollten wir erfahren, daß dieser Begriff mit einer Gruppe früher Freimaurer in Bristol zusammenhing.

Der volle Titel dieses Grades lautet «Ritter des roten Kreuzes von Babylon oder des babylonischen Passes». Es gibt darin drei rituelle

Dramen oder Punkte, die von drei Vorfällen berichten, die aus dem Buch Esra Kapitel 1–6, dem ersten Buch Esdras Kapitel 2–7 und den *Alten Geschichten der Juden*, Buch 11, Kapitel 1–4 stammen.

Dieser Grad setzt sich in allen Einzelheiten mit den Motiven und dem Zweck des Wiederaufbaus des Jerusalemer Tempels auseinander. Der Leiter des Grades, der den Namen «Höchste Exzellenz» trägt, macht diesen Standpunkt gleich zur Eröffnung des Grades deutlich, wenn er die Frage stellt:

> «Exzellenz Erster Aufseher, welche Stunde haben wir?»

Er bekommt die formelle Antwort:

> «Die Stunde für den Wiederaufbau des Tempels.»

Das Ritual besagt weiter, daß Darius einwilligt, Serubbabel, den Prinzen von Juda, zu unterstützen, und ein Dekret erläßt, das den Wiederaufbau des Tempels gestattet, und weiter «sollen alle Gold- und Silberschätze, die Nebukadnezar geraubt hat, zusammengetragen und zurückgebracht werden». An diesem Punkt der Zeremonie schlägt Darius den Kandidaten, der die Rolle des Serubbabel spielt, zum Ritter des Ostens und überreicht ihm eine grüne Schärpe mit goldenen Rändern und sagt ihm, daß diese eine Initiation in geheime Mysterien darstelle.

Doch ehe es Serubbabel gestattet wird, den Hof des Darius zu verlassen und zu seiner Aufgabe, dem Wiederaufbau des Tempels, zurückzukehren, muß er zusammen mit zwei anderen ein Rätsel lösen, das Darius vorgibt, wobei derjenige, der die korrekte Antwort darauf gibt, großes Ansehen genießt und große Ehre erwirbt:

> «Der große König läßt durch mich kundtun, daß jeder von euch dreien seine eigene Meinung zu folgender Frage sagen muß: Was ist das Stärkste – Wein, der König oder Frauen?»

Das Ritual fordert dann, daß drei Antworten auf Darius' Rätsel gegeben werden müssen. Der erste junge Mann sagt, daß Wein stark sei, weil er den Geist und die Stimmung eines jeden, der ihn trinkt, verändere; der zweite junge Mann meint, daß der König stärker sei, weil sogar Soldaten ihm gehorchen müßten. Jetzt muß der Kandidat Serubbabel sprechen, und das Ritual legt ihm folgende Worte in den Mund:

> «O ihr Herren, es ist wahr, daß Wein stark ist und der König groß; aber wer herrscht über sie? Doch die Frauen. Der König ist das Geschenk einer Frau. Frauen sind die Mütter derer, die die Weingärten pflegen, die den Wein hervorbringen. Ohne Frauen können Männer nicht sein. Ein Mann tut närrische Dinge aus Liebe zu einer Frau, beschenkt sie reich und verkauft sich sogar zuweilen für sie in die Knechtschaft. Ein Mann wird Haus, Land und seine Verwandten ihretwegen verlassen.
> Ach, ihr Herren, sind Frauen nicht stark, weil sie das erreichen können?
> Doch weder Frauen noch der König oder der Wein sind mit der gewaltigen Kraft der Wahrheit vergleichbar. Denn wie alles andere sind sie vergänglich und sterblich. Die Wahrheit allein ist unwandelbar und ewig. Der Nutzen, den wir aus ihr ziehen, ist weder von Zeit noch von Glück abhängig. In ihrem Urteil ist keine Ungerechtigkeit; und sie ist in allen Zeitaltern Weisheit, Stärke, Macht und Majestät.
> Gesegnet sei der Gott der Wahrheit.
> Groß ist die Wahrheit und herrscht über alles!»

Angesichts solcher Beweise kann niemand leugnen, daß William St. Clair einen maurerischen Grad kannte, von dem man bis heute annahm, daß er erst nach 1740 begründet und ausgeübt wurde. Er ist mindestens dreihundert Jahre älter als gedacht – und wir sollten bald Beweise dafür finden, daß seine Geschichte sogar noch weiter zurückreicht.

Das Geheimnis der Steine

Nachdem wir unwiderlegbare Beweise dafür gefunden hatten, daß William St. Clair einen der höheren Grade der Freimaurerei kannte, begannen wir, uns selbst die winzigsten Details der Steinmetzarbeiten in Rosslyn anzuschauen. Ein kleiner, aber phantastischer Fund war die Darstellung zweier Männer. Obwohl sich diese Abbildung außen befand, verwittert war und nur dreißig Zentimeter hoch, konnten wir gut erkennen, was einmal darauf zu sehen war. Sie zeigte einen knienden Mann in mittelalterlicher Kleidung, dessen Augen verbunden waren und der ein Buch mit einem Kreuz darauf in der linken Hand vorstreckte. Seine Füße waren unnatürlich verschränkt und bildeten so ein Quadrat. Um den Hals dieses Mannes hing eine lose Schlinge, deren Ende von einem zweiten Mann gehalten wurde, der offenbar die Robe eines Templers trug, das Kreuz auf seiner Brust war gut zu erkennen.

Als wir diese kleine Abbildung fanden, waren wir in Gesellschaft Edgar Harbornes, eines Vertreters der Vereinigten Großloge von England. Wir drei zusammen besaßen über siebzig Jahre Erfahrung als Freimaurer, und wir wußten sofort, was wir da sahen. Edgar war ebenso überrascht und begeistert wie wir, denn das war ohne Zweifel die Abbildung der Initiation eines Freimaurers, und zwar genau in dem Moment,

Eine Zeichnung der Steinmetzarbeit in Rosslyn, die einen Tempelritter bei der Initiation eines Freimaurerkandidaten zeigt (siehe auch die Fotografie)

als ihm der Eid abgenommen wurde. Die Stellung der Füße, der Strick, die Augenbinde, das Buch mit dem heiligen Gesetz – dieses Bild zeigt einen Mann, der vor über fünfeinhalb Jahrhunderten zum Freimaurer gemacht wurde! Von noch größerer Bedeutung war die Tatsache, daß diese Darstellung einen Tempelritter bei der Durchführung einer Zeremonie zeigte, die wir heute für rein freimaurerisch halten.

Die Tatsache, daß hier ein Templer dargestellt ist, der den Kandidaten einführt, weist darauf hin, daß diese Abbildung ein historisches Ereignis zeigt, das noch aus der Zeit der Tempelritter datiert, so daß dies vielleicht sogar die Abbildung einer siebenhundert Jahre alten Freimaurer-Zeremonie ist. Im Gebäude sahen wir uns jede Darstellung ganz genau an. Das war schwierig, denn in jüngster Zeit hat irgendeine hilfreiche Seele den gesamten Innenraum mit einem klebrigen Zementüberzug versehen, um die Steinmetzarbeiten zu schützen, was aber leider auch feine Details verdeckt.

Oben auf den beiden Halbsäulen, die in die Südmauer gebaut sind, in einer Höhe von knapp drei Metern, fanden wir winzige Bilder, die sich als äußerst interessant erwiesen. Eines von ihnen, das nur ein paar Zentimeter hoch ist, zeigt eine Gruppe von Personen, von denen eine ein Tuch hochhält, auf dem das Gesicht eines bärtigen, langhaarigen Mannes abgebildet ist. Die Gestalt, die das Tuch hält, hat keinen Kopf, und da in der Kapelle sehr wenig zerstört wurde, scheint es, als hätte man das absichtlich so gemacht. Das veranlaßte uns, die anderen Köpfe genauer anzuschauen. Die unterschiedliche Gestaltung der einzelnen Gesichtszüge verblüffte uns, denn normalerweise sind in solchen Gebäuden die Gesichter nichtssagend und anonym, doch hier war offenbar versucht worden, bekannte Personen abzubilden – es sah aus wie Totenmasken en miniature.

Und die Frage drängte sich uns förmlich auf: Zeigte diese winzige Steinmetzarbeit etwa jemanden, der das Grabtuch von Turin hochhielt?

Es gibt nur zwei mögliche Erklärungen für eine solche Abbildung – entweder ist hier das Grabtuch von Turin dargestellt oder das, was man unter dem Namen «Das Schweißtuch der Veronika» kennt.

Die nichtbiblische Legende der heiligen Veronika erzählt, wie eine Frau (oft heißt es auch, es sei Maria Magdalena gewesen) ihren Mantel (in einigen Versionen ist es ihr Schleier gewesen) Jesus gab, damit dieser sich das Gesicht abtrocknen konnte, als er entweder gerade den Tempel verließ oder mit dem Kreuz auf dem Weg zum Kalvarienberg war. Als er ihr das Tuch zurückgab, war wunderbarerweise sein Gesicht auf dem Stoff abgebildet. Moderne Forscher glauben, daß der Name «Veronika» aus dem lateinischen Wort *vera* und dem griechischen Wort *eikon* abgeleitet ist, was zusammen mit «wahres Abbild» übersetzt werden kann. Der Name und der Gedanke selbst sind jedoch suspekt, und die römisch-katholische Kirche erkennt auch keine Heilige mit dem Namen Veronika an. Doch trotz dieser fehlenden Anerkennung wird das «Originaltuch» im Petersdom zu Rom aufbewahrt.

Isabel Piczek, eine Künstlerin, die das Grabtuch von Turin genau kennt und bewiesen hat, daß es sich dabei nicht um ein Gemälde handeln kann, erhielt einmal die inoffizielle Erlaubnis, sich das Veronika-Tuch in St. Peter anzuschauen. Gegenüber Ian Wilson sagte sie:

> «Darauf war ein kopfgroßer Farbfleck, ähnlich wie auf dem Leichentuch, vielleicht etwas bräunlicher. Mit Fleck meine ich nicht, daß etwas daraufgestrichen worden war, es war nur ein rostfarbener Fleck. Es sah beinahe etwas unregelmäßig aus, leichte Farbveränderungen waren zu erkennen (...) Doch selbst mit größter Phantasie konnte man darauf kein Gesicht oder Gesichtszüge ausmachen, noch nicht einmal die kleinste Spur davon.» (Quelle: I. Wilson, *Holy Faces, Secret Places)*

Das Wissen um diese eher unbeeindruckende Reliquie oder der Gedanke, der dahinterstand, könnte älter sein als das Grabtuch, aber ganz bestimmt wuchs erst nach der öffentlichen Ausstellung des Grabtuchs von Turin die Popularität eines Abbilds des heiligen Gesichtes. Der Kirchenhistoriker Vater Thurston stellt in seinem Buch *The Stations of the Cross* kategorisch fest, daß die Legende der Veronika, wie sie heute im Kreuzweg benutzt wird, erst im vierzehnten Jahrhundert entstand. Eine solche Datierung würde bedeuten, daß die Legende erst entstand, nachdem das Grabtuch von Turin im Jahre 1357 das erste Mal öffentlich gezeigt wurde.

Der Kopf Christi wurde auf Ikonen immer mit langem Haar, mit Mittelscheitel und Vollbart dargestellt, und das Auftauchen eines Tuches mit einer solchen Abbildung darauf konnte den Gedanken an eine «Veronika», ein «wahres Abbild», sehr wohl entfacht haben.

Die nächste Säule in Rosslyn zeigt eine ebenso kleine Szene, in der gezeigt wird, wie ein Mensch gekreuzigt wird, aber seltsamerweise ist auch hier wieder kein Kopf zu sehen. Die einzigen offenbar absichtlich vorgenommenen Verstümmelungen, die wir in diesem Gebäude kennen, betreffen den Kopf der Person, die das Gesicht auf dem Stück Tuch hochhält, und den Kopf des Gekreuzigten. Es ist, als hätte jemand das Verlangen gehabt, die Identität dieser Personen zu verbergen. Die anderen Gesichter in diesen Miniaturen sind sehr gut zu erkennen – wie Portraits realer Personen. Wir fragten uns, ob der Mensch, der die Jachin-Säule mit Gips zugekleistert hatte, wohl auch die Köpfe dieser Schlüsselfiguren abgekratzt hatte.

Würde es sich nämlich hierbei um eine einfache «Veronika» und eine Darstellung von Jesus am Kreuz handeln, dann hätte man wohl nicht das Bedürfnis gehabt, die Gesichter unkenntlich zu machen.

Der Gekreuzigte ist auf der Abbildung nicht an ein Kreuz genagelt, wie es dem üblichen christlichen Verständnis entspricht, sondern an ein Kreuz in Form des hebräischen Tau, das T-förmig ist. Mittelalterliche christliche Darstellungen zeigen am üblichen Kreuz oft noch einen zweiten Querbalken, auf dem die Verhöhnung «König der Juden» steht, aber niemals zeigen sie ein Tau-Kreuz.

Das Tau ist der letzte Buchstabe des hebräischen Alphabets, und wie der griechische Buchstabe Omega symbolisiert es das Ende von irgendetwas, besonders des Lebens. Es stimmt auch, daß die meisten römischen Kreuzigungen an Kreuzen dieser Art vorgenommen wurden, aber das konnte ein britischer Steinmetz des fünfzehnten Jahrhunderts unmöglich wissen. Es scheint so, als ob der Urheber dieser kleinen Arbeit entweder außergewöhnlich gut über die römische Kreuzigungsmethode informiert war oder bewußt das jüdische Symbol für Tod benutzte. Bei den Nachforschungen zu unserem letzten Buch waren wir zu der Ansicht gelangt, daß die Abbildung auf dem Grabtuch von Turin die des letzten Großmeisters der Templer sein könnte, und falls unsere Vermutung, daß auf dem Tuch von Turin das Gesicht Jacques de

Molays zu sehen ist, zutrifft, dann konnten wir davon ausgehen, daß William St. Clair diese Tatsache bekannt war, denn seine Familie stand in enger Verbindung zu den Tempelrittern, die nach dem Sturz des Ordens nach Schottland geflohen waren – aber warum ist das Tuch in Rosslyn auf diese Weise dargestellt? Vielleicht würde sich das Leichentuch als wichtiger erweisen, als wir geglaubt hatten.

Die Führung der englischen und der walisischen Freimaurer, die Vereinigte Großloge von England, behauptet steif und fest, daß man über die Geschichte der Organisation vor der Gründung der Großloge im Jahr 1717 nichts Genaues sagen könne. Es war für uns ungeheuer wichtig, darauf hinzuweisen, daß man eine Geschichte entdecken kann, wenn man nur genau hinschaut – und hier in Rosslyn finden wir positive Beweise dafür, daß manche Rituale der Freimaurer mindestens zweihundertfünfundsiebzig Jahre älter sind, als die offizielle Geschichtsschreibung der Vereinigten Großloge von England behauptet.

Als nächstes mußten wir genau untersuchen, wie und warum die englische Freimaurerei den Kontakt zu ihrer Vergangenheit verlor, um festzustellen, ob hinter der barschen Ablehnung, eine Geschichte vor 1717 anzuerkennen, etwas Besonderes steckte.

Es scheint, als hätten die Tempelritter gewußt, wonach sie suchten, als sie mit ihrer dann neun Jahre währenden Ausgrabung begannen, und ihr Schwur, gehorsam zu sein, weist darauf hin, daß andere daran beteiligt waren, sich aber im Hintergrund hielten.

Rosslyn ist eine genaue Kopie der Ruinen des herodianischen Tempels, inspiriert von der Vision des Ezechiel über ein neues «himmlisches Jerusalem». Die Hinweise, wie das Bauwerk zu verstehen sei, wurden dann im geheimen Ritual des Grades vom Königlichen Gewölbe der Freimaurer versteckt. William St. Clair benutzte diese Methode, um uns mitzuteilen, daß das Bauwerk der «Tempel Jerusalems», «ein Schlüssel zum Schatz» und «ein Ort, wo ein Schatz verborgen liegt» oder «der Schatz selbst» ist.

Die große Westmauer von Rosslyn kann als eine Rekonstruktion eines Teiles des herodianischen Tempels angesehen werden, und der Name «Roslin» hat im Keltischen die verblüffende Bedeutung: «Uraltes Wissen, das durch die Generationen überliefert wurde.» Der Grund für diesen Namen ist nicht klar. Sicher ist jedoch, daß Henri de St. Clair dem Anführer der ersten Tempelritter, Hugues de Payen, sehr nahe stand.

Eine Steinmetzarbeit auf einer Außenwand zeigt ganz deutlich einen Kandidaten, der von einem Mann in einer Templerkutte in die «Freimaurerei» eingeführt wird, und eine Inschrift im Inneren des Gebäudes beweist, daß die Erbauer der Kapelle mit einem der höheren Grade der Freimaurerei vertraut waren – und zwar dreihundert Jahre bevor er begründet wurde.

Eine Darstellung im Innenraum der Kapelle scheint zu zeigen, wie das Grabtuch von Turin hochgehalten wird, und eine andere zeigt die Kreuzigung eines Menschen ohne Kopf auf einem Kreuz in Form eines jüdischen Tau. Vielleicht steht das Grabtuch von Turin in direkter Verbindung mit der Geschichte, die Rosslyn mit seinen Mauern erzählt.

3
Die fehlende Geschichte der Freimaurer

Die Geheimnisse der Freimaurer

Wenn man auf der Straße jemanden nach der Freimaurerei fragt, dann wird eines der ersten Worte, die fallen, «Geheimnistuerei» sein. Der Eindruck, es handele sich um einen Geheimkult, war immer schon einer der hervorstechendsten Wesenszüge der Freimaurerei und hat gleichzeitig zu den größten Problemen geführt, denn die menschliche Natur neigt dazu, das Schlimmste anzunehmen, wenn man ihr etwas vorsätzlich vorenthält.

Die Mauer des Schweigens, die den Orden früher umgab, ist in den letzten Jahren weitgehend abgebaut worden, aber in der Öffentlichkeit gilt er immer noch als geheimnisumwoben, und das bringt die Theorie hervor, daß freimaurerische «Verschwörer» in ihrem Interesse und zum Schaden der Allgemeinheit handeln. Die Vorstellung, die Freimaurer würden ein sehr wichtiges Geheimnis hüten, wurde im Jahr 1995 sehr nett in einem Artikel des *Daily Telegraph* zusammengefaßt:

> «Die Freimaurer betonen, daß sie auf eine hohe Moral unter ihren Mitgliedern Wert legen. Aber es ist kaum überraschend, daß eine Gesellschaft, die geheime Handzeichen, Symbole und Sprachen benutzt, damit ihre Mitglieder sich untereinander erkennen, den Verdacht erregt, eher schlechten als guten Einfluß auszuüben. Warum solche Methoden, wenn man nicht die Wahrheit verbergen will? Warum sich verstecken, wenn es nichts zu verstecken gibt?»

Der Logik dieser Aussage kann man sich nur schwer entziehen. Warum Geheimnisse, wenn es nichts zu verbergen gibt?

Für gewöhnliche Freimaurer ist die geheimnisvolle Aura des Ordens eine wundervolle Ausrede, um nicht über die sonderbaren Rituale, die auswendig gelernt und bei der Einführung oder Beförderung von Kandidaten durchgeführt werden, sprechen zu müssen. Es ist schwierig, Leuten etwas darüber zu erzählen, was man da macht, wenn man es selbst nicht versteht. Wir sind inzwischen sicher, daß viele Freimaurer Opfer ihres eigenen Mythos wurden, weil sie glauben, daß das meiste oder gar alles, was sie tun, ein wirkliches Geheimnis sei. Aber die Großloge von England sagt nur, daß die Erkennungszeichen nicht der Welt offenbart werden dürfen. Diese Erkennungszeichen werden keineswegs, wie manche Leute vermuten, im Geschäftsleben benutzt, um Bruderbande zu völlig Fremden herzustellen. Es sind lediglich Mittel, um Unbefugten den Zutritt zu Logensitzungen zu verweigern – wie es anderswo Mitgliedskarten oder elektronische Türsicherungen mit Code-Karten tun.

Die große Frage, die sich viele stellen, betrifft die mögliche Existenz eines immensen dunklen Geheimnisses, das tief im Inneren der Freimaurerei verborgen ist und nur den höchsten Freimaurern offenbart wird. Diese Art von Spekulation könnte als Paranoia der Freimaurer-Gegner abgetan werden, aber wenn diese Frage selbst von sehr hochgestellten Freimaurern gestellt wird, muß diese Möglichkeit in Betracht gezogen werden, daß etwas daran sein könnte. Eine dieser Personen ist der Doktor der Theologie, Freimaurer des zweiunddreißigsten Grades, der, wie wir ja bereits in der Einleitung zu diesem Buch berichteten, zu dem Schluß kam, daß vielleicht doch in der Beschuldigung, daß nur die Mitglieder an der absoluten Spitze der Freimaurer die volle Wahrheit kennen, ein Körnchen Wahrheit liegt.

Falls solch ein großes Geheimnis existierte, waren wir entschlossen, es zu finden. Unsere Vermutungen, daß da irgend etwas verborgen wurde, waren sicher noch durch die Hindernisse geschürt worden, die uns die Großloge von England bei unseren jüngsten Forschungsarbeiten wider Erwarten in den Weg gelegt hatte. Unser voriges Buch war von anderen Großlogen und Freimaurerforschern weltweit sehr gut aufgenommen worden, doch wir erhielten keine Reaktion, nachdem wir unser Buch an den Hauptsitz der englischen Freimaurer geschickt hatten. Aber den Unmut der Großloge bekamen wir auf andere Art und Weise zu spüren. Wir glauben dabei keinesfalls, daß die Vereinigte Großloge etwas hinterrücks anzetteln würde, aber es ist möglich, daß bestimmte Personen diese negative Strömung mitbekommen haben und sich bei der «Verteidigung» ihres Herrenklubs recht unehrenhaft benahmen.

Wir hielten im ganzen Land Lesungen in Buchhandlungen ab – und seltsamerweise wurden die in London im letzten Augenblick abgesagt. Überall zeigten sich die Logen sehr interessiert an unserer Arbeit, und viele baten uns, das, was wir herausgefunden hatten, vor ihren Mitgliedern zu präsentieren, aber dann wurden ein paar Vorträge auf Druck von oben abgesagt. Selbst unsere Post an Logensekretäre wurde bei verschiedenen Gelegenheiten illegal abgefangen, ehe sie den vorgesehenen Empfänger erreichte.

Einer Person gelang es, neun Briefe abzufangen, ehe sie beim Adressaten ankamen, und ebendieser Mensch stempelte achtunddreißig Male stolz den Namen der Loge darauf, ehe er sie uns zurücksandte. Wir schrieben an diese Loge (deren Namen wir nicht nennen wollen) und fragten, ob man irgendwelche Vorschläge hätte, wie man den befleckten Namen der Loge wieder reinwaschen könne, bekamen aber keine Antwort.

Ein paar Leute schienen entschlossen zu sein, uns unser Recht, gehört zu werden, zu nehmen.

Die Macht und die Herrlichkeit

Man schätzt, daß es heute mindestens fünf Millionen männliche und eine unbekannte, aber weit geringere Zahl weiblicher Freimaurer gibt. Die Vereinigte Großloge von England präsidiert gegenwärtig über etwa einhundertsechzigtausend Mitglieder in England und Wales und wird weltweit als höchste freimaurerische Autorität anerkannt.

Nach der gegenwärtigen Verfassung dieser Spitzenstruktur muß der Großmeister ein Prinz von königlichem Blut sein, und der gegenwärtige Inhaber dieses Amtes ist Seine Königliche Hoheit, der Herzog von Kent. Um jeden gewöhnlichen Menschen daran zu hindern, sich zu weit über seinen Stand zu erheben, darf der zweithöchste Posten, der des stellvertretenden Großmeisters, nur von einem Mitglied des britischen Oberhauses eingenommen werden.

Diese Vorliebe für die Herrschaft durch Aristokraten schien uns im Gegensatz zu der Geschichte der Freimaurerei zu stehen, die vom Ursprung her ja eine höchst demokratische und republikanische Organisation war. Trotz dieser hochtrabenden Regel dauerte es fünfundsechzig Jahre, ehe die englischen Freimaurer mit dem Herzog von Cumberland ihren ersten Großmeister von königlichem Blut hatten.

Wir schauten uns an, wie die Organisation heute strukturiert ist, und entdeckten, daß der Führungskreis der Freimaurer eine Gesellschaft mit beschränkter Haftung ist, deren Kapital auf 6,6 Millionen Pfund geschätzt wird. Er stellt vier Direktoren, unter denen sich auch der Großsekretär befindet, der gleichzeitig auch «Geschäftsführer» ist. Die Zentrale in der Great Queen Street in London beherbergt eine ziemlich große Firma, die allein für Personalkosten jedes Jahr zirka 2,7 Millionen Pfund ausgibt. Wir konnten allerdings nicht herausfinden, wer Eigentümer dieser privaten Firma ist.

Es gibt neunundsiebzig Beamtenränge bei der englischen Großloge, und Tausende von Männern tragen diese hochangesehenen Titel. Neue Beamte werden aus den Logen von England und Wales gewählt, aber anders als beim schottischen System werden diese Beförderungen durch Ernennung und nicht durch Wahl vorgenommen. Dieser willkürliche und nicht überprüfbare Auswahlprozeß schafft ein Klima, in dem jeder, der einen hohen Posten haben möchte, sich den Edikten und Dogmen der Großloge aus Angst, sonst in Ungnade zu fallen, unterordnet. Man ist allgemein der Auffassung, daß jeder, der einem häretischen Gedanken zu stark Ausdruck verleiht, niemals gebeten werden wird, der Großloge beizutreten – ganz gleich, welche Verdienste er sich auch um die Freimaurerei erworben haben mag.

Jede mögliche Debatte über die Rolle der Großloge wird weiterhin dadurch unmöglich gemacht, daß jeder Ehrwürdige Meister (derjenige Beamte, der ein Jahr lang eine Loge leitet) der Großloge Gefolgschaft schwören muß. Diese kleine und auf den ersten Blick unbedeutende Forderung verändert in Wirklichkeit das Gesicht der Freimaurerei höchst dramatisch. Das ursprüngliche System bestand aus individuellen Zellen, die Logen genannt wurden und unabhängig agierten. Das war ein Erbe der keltischen Kirche, die anerkannte, daß ihre Priester alle direkten und gleichberechtigten Zugang zu Gott hatten. Die englische Freimaurerei ist hingegen heute eher so strukturiert wie die römisch-katholische Kirche – eine hierarchische Pyramide, die eine nicht hinterfragte Autorität über Bischöfe und Kardinäle schließlich direkt einem einzigen Mann überantwortet.

Es scheint uns, als sei der Zweck der Freimaurerei von ihrer eigenen Bürokratie aufgefressen worden.

Nach der Veröffentlichung unseres vorigen Buches meinte der Großbibliothekar der Vereinigten Großloge von England zu unserem Werk (und der Großsekretär wiederholte das in einem Brief an unsere örtliche Zeitung), daß «maurerische Historiker betrübt sein werden über die lässige Einstellung der Autoren gegenüber der Freimaurerforschung der letzten hundert Jahre». Wir konnten nicht verstehen, warum es «lässig» sein sollte, nachzuforschen, neue Beweise zu publizieren und ein standardisiertes Dogma zu hinterfragen, das grundfalsch ist. Doch trotz des Eindrucks, den die Großloge gern erweckt, stehen wir bei weitem nicht allein. Viele stellen die offizielle Geschichtsschreibung der Großloge in Frage, und viele andere Freimaurerforscher haben herausgefunden, daß man den Zorn der selbsternannten Mächte in der Great Queen Street auf sich zieht, wenn man Fragen stellt.

> «(...) falls die Freimaurerei älter ist als die Großloge von London, dann muß der Ursprung unseres Rituals noch weit älter sein (...) Doch es gibt selbst heute noch Männer – von denen manche führend auf dem Feld der Freimaurerforschung sind –, die so benebelt sind, daß sie sich weigern, den Wald vor lauter Bäumen zu sehen, und ihren Einfluß auch noch dazu benutzen, denen Hindernisse in den Weg zu legen, die ein wenig weiter sehen als sie. Sie präsentieren ein pathetisches Spektakel, drehen und wenden immer wieder die Überreste der Freimaurerei – und finden dabei nicht, was sie eigentlich suchen: die wahre, esoterische Freimaurerei der Vergangenheit.»

Das schrieb der angesehene Freimaurerhistoriker Reverend F. P. Castells im Jahre 1931 in seinem Buch *English Freemasonry*. Wie wir und unzählige andere Forscher, die es vorzogen, nach Wahrheiten zu forschen, anstatt einfach das Dogma der englischen Großloge zu wiederholen, wurde der Reverend Castells von Großsekretären attakkiert. Wir mußten lachen, als wir seinen Appell lasen, der gesunde Menschenverstand möge doch die Oberhand behalten, denn damit kam er unseren Gedanken sehr nahe:

> «Es ist nicht gut, rachsüchtig gegenüber Brüdern zu sein, die völlig selbstlos und ohne jede Anleitung versuchen, die Geschichte der Freimaurer zu rekonstruieren. Wir wollen doch ehrlich sein und zugeben, daß die Großloge im Jahr 1717 kein Monopol auf die Weisheit hatte und daß sie sowohl in Irland wie auch in England eine weit intellektuellere Bewegung zum Vorläufer hatte.»

Castells hat vollkommen recht. Zu dem Zeitpunkt, als die Großloge gegründet wurde, hatte die Freimaurerei in England bereits ihre Ziele erreicht, und es wurde formell nur ein Herrenklub gegründet, der seine Glaubwürdigkeit auf dem Ruf der vielen berühmten Männer aufbaute, die bereits zuvor im Dienst der Freimaurerei gearbeitet hatten.

Die Reaktion der herrschenden Klasse der englischen Freimaurerei auf Nachforschungen scheint recht einhellig zu sein. Als wir einmal mit einem hochrangigen Freimaurer über unsere Erlebnisse mit der Vereinigten Großloge sprachen und erzählten, wie abweisend man dort auf versuchte Auseinandersetzungen mit den Anfängen der Freimaurerei reagiert, berichtete er, daß er vor über zwanzig Jahren an das Personal der Freimaurerbibliothek mit dem Wunsch herangetreten sei, Bücher mit alten Ritualen einsehen zu dürfen. Man fragte ihn, warum er das wolle, und als er antwortete, daß er vorhabe, ein typisches Logentreffen des achtzehnten Jahrhunderts zu rekonstruieren, verweigerte man ihm den Zugang zu den Quellen. Man teilte ihm mit, daß die Vereinigte Großloge von England das Studium von Ritualen, die längst durch «geeignetere» Rituale ersetzt worden seien, nicht gutheiße.

Die herrschende Klasse der englischen Freimaurerei verschönte sogar die eigene Geschichte, um sie an die Vorstellung anzupassen, daß die Freimaurerei im London des Jahres 1717 aus dem Nichts auftauchte. Das *Masonic Year Book*, herausgegeben von der Vereinigten Großloge von England, pflegte früher aufzuführen, daß Sir Christopher Wren, der Architekt der St. Paul's Cathedral, vor dem Jahr 1717 Großmeister gewesen sei, aber im Jahr 1914 wurde dieser Hinweis stillschweigend weggelassen. Zu seiner Zeit war Wren ein berühmter und angesehener Freimaurer (wie auch F.P. Castells es in seinem Buch *English Freemasonry* erwähnt), und es gibt genug Quellen, die das beweisen, darunter zeitgenössische Zeitungsberichte und das *Book of Constitutions of the Grand Lodge of London* (1738), das der offizielle Historiker der Großloge Dr. Anderson verfaßte. Er schrieb darin:

> «Wren war bis zum Jahre 1708 weiterhin Großmeister, bis durch seine Vernachlässigung des Amtes die Logen immer seltener einberufen wurden.»

Es scheint, als ob diese «Orwellschen» Manipulatoren der Geschichte vor ihrem selbstgewählten magischen Jahr weder Platz für Wren noch für irgendeinen anderen Zeitgenossen hatten. Wir hoffen, daß der gegenwärtige Großbibliothekar der Vereinigten Großloge von England uns nicht wieder eines «Irrtums» zeiht, nur weil wir diese gut belegbare Information wiederholen.

Ob Wren nun Freimaurer war oder nicht, ist für unsere Arbeit unerheblich, aber man kann dadurch die seltsame Verschleierungsarbeit offenbaren, die in London seit geraumer Zeit im Gange ist.

Als wir 1996 einmal an der Zentrale der Vereinigten Großloge von England in der Great Queen Street vorbeigingen, entdeckten wir, daß dort gerade eine Ausstellung über die Geschichte der englischen Freimaurerei stattfand. Schon im ersten Saal lasen wir eine Notiz, in der – wieder einmal – festgestellt wurde, daß vor dem magischen Jahr 1717 nichts über die Ursprünge der Freimaurerei bekannt sei.

Man hätte genausogut 1817 oder 1917 wählen können oder irgendein anderes Datum. Wenn nämlich eine Organisation sich dafür entscheidet, gut belegte, zeitgenössische historische Quellen zu ignorieren, die älter als ihr Gründungsdatum sind, dann wird diese Organisation immer den Schluß ziehen, daß sie der Anfang aller Dinge sei. Obwohl die Freimaurer in Schottland sich erst 1736 zu einer Großloge zusammenschlossen, gibt es viele Beweise dafür, daß die Freimaurerei in Schottland schon lange vorher wuchs und gedieh. Einmal ganz abgesehen von unseren neuen Beweisen aus Rosslyn, gibt es außerdem noch Aufzeichnungen von Logentreffen, die bis ins Jahr 1598 zurückreichen, und es gibt Berichte darüber, wie James VI. von Schottland (James I. von England) im Jahr 1601, also zwei Jahre bevor er nach London ging, in die Loge von Perth und Scoon (Scone) eingeführt wurde.

Obwohl die Vereinigte Großloge von England behauptet, ihre eigene Geschichte nicht zu kennen, widerspricht sie sich, indem sie ganz klar festlegt, welche Grade alten Ursprungs sind und welche nicht. Jeder englische Freimaurer, der heutzutage seine Termine für die nächsten Logentreffen bekommt, wird die folgende Fußnote lesen, die aus dem *Book of Constitutions* stammt, die von der Vereinigten Großloge von England aufgestellt wurden:

> «Die alte Freimaurerei besteht aus drei Graden und keinem mehr. Diese sind die des Lehrlings, des Gesellen und des Meisters, wozu auch der höchste Orden des Königlichen Gewölbes gehört.»

Diese Feststellung ist eindeutig. Hier wird bestimmt, daß alle anderen Grade der Freimaurerei keine «reinen, alten Grade» sind. Daraus folgt, daß es sich entweder um neuere Erfindungen handelt oder daß man die Grade irgendwie verfälscht hat. Wenn man nun bedenkt, daß die Großloge behauptet, nicht zu wissen, wo ihre Ursprünge vor der Gründung 1717 liegen, dann müssen wir annehmen, daß die Leute entweder mehr wissen, als sie zugeben, oder daß man das frühe achtzehnte Jahrhundert als «Altertum» ansieht.

Was hat es dann mit der Inschrift aus dem fünfzehnten Jahrhundert in Rosslyn auf sich, die belegt, daß es den «Orden der Ritter vom Roten Kreuz von Babylon» gab? Warum, so fragten wir uns, akzeptiert die englische Großloge diese anderen Grade, die Jahrhunderte älter sind als sie selbst, nicht? Wir mußten uns unbedingt genauer anschauen, wie die Freimaurerei in England begann und ob es seit dieser Zeit Veränderungen in den Ritualen gegeben hat.

Die Behauptung der Engländer, die erste Freimaurerorganisation der Welt gebildet zu haben, basiert auf der Tatsache, daß die Großloge von London sich als erste zum Repräsentanten einer kleinen Gruppe von Logen erklärte. Trotzdem wurde in der Stadt York eine Körperschaft gegründet, die sich «Großloge von ganz England» nannte – zwölf Jahre vor der Gründung in London. Die Vereinigte Großloge von England entstand erst im Dezember 1813, als nämlich zwei konkurrierende Großlogen, die beide ihren Sitz in London hatten, von einem Prinzen von königlichem Geblüt geleitet wurden und beide für sich das Recht in Anspruch nahmen, die wahren Erben der freimaurerischen Tradition zu sein, miteinander verschmolzen wurden.

Die offizielle These, daß die englische Freimaurerei als Londoner Herrenklub begann, kann nicht stimmen, denn wir wissen, daß die erste Einführung eines Freimaurers auf englischem Boden die von Sir Robert Moray im Jahr 1641 in Newcastle war (Quelle: R.F. Gould, *History of Freemasonry*). Elias Ashmole schreibt in seinem Tagebuch, daß er 1646 in Warrington, England, zum Freimaurer gemacht worden sei und Abram Moses wurde in einer Loge auf Rhode Island in den amerikanischen Kolonien im Jahr 1656 zum Freimaurer (Quelle: Hugh & Stilson, *History of Freemasonry*). Die wichtige Pionierarbeit beim Studium der Naturwissenschaften durch Freimaurer wie Sir Robert Moray und Elias Ashmole führte zur Gründung der Royal Society, die das Zeitalter der wissenschaftlichen Entdeckungen einläutete.

Zu einer Zeit, als diese weitsichtigen Freimaurer die experimentellen Wissenschaften ermutigten, setzte die Inquisition Galileo unter Hausarrest, weil er es gewagt hatte, zu beobachten, daß der Himmel nicht so beschaffen war, wie die Kirche es glaubte. Das Recht, zu denken und zu veröffentlichen, ist schwer zu erringen und leicht zu verlieren, und die Freimaurerei war im siebzehnten Jahrhundert die Verfechterin der Demokratie und der Freiheit der Wissenschaften.

Da wir selbst Freimaurer sind, die in mal eben fünf Grade eingeführt sind, wissen wir, daß es in der Freimaurerei noch viele Grade gibt, die wahrscheinlich zusätzliche Informationen enthalten, die uns helfen könnten, die Entwicklung der modernen Freimaurerei zu verstehen. Warum, fragten wir uns, werden diese höheren Grade, von denen viele schottischen Ursprungs sind, von der Vereinigten Großloge von England absichtlich unterdrückt?

Die frühen Jahre

Der Sinn des sturen Verleugnens jeglicher Freimaurergeschichte vor der Gründung der Großloge von London im Jahr 1717 ging uns auf, als wir uns die politische Situation in jener Zeit genauer anschauten. Das fragliche Jahr lag mitten in einer turbulenten Zeit der britischen Geschichte, als es um das Verhältnis zwischen den Königreichen England und Schottland ging. Die beiden Königshäuser waren im Jahr 1603 miteinander vereint worden, als der Freimaurerkönig James VI. von Schottland Nachfolger von Königin Elizabeth und damit König James I. von England wurde.

In jener Zeit waren beide Länder offiziell protestantisch, aber die Schotten waren in der Mehrheit Presbyterianer (sie erkannten die Autorität von Bischöfen und Erzbischöfen nicht an), während die Engländer der episkopalen Tradition der Church of England anhingen. Nach dem Geschmack der Schotten hing der Episkopalkirche zu sehr der Geruch der römisch-katholischen Kirche an, und sie wollten nichts mit einer Herrschaft durch Bischöfe und Erzbischöfe zu tun haben, die der schottischen Tradition, die ihre Ursprünge in der keltischen Kirche hatte, völlig fremd war.

Die Beziehungen zwischen den beiden Ländern blieben weiterhin gespannt, bis unter der Regierung von Charles I. die Presbyterianer eine Charta aufstellten, die in Greyfriars' Kirkyard in Edinburgh auch unterzeichnet wurde. Dieses Dokument, unter dem Namen *The Covenant*, «der Bund», bekannt, wurde von all denen unterzeichnet, die sich versammelt hatten, «um den Glauben ihrer Vorväter gegen den König zu verteidigen».

Danach marschierten diese schottischen Covenanter zweimal nach Süden, um gegen den König zu kämpfen. Beim zweiten dieser Vorstöße wurde Sir Robert Moray in die Freimaurerei eingeführt, und zwar von führenden Covenantern, die im Namen der Loge von Edinburgh St. Mary's handelten. Schließlich kam Charles nach Edinburgh, um Frieden mit den Schotten zu schließen und um zu versuchen, eine Allianz gegen seine neuen Gegner Oliver Cromwell und das englische Parlament zu bilden.

Nachdem Charles I. sowohl den Krieg als auch seinen Kopf verloren hatte, boten die Schotten die Krone seinem Sohn, der ebenfalls Charles hieß, an. Sie stellten die Bedingung, daß er den Covenant unterzeichnen müsse, was er widerstrebend am 21. Mai 1650 auch tat. Oliver Cromwell reagierte darauf, indem er seine Armee nach Schottland führte, um die Covenanter und ihren König zu bestrafen. Mit Unterstützung der Generäle Monk und Wade eroberte Cromwell Schottland und machte die Schlösser derjenigen, die den Covenant unterstützt hatten, dem Erdboden gleich – Roslin Castle gehörte auch dazu. In jener Zeit besuchte er auch die Kapelle von Rosslyn, aber da er selbst Freimaurer war, rührte er dort nichts an.

Nach Cromwells Tod bot Monk den Thron von England Charles an, und dieser wurde König von Schottland, Irland und England. Daraufhin schickten die Schotten Reverend Sharp, einen presbyterianischen Pfarrer, nach London, um Charles daran zu erinnern, daß er den Covenant unterschrieben hatte. Doch der Pfarrer kehrte als Erzbischof Sharp von St. Andrews nach Schottland zurück, und erfüllt von seiner neuen Würde ernannte er Bischöfe, um den entsetzten presbyterianischen Covenantern episkopale Praktiken aufzuzwingen. Im Jahr 1679 wurde Sharp wegen seines Verrats von zwölf Covenantern ermordet, und die Schotten marschierten erneut gegen England. Nachdem sie die Schlacht bei Loudon Hill gewonnen hatten, wurden sie vom Herzog von Monmouth bei Bothwell Bridge geschlagen, und fünf Monate lang saßen tausend Covenanter in der Gewalt der Engländer in Greyfriars' Kirkyard, wo einst der Covenant unterzeichnet worden war. Die Haftbedingungen waren entsetzlich, und viele starben, andere wurden nach Amerika in die Sklaverei verkauft.

Als Charles II. 1685 starb, folgte ihm sein Bruder James VII. (James II. von England) auf den Thron. Er war Katholik und versuchte sowohl den Schotten als auch den Engländern den römisch-katholischen Glauben aufzuzwingen. Das führte zu einem Aufstand in England, und im Juli 1688 bat das englische Parlament den Statthalter der Niederlande, Wilhelm von Oranien, gemeinsam mit seiner Frau Mary, der protestantisch gebliebenen Tochter James' II., den englischen Thron zu besteigen. Sie entsprachen der Bitte und unterzeichneten am 22. Januar 1689 die *Declaration of Rights*, in der die Macht des Königs über die Staatsreligion erheblich eingeschränkt wurde, was eine protestantische Nachfolge garantierte. Das schottische Parlament akzeptierte sie als Herrscher von Schottland, aber das von James II. militärisch unterstützte römisch-katholische Irland mußte mit Gewalt in der Schlacht am Boyne, an die heute noch durch die Oranier-Märsche in Ulster erinnert wird, unterdrückt werden.

Als Wilhelm starb, ging die Krone an Anne Stuart über, die zweite Tochter James' II., die mit Prinz Georg von Dänemark aus dem Haus Hannover verheiratet war. Dann gab es im Jahr 1706 eine Bewegung, die das schottische mit dem englischen Parlament vereinigen wollte, und die Presbyterianer bekamen wieder Angst, daß die Episkopalisten versuchen würden, den Schotten ihre Dogmen aufzuzwingen. Im darauffolgenden Jahr erzwangen die Engländer die Zusammenlegung der Parlamente, und Schottland entsandte fünfundvierzig Mitglieder ins Unterhaus und sechzehn ins Oberhaus. Die Zustimmung zu der Union war unter der Zusage erfolgt, daß Schottland seine alten Gesetze und die presbyterianische Kirche behalten würde.

Weil der Covenant jetzt von beiden Parlamenten garantiert wurde, fiel für viele Schotten ironischerweise die letzte Schranke für eine Rückkehr der Könige aus dem Hause Stuart. Das sollte ein ganz entscheidender Faktor werden, als die Engländer 1714 einen deutschen König in London auf dem Thron hatten.

Obwohl James II. in Frankreich gestorben war, lebte sein Sohn James VIII. immer noch dort, als Königin Anne starb und George I. (ein Urenkel von James I.) König wurde. Königin Anne stammte aus der protestantischen Linie des Hauses Stuart. Da alle ihre Kinder gestorben waren, unterschrieb sie ein Dekret, daß die Krone nach ihrem Tod an das Haus Hannover übergehen würde, um so die katholische Linie der Stuarts vom Thron Englands fernzuhalten. Den Anhängern von James VIII., den sogenannten Jakobiten (James ist englisch für Jakob), gefiel der Gedanke, einen deutschen König zu haben, der noch nicht einmal

Englisch sprach, gar nicht. Sie nannten Georg von Hannover «das kleine deutsche Fürstlein» und planten die Rückkehr des «Königs von jenseits des Meeres», wie man James VIII. nannte. Ihre Unzufriedenheit erreichte den Höhepunkt, als der Earl von Mar zu einem Treffen in Braemar einlud, bei dem er die Adligen von Schottland aufforderte, für «James VIII. von Schottland» zu den Waffen zu greifen.

Am 6. September 1715 hißten sie ihre Fahne und marschierten gegen England, um das Königreich von Schottland unter einem schottischen König wiederauferstehen zu lassen und sich von der Herrschaft des Hannoveraner Königs zu befreien. Die erste Schlacht bei Sheriffmuir in Perthshire endete unentschieden, aber James VIII. war kein Held, und er zog sich nach Frankreich zurück, wo er für den Rest seines Lebens blieb.

Die Freimaurerei war spätestens im Jahr 1603 mit James I. nach London gebracht worden. Obwohl eine Verbindung zu den Werkmaurern in London bestanden haben mag, behielt die Gemeinschaft ihren streng schottischen, jakobitischen Charakter, aber nach der großen Schlacht mit den Schotten im Jahr 1715 machten sich die Freimaurer von London große Sorgen. Nachdem das Heer James' VIII. zerschlagen worden war, herrschte ein Klima der Hexenjagd, und jeder, der Sympathie für die Jakobiten hegte, geriet unter den Verdacht der Illoyalität gegenüber König George I. aus dem Haus Hannover, der keinerlei Verbindung zu den Freimaurern hatte. Wegen der Gefahr, die es mit sich brachte, im hannoveranisch geprägten London Freimaurer zu sein, verließen viele Mitglieder den Orden, und es wurde deutlich, daß die Freimaurer jede gefährliche jakobitische Verbindung aus ihrer Bewegung entfernen mußten, wenn sie weiterbestehen wollten.

Eine andere Passage aus dem ersten *Book of Constitutions*, das im Jahr 1738 von Dr. James Anderson verfaßt wurde, deutet darauf hin, in welche Verlegenheit die jakobitische Kampagne im Jahr 1715 die Freimaurer jener Zeit gebracht hatte – es ging sogar so weit, daß ihr ehemaliger Großmeister sich von ihnen fernhielt:

> «König George I. zog höchst großartig am 20. September 1724 in London ein. Und nachdem die Rebellion vorbei war – Anno Domini 1715 –, glaubten die Logen in London, die sich von Christopher

Wren vernachlässigt fühlten, es wäre besser, sich unter einem Großmeister zu vereinen, der den Mittelpunkt und die Harmonie schaffen sollte. Die Orte, an denen sich noch regelmäßig Logen trafen, waren:

1. das Bierhaus ‹Die Gans und der Rost› in St. Paul's Churchyard;
2. das Bierhaus ‹Die Krone› in der Parker Lane nahe Drury Lane;
3. die Taverne ‹Zum Apfelbaum› in der Charles Street, Covent Garden;
4. die Taverne ‹Zum Römer und zur Traube› in der Channel Row, Westminster.

Die Logen und noch einige andere ältere Brüder trafen sich im besagten ‹Apfelbaum›, und nachdem sie den ältesten Meistermaurer zum Vorsitzenden bestimmt hatten, gründeten sie eine Großloge pro tempore in der vorgeschriebenen Form und belebten fortan die vierteljährlichen Treffen der Beamten der Logen neu (was man GROSSLOGE nennt), damit sie die jährliche Versammlung und die Feier festlegten und dort einen Großmeister aus ihren Reihen wählten, bis sie die Ehre haben sollten, einen adeligen Bruder an ihrer Spitze zu haben.»

Die Wortwahl in Dr. Andersons Bericht macht deutlich, daß der Jakobiten-Aufstand die Freimaurerei in London in die Knie gezwungen hatte, und dieses Treffen war ein Versuch, sich wieder als loyale Untertanen des Hannoveraner Königs zu beweisen. Die Wahl solcher Worte wie «wiederbeleben» im Zusammenhang mit den vierteljährlichen Zusammenkünften stellt klar, daß so etwas vorher normal gewesen, aber langsam in Vergessenheit geraten war. Ihre Hoffnung, bald wieder einen «adeligen Bruder» an ihrer Spitze zu haben, macht deutlich, daß das einmal die Norm gewesen war – wie wir wissen, war über hundert Jahre zuvor James I. ihr Vorstand gewesen.

Es ist interessant, daß zwei Londoner Logen dieses Hannoveraner System ablehnten. In einem alten Buch mit dem Titel *Multa Paucis*, das der Historiker J.S.M. Ward entdeckte und neu herausgab, steht, daß an diesem Treffen sechs Logen teilnahmen, nicht nur vier (Quelle: J.S.M. Ward, *Freemasonry and the Ancient Gods*). Auch das ist eine Tatsache, über die die Londoner Großloge nicht gerne spricht.

Diese Londoner Logen haben die Freimaurerei nicht erfunden, und sie und ihre Vorgänger mußten ihr Ritual von irgendwoher übernommen haben. Vor 1646 waren die einzigen Körperschaften, die die Erlaubnis zur Bildung von Logen erteilen konnten, die schottischen Logen, die ihre Autorität aus dem Schaw-Statut von 1602 bezogen (das von James VI. von Schottland in Auftrag gegeben wurde, ehe er James I. von England wurde). Wenn die vier überlebenden Londoner Logen legitime Freimaurerlogen waren, dann müssen sie Freibriefe der schottischen Schaw-Logen besessen haben, die ja die einzige Quelle freimaurerischer Autorität darstellten. Deshalb ist es wohl so, daß man die Vereinigte Großloge von England als rangniedriger als die Großloge von Schottland ansehen sollte, welche heute die Schaw-Logen verkörpert.

Für das Haus Hannover muß es beängstigend gewesen sein, das einzugestehen. Denn dort muß man gewußt haben, daß bereits viele Jahre vor dem Jakobiten-Aufstand von 1715 die schottischen Logen einen Fonds eingerichtet hatten, in den alle Kandidaten einzahlten und der dazu diente, Waffen zu kaufen, die dann gegen England gerichtet wurden. Im Protokoll der Loge von Edinburgh (St. Mary's Metropolitan) No. 1 vom 23. März 1684 kann man lesen: «Sie sind allein für die Verteidigung des wahren protestantischen Glaubens, des Königs und des Landes bestimmt und für die Verteidigung der alten Stadt und ihrer Privilegien», und außerdem waren die Kandidaten verpflichtet, «ihr Leben und ihr Vermögen zur Verteidigung von diesem allen hinzugeben».

Die Londoner Freimaurer werden nicht den Wunsch gehabt haben, mit diesen Aufrufen in Verbindung gebracht zu werden, denn das hätte bei den Hannoveraner Behörden als Landesverrat gegolten, aber sie hatten das Problem, daß ihre Autorität als Freimaurer von den offensichtlich jakobitischen Schaw-Logen von Schottland abhing. Ihre Lösung für dieses Dilemma war neuartig und eigentlich illegitim für Freimaurer. Sie brauchten eine neue Quelle der Autorität, und die kreierten sie, indem sie vier der übriggebliebenen Logen von London vereinten, um eine Hannoveraner Großloge zu bilden, die sofort ihre schottischen Ursprünge verleugnete.

Diese Aktion ließ jedoch ein Problem bestehen: Die Londoner Freimaurer mußten erklären, woher sie stammten. Ihre Lösung dafür bestand einfach darin zu behaupten, daß niemand ihre Ursprünge kenne – was uns wieder zur Vereinigten Großloge von heute bringt.

Nachdem sie die Geschichtsbücher umgeschrieben hatten, um jede Spur ihrer wahren Herkunft zu tilgen, versuchten die Engländer, es ihren schottischen Vorfahren gleichzutun, indem sie die Mitglieder der königlichen Familie aus dem Haus Hannover umwarben, sie ermutigten, einzutreten und schließlich die Führung der Londoner Freimaurer zu übernehmen. Bereits nach vier Jahren war ein Herzog Großmeister, und nach fünfundsechzig Jahren hatten schon einige Hannoveraner Prinzen die Führung innegehabt. Der Preis, den sie dafür bezahlten, war die Auslöschung aller Spuren ihrer schottischen Wurzeln, und damit verloren sie auch die Einsicht in den Zweck, dem die Freimaurerei eigentlich dient.

Der Entschluß dieser kleinen Gruppe Londoner Freimaurer, sich 1717 selbst zur einzigen Führung aller Freimaurer zu ernennen, wurde keineswegs allgemein akzeptiert, und bald kam es zu einer Reaktion anderer Gruppen von Maurern, die sich weigerten, diese selbsternannten Autoritäten anzuerkennen. Bald nach der Gründung der Großloge von London im Jahr 1717 wurden 1725 in York und in Irland öffentlich Großlogen gegründet, die es alle wahrscheinlich schon lange vorher gab.

Das Haus Hannover hatte gute Gründe, sich wegen des Hauses Stuart Sorgen zu machen. Zwar hatte sich James VIII. als schwacher Anführer erwiesen, jedoch sein Sohn war aus anderem Holz geschnitzt, und Charles Edward Stuart, Charles III., bekannt unter dem Namen «Bonnie Prince Charlie», war bereit, alles zu riskieren, um sich die Krone von George II. zurückzuerobern.

Um zu verhindern, daß in Wales eine eigene Großloge entstand, brachte die Londoner Großloge einen Maurer namens Hugh Warburton dazu, in seinem Land eine englische «Provinzloge» zu gründen. Im Gegenzug wurde er zum ersten Provinzgroßmeister von Nordwales gemacht (ein seltsames Arrangement, das von vielen walisischen Freimaurern noch heute abgelehnt wird).

Schnell wurde ein System geschaffen, das unter der Kontrolle und dem Patronat der Großloge stand, um sicherzustellen, daß alle Logen mit den Edikten der Gentlemen Freimaurer aus London konform gingen. Im Jahr 1734 war der Großmeister der Londoner Freimaurer ein schottischer Maurer, der Earl von Crawford, und es war ziemlich sicher, daß man ihn bitten würde, der erste Provinzgroßmeister von Schottland zu werden, womit ein zweites keltisches Land den Status einer «Provinz» von England bekommen würde.

Die Logen von Kilwinning, Scoon und Perth hielten das nicht für eine ernste Bedrohung, aber die Edinburgher Logen nahmen es ernst genug, um nach einer Lösung zu suchen. Sie schlugen dann vor, ihre eigene Großloge zu wählen, die ihre Angelegenheiten regeln, Genehmigungen erteilen und ihre Interessen schützen solle. Um diesen Plan auszuführen, brauchten sie einen Großmeister – und hier ließ das Schaw-Statut ihnen keine andere Wahl.

Der erste Großmeister von Schottland

Die englische Freimaurerei ist völlig anders als die Freimaurerei, die sich in Schottland entwickelte und sich dort bis heute hält. Als die schottischen Logen beschlossen, eine Großloge zu wählen, hielten sie sich ganz an ihre Tradition und bestimmten Sir William Sinclair von Roslin zu ihrem Großmeister. Er stammte direkt von Lord William St. Clair ab, dem Erbauer von Rosslyn.

Der einzige Haken an diesem Plan war allerdings die Tatsache, daß Sir William Sinclair kein Freimaurer war! Ehe er also Großmeister von Schottland werden konnte, mußte er zuerst einmal eingeführt werden, und zwischen Mai und Dezember 1736 wurde er im Eiltempo durch die fünf untersten Grade der Freimaurerei in Schottland geschleust. Nachdem er ernannt worden war, bestand seine erste Amtshandlung darin, zurückzutreten und seinem ererbten Patronatsrecht zu entsagen. Damit konnte ein System geschaffen werden, in dem die Verantwortlichen der neuen Großloge gewählt wurden – ein System, das übrigens bis heute die Rechte und Privilegien der schottischen Freimaurer schützt. Interessant ist, daß er, gleich nachdem er Freimaurer wurde, Roslin Castle und die Kapelle verkaufte – vielleicht hatte er das Gefühl, damit die Wünsche seiner Ahnen erfüllt zu haben. Selbst R.F. Gould, der Meister-Dogmatiker der englischen Freimaurer, schreibt etwas säuerlich in seiner *History of Freemasonry:*

> «(...) der opportune Rücktritt von William St. Clair war (...) genau kalkuliert, um der ganzen Sache einen legalen Anstrich zu geben, der bei der Gründung der Großloge von England fehlte.»

Schon bald kam es in der neuen Freimaurerei von England zu großen Auseinandersetzungen. Nach der Gründung der Großloge von London bildeten sich rasch zwei Gruppen von Maurern – «die Alten» und «die Modernen». Diese Gruppen pflegten unterschiedliche Ansichten über Wesen und Form der Rituale, und die «Alten», die man auch wegen der schottischen Herkunft ihres Anführers, des Herzogs von Atholl, die Großloge von Atholl nannte, beschuldigten die «Modernen», Veränderungen an den Ritualen vorzunehmen, zu denen sie nicht berechtigt seien. Die Differenzen wurden bald so groß, daß sich die englischen Freimaurer schließlich in zwei Großlogen unter zwei Großmeistern spalteten, und lange Zeit akzeptierte keine der beiden Seiten die Rituale der anderen.

Die Spaltung vertiefte sich, als Lawrence Dermott, ein Maurer aus der irischen Tradition, 1748 nach London kam und einer Londoner Loge beitrat. Er war so entsetzt über die Veränderungen, die diese selbsternannte Großloge an den Ritualen der Freimaurerei vorgenommen hatte, daß er sich daran machte, etwas dagegen zu tun, und schließlich zum ersten Großsekretär der «Alten» wurde. Mackey sagt in seiner *Encyclopaedia of Freemasonry* über ihn:

> «Als Polemiker war er sarkastisch, verbittert, unbeugsam und ganz und gar nicht aufrecht oder wahrheitsliebend. Aber in intellektuellen Dingen war er keinem seiner Gegner unterlegen, und was die philosophische Sicht des Wesens der Freimaurerei anging, war er seiner Zeit weit voraus.»

Dermott sprach Hebräisch und Latein, und da er eifrig die Geschichte der Freimaurer studierte, entdeckte er bald, daß die Londoner Freimaurer sich von ihren alten Wurzeln entfernt hatten, als sie versuchten, ihre jakobitischen Ursprünge zu verbergen.

Die Hannoveraner Anhänger der Großloge von London waren nicht glücklich über den Erfolg der «Alten» bei der Wahrung des jakobitischen Erbes, denn das gefährdete die Unterstützung durch das Haus von Hannover. Sie lösten das Problem, indem sie mit dem Zuckerbrot des königlichen Patronats winkten, um zu einer Vereinigung beider Traditionen zu ermutigen, und mit der Peitsche eines Parlamentsbeschlusses drohten, der die Freimaurerei als subversive Gesellschaft verbieten sollte. Der Prinz von Wales war bereits Großmeister der «Modernen», als 1799 das Gesetz gegen unerlaubte Gemeinschaften von William Pitt in das Parlament eingebracht wurde, um «eine effektivere Unterdrückung von Gesellschaften mit landesverräterischen Zielen zu gewährleisten». Als Strohmann diente hierbei Prinz Edward, der Herzog von Kent, der vor kurzem beiden Großlogen beigetreten war. Ohne Unterstützung durch die königliche Familie liefen die «Alten» Gefahr, als illegal verboten zu werden. Schließlich wurde die letzte Klausel, die alle Logen der Freimaurer von dem Gesetz ausnahm, angenommen, aber der Preis dafür sollte bald danach bezahlt werden müssen.

Die «Alten» akzeptierten die Bedingungen der Niederlage, und am 8. November 1813 trat der Herzog von Atholl zugunsten des Herzogs von Kent zurück. Maurerische Autoren aus anderen Traditionen warnten damals im *Freemason's Quarterly:*

> «Weder der englische Autor noch der englische Leser kann von der egoistischen insularen Neigung, England als Mittelpunkt aller Ereignisse auf der weiten Welt zu sehen, verschont bleiben.»

Um die Krone vor jeder Verlegenheit zu schützen, die während der Bedrohung der «Alten» durch ein Verbot des Parlaments entstehen konnte, hatte der Prinz von Wales den Earl von Moira zum Großmeister ernannt. Der maurerische Historiker R.F. Gould meint dazu in seiner *History of Freemasonry:*

> «Die Freimaurer von England stehen tief in der Schuld der königlichen Familie ihres Landes. Daß sie von dem Gesetz gegen Geheimgesellschaften von 1799 nicht berührt wurden, war in großem Maße dem Umstand zu verdanken, daß der Thronerbe an der Spitze der Großloge von London [den ‹Modernen›] stand. Später wurden dann

durch den gemeinsamen Einfluß zweier königlicher Prinzen erhebliche Meinungsverschiedenheiten beigelegt.»

Der Prinz von Wales und sein Bruder, der Herzog von Kent, hatten die «Alten» wieder unter die Kontrolle der «Modernen» gezwungen, aber die Aufgabe, die Geschichte der Ursprünge der Freimaurerei umzuschreiben, fiel einem anderen königlichen Bruder zu – dem Herzog von Sussex.

Im darauffolgenden Jahr wurden die beiden Verfassungen kombiniert, und die noch heute bestehende Vereinigte Großloge von England wurde gebildet. Großmeister war der Herzog von Sussex. Die «Modernen» hatten die Schlacht um das Ritual gewonnen, und ihre Sichtweise konnte auch nie mehr angezweifelt werden, weil sie ihrem Ritual der Einführung eines Logenmeisters den Schritt anfügten, daß jeder Aspirant auf diesen Posten vorher vor versammelter Loge erklären muß, daß er alle Anordnungen und Erlasse der Vereinigten Großloge widerspruchslos akzeptieren wird. Als zusätzliche Sicherheit vor unliebsamen Fragen wurden alle Beamten der Vereinigten Großloge fürderhin ernannt, nicht gewählt. Mit diesem patriarchalischen System, das nie hinterfragt wurde, hat die Vereinigte Großloge bis heute unangefochten überlebt.

Die Vereinigte Großloge leugnete die Ursprünge aller höheren Freimaurergrade, und deshalb mußte ein Rat eingesetzt werden, der die Grade des Schottischen Ritus bewahrte, die in jenen Zeiten von vielen Freimaurern gepflegt wurden. Dieser Rat wurde 1819 gebildet und stand vom Tag seiner Gründung an in enger Verbindung mit der neugeformten Vereinigten Großloge von England, aus deren Führungskreis er alle seine Mitglieder bezog. Der Herzog von Sussex war einer der ersten, die durch Admiral Sir William Smyth in diese höheren Grade eingeführt wurden, und Jeremiah How schreibt in seinem *The Freemason's Manual* von 1862, daß er von ihrem Inhalt so abgestoßen war, daß er sein Bestes tat, um andere daran zu hindern, sich einführen zu lassen. Er war so strikt gegen diese Rituale, daß er seinen Einfluß als Großmeister der Vereinigten Großloge dazu benutzte, ganze Teile ihres Inhalts aus der kollektiven Erinnerung der Freimaurer zu tilgen.

Das Problem des Herzogs scheint gewesen zu sein, daß den originalen Ritualen, die entschieden nichtchristlich waren, christliche Bestandteile hinzugefügt worden waren. Als Christ und Freimaurer fand er, daß die «heidnischen» Teile den neuen christlichen Elementen widersprachen, und er beschloß, das Ganze zu neutralisieren, indem er alle christlichen Lehren und alle Aspekte, die er als «seltsam» ansah, entfernte. So tilgte er alles, was entweder in Konflikt mit der kirchlichen Lehre stand oder sich darauf bezog, und machte die Freimaurerei gesichtslos.

Dieser Schritt machte es zwar unmöglich, die ursprüngliche Bedeutung der Freimaurerei nachvollziehen zu können, aber andererseits wurde damit die Tür für den Beitritt von Männern aus anderen monotheistischen Religionen geöffnet.

Die verborgenen Grade

William St. Clair baute Rosslyn, um ein neues Jerusalem in Schottlands grünen Auen zu begründen, das die Schriftrollen beherbergte, die man unter dem Tempelberg gefunden hatte. Je mehr wir nachforschten, desto deutlicher wurde uns, daß die Rituale der Freimaurerei mit diesem Gebäude in enger Verbindung standen. Vielleicht, so dachten wir, würden wir noch mehr Veränderungen bei den Ritualen entdecken, die man ausgegrenzt hatte.

Die Traditionen der Freimaurer schreiben vor, daß Mitglieder des Ordens mit anderen Brüdern nur dann über den Inhalt der Rituale ihres Grades sprechen, wenn alle dem gleichen Grad angehören. Somit ist wahrscheinlich richtig, daß die große Mehrheit der Freimaurer über die Strukturen innerhalb der Gemeinschaft nichts weiß – ganz zu schweigen vom Sinn des Inhalts der Rituale.

Falls die ersten Freimaurer wirklich ein besonderes Wissen besaßen, das in direkter Linie von der Jerusalemer Urgemeinde stammte, dann waren die Gründer des Ordens sehr klug, als sie dieses Wissen durch ein komplexes System geheimer Zellen schützten, von denen jede ihren eigenen Eid schwören mußte. William St. Clair war so weitsichtig, seine Botschaft in Stein und im freimaurerischen Ritual zu bewahren, um die Zeit abzuwarten, wenn die römisch-katholische Kirche weniger mächtig sein würde.

Als die Engländer sich dreist daranmachten, das maurerische Ritual aus politischen Gründen zu ändern, raubten sie damit der Organisation ihren Zweck. Wir waren mittlerweile sicher, daß sie die ganze Sache zu einem bedeutungslosen Ritual zusammengestrichen hatten, das nur noch eine Parodie des Originals war. Durch ein wenig Quellenarbeit erfuhren wir bald, wie alle Grade der Freimaurerei hießen, aber herauszubekommen, was einmal ihr Inhalt gewesen war, sollte nach so vielen Jahren des Schweigens eine schwierige, wenn nicht gar unmögliche Aufgabe sein.

Die ersten drei Grade überall in der Freimaurerei sind:

- Lehrling (die erste Einführung in die Freimaurerei)
- Geselle
- Meister (der Standardrang, den Freimaurer gewöhnlich erlangen)

Es gibt eine Reihe von Graden, die entschieden christlichen Charakter haben und jüngeren Datums zu sein scheinen:

- Tempelritter (keine Verbindung zu den ursprünglichen Tempelrittern)
- Ritter des mediterranen Passes
- Ritter des heiligen Johannes von Malta
- Das Rosenkreuz des königlichen Ordens von Schottland
- Harodim des königlichen Ordens von Schottland
- Bruder des heiligen Laurentius des Märtyrers
- Das rote Kreuz des Konstantin
- Ritter des Heiligen Grabes
- Ritter des heiligen Johannes
- Die neun Grade der Rosenkreuzergesellschaft
- Ritter von Konstantinopel
- Das Rosenkreuz

Einige jüngere Grade sind:

- Der geheime Wächter
- Die sieben Grade des scharlachroten Seils
- Der illustre Orden des Lichts
- Der Alte und Angenommene Ritus von Schottland

Die interessanteste Reihe von Graden sind für uns die ursprünglichen, die man unter dem Begriff «Alte und Angenommene» (Schottische) Riten kennt und die vom Obersten Rat des dreiunddreißigsten Grades in Edinburgh bewacht werden. Die Inschrift in Rosslyn bezieht sich auf den sechzehnten Grad dieses Systems. Es beginnt mit den gleichen Graden wie die Freimaurerei überall:

1. Lehrling
2. Geselle
3. Meister
4. Geheimer Meister
5. Vollkommener Meister
6. Geheimer Sekretär
7. Vorgesetzter und Richter
8. Intendant der Gebäude
9. Auserwählter der Neun
10. Auserwählter der Fünfzehn
11. Auserwählter Maurer
12. Großmeister-Architekt
13. Königliches Gewölbe (des Enoch)
14. Schottischer Ritter der Vollkommenheit
15. Ritter des Schwertes oder des Ostens
16. Prinz von Jerusalem
17. Ritter des Ostens und des Westens
18. Ritter des Pelikans und des Adlers und Prinzregent des Rosenkreuzes
19. Großbischof
20. Ehrwürdiger Großmeister
21. Patriarch des Noah

22. Prinz von Libanon
23. Oberhaupt des Tabernakels
24. Prinz des Tabernakels
25. Ritter der ehernen Schlange
26. Prinz der Gnade
27. Kommandeur des Tempels
28. Ritter der Sonne
29. Ritter des heiligen Andreas
30. Auserwählter Großritter des schwarzen und weißen Adlers
31. Großinspektor-Inquisitor-Kommandeur
32. Erhabener Prinz des königlichen Geheimnisses
33. General-Großinspektor

Wir fanden heraus, daß die ältesten Hinweise auf diese schottischen Grade in Frankreich liegen. In Frankreich nannte man die Maurer, die diese Grade benutzten, «Maîtres Ecossais» (schottische Meister) – so schreibt es R.F. Gould in seiner *History of Freemasonry*.

Diese höheren Grade kannte man nur unter dem Namen «schottische Grade», und sie wurden mit dem Chevalier Ramsay in Verbindung gebracht, der 1686 in Ayr geboren wurde. Thory schreibt in seiner *Histoire de la Fondation du Grand Orient* von 1812, daß Ramsay die Grade des Schottischen Ritus in Frankreich bekannt machte, als er der Lehrer der beiden Söhne James' VIII. war, der ja in Frankreich im Exil lebte.

Einer dieser beiden Söhne war der junge Bonnie Prince Charlie, der einundzwanzig Jahre später den Versuch unternehmen sollte, den schottischen Thron zurückzuerobern. Im Jahre 1730 besuchte Ramsay mit Erlaubnis von George II. England und wurde von Isaac Newton zum Mitglied der Royal Society gemacht.

Ramsay hatte sich zwar als Wissenschaftler nicht sonderlich hervorgetan, aber man wußte, daß er in Frankreich Freimaurer gewesen war, und während seines Aufenthalts in England trat er in die Horn-Loge ein (heute kennt man sie unter dem Namen Royal Somerset House und Inverness-Loge No. 4). Im Jahr 1737 veröffentlichte er in *L'Almanach de Cocus* eine Rede, in der von einer Union zwischen den Freimaurern und den Rittern des heiligen Johannes von Jerusalem zur Zeit der Kreuzzüge erzählt wird. Er beschreibt eine Loge in Kilwinning, bei der James, Lord Steward von Schottland, im Jahr 1286 Meister war.

Ramsay war ein so überzeugter Jakobit, daß er sogar der Lehrer von Bonnie Prince Charlie sein durfte, und er könnte gut der Loge angehört haben, die 1725 in Frankreich vom Earl von Derwentwater, der mit James VIII. ins Exil geflohen war, gegründet wurde. Diese Loge mit dem Namen des heiligen Thomas traf sich in der Taverne «Hure's», Rue de Boucheries, Paris (Quelle: A. Whitaker, *The Origin and Progress of the Supreme Council of the 33rd Degree of the Ancient and Accepted [Scottish] Rite for England, Wales, the Dominions and the Dependencies of the British Crown*, 1933).

Im Jahre 1761 gab die Großloge von Frankreich Stephen Morin die Erlaubnis, den Schottischen Ritus in Amerika zu verbreiten. Er wurde zum Großinspektor der Neuen Welt ernannt und autorisiert, an allen Orten Inspektoren einzusetzen, an denen diese Grade nicht schon eingeführt waren, was den Schluß zuläßt, daß es den Schottischen Ritus in Amerika bereits gab. Am 31. Mai 1801 gründete er «den Obersten Rat des dreiunddreißigsten Grades für die Vereinigten Staaten von Amerika» in Charleston, South Carolina. Ein Jahr später brachte ebendieser Oberste Rat ein Rundschreiben an alle Großlogen der Welt heraus, in dem der Ursprung der Freimaurerei auf den Schöpfungstag festgelegt wurde und sich dieser Rat zum Bewahrer der geheimen Regeln, die seit Menschengedenken existierten, erklärte, nachdem die Entwicklung bis zur Gründung des Rates genau beschrieben worden war (Quelle: A. Whitaker).

1857 verkündete der Oberste Rat von England stolz, daß der dreißigste Grad «ohne Hilfe des Rituals» verliehen worden sei. Im darauffolgenden Jahr beschloß England, seine Allianz mit dem Obersten Rat von Schottland zu beenden, und alle untergeordneten Stellen wurden angewiesen, jegliche Kommunikation mit untergeordneten Mitgliedern der schottischen Freimaurer zu unterlassen.

Wir fanden heraus, daß heutzutage in England nach dem vierten Grad erst der achtzehnte wieder verliehen wird, denn der fünfte bis siebzehnte Grad wird nur nominell vergeben, ohne daß die Teilnahme an einem Ritual erforderlich ist. Gleichermaßen werden die Grade neunzehn bis neunundzwanzig nur dem Namen nach vergeben, erst der dreißigste wird wieder verliehen.

So kann es also geschehen, daß Freimaurer, die den dreißigsten Grad erlangen, nichts vom Inhalt der vierundzwanzig anderen Grade wissen müssen, die sie aber eigentlich verstehen sollten!

Was auch immer an diesen Graden den Herzog von Sussex weiland auch gestört haben mag – sein System kontrollierter Herrschaft und vorsätzlicher Lügen hatte Erfolg, denn die Rituale wurden beinahe völlig abgeschafft. Albert Pike, damals einer der führenden amerikanischen Freimaurer, erklärte im Jahr 1878 vor dem Obersten Rat des Südens – und zwar ohne sich für seine verblüffende Ignoranz und Arroganz zu schämen:

> «Die Wahrheit ist, daß der Ritus nichts war, und die Rituale waren keinen Heller wert, bis 1855 sogar eigentlich nur ein Haufen Müll.»

Pike scheint die Rituale als heterogene und chaotische Masse angesehen zu haben. Weil er sie nicht verstand, verwarf er sie einfach, beschrieb sie als «inkohärenten Unsinn, in manchen Graden absolut nichtswürdig – als hätte man sie einfach nur konstruiert, um ihre Bedeutung zu verbergen». Pike erwies sich dann als würdiger Nachfolger des Herzogs von Sussex, als er sich daranmachte, den Obersten Rat von England bei der Unterdrückung der Rituale zu unterstützen. Er schrieb in *Morals and Dogma:*

> «Der Oberste Rat des Südens der Vereinigten Staaten hat sich ausführlich der unvermeidlichen und lange hinausgeschobenen Aufgabe unterzogen, die Arbeit und Rituale der dreißig Grade, die unter seiner Aufsicht stehen, durchzusehen und zu reformieren. Während die Grundlagen und die Erkennungszeichen der Mitglieder untereinander beibehalten wurden, entfernte man die kindischen und absurden Bestandteile, durch die viele Grade entstellt wurden, entwickelte aber die jeweiligen Hauptgedanken jedes Grades, so daß ein einheitliches System moralischer, religiöser und philosophischer Anleitungen entstand. Da kein Glaube Vorrang hat, hielt man es für angebracht, die alten Gleichnisse zu benutzen, die in allen Einzelhei-

ten in den hebräischen und christlichen Büchern beschrieben sind, wie man auch auf die alten Mysterien aus Ägypten, Persien, Griechenland, Indien, der Druiden und der Essener zurückgriff, um die großen Wahrheiten der Freimaurerei deutlich zu machen. Ebenso wurden die Legenden der Kreuzzüge und die Zeremonien der Ritterorden benutzt.»

Trotzdem war das Werk der Zerstörung keineswegs beendet, denn Reverend Whitaker war noch nicht zufrieden. Er sagte zu Veränderungen, die er nicht genau benennen konnte:

«Ein Einschub im Gebet im schwarzen Raum ist das genaue Gegenteil der Lehren Christi; manche Teile des Rituals sind schlicht bedeutungslos. Es wäre eine große Sache, wenn ein kleines Komitee aus theologischen Experten sich daranmachen würde, das Ritual zu überarbeiten. Der größte Teil davon ist nämlich so schön, daß es schade wäre, Scharten darin zu lassen, die die Gefühle aller verletzen, die innehalten und nachdenken.»

Wer die Geschichte des Schottischen Ritus der dreiunddreißig Grade studiert, dem wird klar, daß das ursprüngliche Ritual bewußt geändert worden war, um den Wünschen des Herzogs von Sussex, des ersten Großmeisters der Vereinigten Großloge von England, und von Albert Pike, General-Großinspektor des Obersten Rates der südlichen Staaten der USA, gerecht zu werden. Wir fragten uns nun, was diese jakobitischen schottischen Grade eigentlich enthalten hatten, das diese hochrangigen Freimaurer so gestört hatte, daß sie beschlossen, ihre Verantwortung gegenüber der Freimaurerei zu ignorieren, denn es muß ihnen klar gewesen sein, daß es nicht in der Macht eines Mannes oder mehrerer Männer steht, das Ritual der Freimaurer zu verändern.

Im April 1909 benannte der Oberste Rat von England die Reihe von Graden, die bis dahin unter dem Namen «Schottischer Ritus» bekannt waren, in «Alter und Angenommener Ritus» um. Im Protokoll steht: «Es wurde beschlossen, das Wort ‹schottisch› aus allen Zertifikaten zu streichen.»

Der Kommentator der *Masonic News* jener Tage war der Ansicht, das sei ein närrischer Beschluß gewesen: «Der Ritus wurde seit Gründung des ersten Obersten Rates im Jahre 1801 als Schottischer Ritus bezeichnet und war unter diesem Namen überall auf der Welt bekannt. Diese Änderung zeigte eine völlige Ignoranz gegenüber der Geschichte der Freimaurerei.»

Natürlich fiel auch uns auf, daß dieses Ritual noch vor der Gründung der Vereinigten Großloge und ihrer selbsterteilten Führerrolle als Schottischer Ritus bekannt war. Wir wußten auch, daß um das Jahr 1908 nur Freimaurer, die einen hohen Rang in der Vereinigten Großloge innehatten, Mitglieder des Obersten Rates von England werden durften. Die Geschichte der dreiunddreißig Grade ist die der absichtlichen Zerstörung eines mündlich überlieferten Erbes, das bis zurück in die Tage der Tempelritter reichte.

Nachdem wir herausgefunden hatten, daß die englische Freimaurerei eine verborgene Geschichte und absichtlich unterdrückte Rituale enthielt, mußten wir versuchen herauszufinden, um welche Grade es sich dabei handelte und was aus den Ritualen gestrichen worden war. Das mußte etwas sehr Wichtiges sein, wenn man so sehr darum bemüht gewesen war, es zu verbergen.

Wir hatten festgestellt, daß die alten Geheimnisse, nach denen wir suchten, von den Begründern der Vereinigten Großloge von England getilgt worden waren. Jetzt fragten wir uns, ob der Widerstand, der uns von den Angestellten der Großloge begegnete, nur das Resultat verletzter Eitelkeit war oder ob man etwas zu verbergen hatte.

Nüchtern besehen bezweifeln wir stark, daß die Mitglieder der Vereinigten Großloge etwas von Geheimnissen wissen, die anderen Freimaurern vorenthalten werden, und ziemlich sicher wissen sie nichts oder nur wenig über die fehlenden Rituale. Andererseits ist es sehr wahrscheinlich, daß es dort seit langem Tradition ist, freidenkende Wissenschaftler abzublocken, weshalb die gegenwärtigen Amtsinhaber einfach so reagieren, wie sie es gewohnt sind.

Obwohl selbsternannte Zensoren und Reformatoren sehr viel Material zurückhalten können, sind sie doch nicht in der Lage, alles zu verbergen. So ist die Tatsache sehr interessant, daß die Vereinigte Großloge von England 1813 am Sankt-Johannes-Tag gegründet wurde. Es gibt in jedem Jahr zwei Johannestage, beide sind äußerst wichtige Termine für die Freimaurer, und obwohl diese Gewohnheit christlichen Ursprungs zu sein scheint, ist sie in Wirklichkeit auf den alten (wahrscheinlich ägyptischen) Sonnenkult zurückzuführen. Diese Feiertage entsprechen den Mittsommer- und Mittwinter-Festen eines Sonnenkults, die später in den christlichen Kalender aufgenommen wurden. Daß beide Tage von so großer Bedeutung für die Freimaurerei sind, weist auf eine längst nicht mehr bewußte Geschichte hin.

Zweifellos ist es so, daß die Freimaurerei ein großes Geheimnis verbirgt. Leider lebt heute wahrscheinlich niemand mehr, der weiß, worin es besteht!

An diesem Punkt hatten wir das Gefühl, daß wir uns mehr den Ursprüngen der Tempelritter widmen mußten, um zu verstehen, wer und was hinter ihrer Mission stand und welche heute verlorenen Geheimnisse an die Freimaurerei weitergegeben wurden.

Wenn wir diese verbotene Geschichte von beiden Seiten aus angingen, würde uns vielleicht die längst verloren geglaubte Wahrheit in der Mitte begegnen.

Die erste Großloge der Welt wurde 1717 in London gegründet. Sie war ein Versuch des Hauses Hannover, die schottischen Ursprünge der Freimaurer zu verleugnen, die für englischen Geschmack viel zu jakobitisch waren. Von Anfang an verleugnete die Großloge ihre Herkunft, und als 1813 die Vereinigte Großloge von England gegründet wurde, wurden die Rituale des Ordens beinahe zerstört. Selbst heute noch wird dort die Behauptung aufgestellt, daß alles, was vor dem Jahr 1717 gewesen sein soll, nicht bewiesen werden kann.

Aus den Schriften anderer Forscher und aus eigener Erfahrung wissen wir, daß die Politik der Großloge darin besteht, jede Nachforschung über die Geschichte der Freimaurerei vor diesem Datum zu unterdrücken. Das läßt den Schluß zu, daß hier etwas verborgen wird – sogar vor anderen Freimaurern.

Die Großloge von London veränderte die Rituale, um sie harmloser zu machen. Deshalb begegnete ihr der Widerstand von Traditionalisten, was zu einem tiefen Graben zwischen zwei verfeindeten Großlogen führte, die unter den Namen «die Alten» und «die Modernen» bekannt waren.

Die «Modernen» erhielten die Unterstützung des Hannoveraner Königshauses und des Parlaments, und sie mißbrauchten ihre Macht, um eine Vereinigung der englischen Freimaurerei zu ihren Bedingungen zu erzwingen. Im Jahr 1813 wurde die Vereinigte Großloge von England gegründet und die Ausdünnung des freimaurerischen Rituals durchgeführt. Als der Herzog von Sussex erster Großmeister der Vereinigten Großloge von England wurde, führte man ihn in alle dreiunddreißig Grade des Alten Schottischen Ritus ein, und er war so aufgebracht über deren Inhalte, daß er beschloß, sie ohne weitere Verzögerung zu verändern.

Die Rituale zur Einführung in diese Grade wurden enorm verfälscht, und die schlimme Folge davon ist, daß noch heute in England vierundzwanzig der dreiunddreißig Grade einfach ohne jedes Ritual erteilt werden.

Diese Veränderungen, die von Männern durchgeführt wurden, die keine Ahnung von der ursprünglichen Bedeutung der Freimaurerei hatten, bewirkten, daß die geheimen Botschaften verlorengingen, die von William St. Clair und anderen Nachkommen der Tempelritter so sorgfältig in das Schottische Ritual eingefügt worden waren.

4
Die Rückkehr der Könige Gottes

Tausend Jahre Dunkelheit

Wir kannten jetzt die Antwort auf eine unserer anfänglichen Schlüsselfragen: Die Rituale der Freimaurerei waren sowohl verändert als auch unterdrückt worden, um alte Quellen, die zu schwierig oder zu gefährlich geworden waren, zu verbergen. Obwohl die Vereinigte Großloge von England dies jahrhundertelang geleugnet hat, konnten wir beweisen, daß der Kern der modernen Freimaurerei sich nach dem Fall der Tempelritter in Schottland entwickelt hatte, wobei die Templer wiederum ihre Lehren an denen der Jerusalemer Urgemeinde ausgerichtet hatten. Alle Beweise deuteten darauf hin, daß die Templer die geheimen Schriftrollen ausgegraben hatten, die die Juden in den Monaten, ehe sie und ihr Tempel von den Römern im Jahre 70 vernichtet wurden, vergraben hatten.

Ehe wir mit dem Versuch fortfahren konnten, die fehlenden Geheimnisse der Freimaurerei zu rekonstruieren, mußten wir jetzt herausfinden, wer eigentlich hinter den Tempelrittern steckte.

Die Tatsache, daß die Templer bereits vor Beginn ihrer Ausgrabungen «Keuschheit, Gehorsam und gemeinsamen Besitz» schworen, war uns sehr seltsam vorgekommen. Daraus hatten sich für uns Fragen ergeben, die wir unbedingt beantworten mußten. Das Gelöbnis des «Gehorsams» war besonders interessant, denn es ließ den Schluß zu, daß hinter dem Orden noch eine Person von höherem Rang stand, der man sich unterordnete.

Eine weitere quälende Frage, die sich bei unseren Nachforschungen ergeben hatte, war die Erwähnung von Roslin durch den Kreuzfahrer

Henri de St. Clair. Das Wort «Roslinn» – «Uraltes Wissen, das durch die Generationen überliefert wurde» – wird von ihm achtzehn Jahre vor dem möglichen Fund der Tempelrollen genannt, was darauf schließen läßt, daß Henri de St. Clair mit den Templern im Bunde war und daß diese von Anfang an genau wußten, wonach sie suchten. Wir mußten jetzt unbedingt versuchen, uns über die Motive für die Kreuzzüge Klarheit zu verschaffen, um dann zu rekonstruieren, was zu Beginn des zwölften Jahrhunderts in Jerusalem wirklich vorgegangen war.

Nach der Zerstörung Jerusalems durch die Römer wurden die wenigen Überlebenden der letzten Schlacht um die Stadt in die Sklaverei verkauft. Es ist jedoch recht unwahrscheinlich, daß sich viele Nasoräer lebend ergreifen ließen. Während also die Knochen der jüdischen Christen zu Staub zerfielen, ruhten ihre kostbaren Schätze ungestört und vergessen unter den Ruinen des herodianischen Tempels.

Im Jahre 135 baute der Kaiser Hadrian die Stadt wieder auf und nannte sie Aelia Capitolina, die Provinz hieß jetzt Syria-Palaestina. Um sicherzugehen, daß der Nationalgeist der Juden nicht wieder erwachte, untersagte er ihnen, ihre heilige Stadt zu betreten, und fünf Jahrhunderte lang gab es keine jüdische Gemeinde in der Stadt – so beschreibt es M. Friedman in *City of the Great King*.

In Rom verbanden die Heidenchristen die Mythen ihrer alten Götter mit dem Kultus, den Paulus entwickelt hatte, und schufen so eine hybride Religion, die eine große Anziehungskraft auf viele Menschen ausübte. Am 25. Mai des Jahres 325 rief der nichtchristliche Kaiser Konstantin das Konzil von Nicäa zusammen, wo darüber abgestimmt wurde, ob Jesus nun ein Gott war oder nicht. Es wurde hitzig diskutiert, aber am Ende des Tages konnte der Beschluß bekanntgegeben werden, daß dieser jüdische Aufrührer des ersten Jahrhunderts wirklich und wahrhaftig ein Gott gewesen sei.

Die Etablierung der römisch-christlichen Ära markiert den Beginn des dunklen Zeitalters – jener Periode in der Geschichte des Abendlandes, als alle Wissenschaft an Bedeutung verlor und der Aberglaube das Wissen ersetzte. Diese dunklen Zeiten währten so lange, bis die Macht der römisch-katholischen Kirche durch die Reformation in Frage gestellt wurde.

Die Ignoranz gegenüber Wissen und Bildung hatte System, und

eines Tages brannten Christen unter Bischof Theophilius in Alexandria die größte Bibliothek der Menschheit nieder. Der damalige Patriarch von Konstantinopel, der heilige Johannes Chrysostomos (der Name bedeutet «Goldmund», was in diesem Zusammenhang schiere Ironie ist), hielt diese Vernichtung alter Gedanken für eine große Errungenschaft und bemerkte dazu:

> «Jede Spur der alten Philosophie und Literatur der Antike ist vom Angesicht der Erde getilgt.» (Quelle: T.W. Doane, *Bible Myths and Their Parallels in Other Religions*)

Intellektueller und moralischer Fortschritt kamen rasch zum Stillstand, und die westliche Zivilisation fiel in einen Zustand der Barbarei zurück (Quelle: J. Campbell, *The Masks of God – Oriental Mythology*). Die Kirche geißelte Bildung mit der Begründung, daß «die Verbreitung von Wissen» nur dazu dienen könne, die Häresie zu ermutigen (Quelle: E. Mâle, *The Gothic Image*). Die neue Kirche wußte, daß ihre Macht auf tönernen Füßen stand, und man fürchtete, daß ihre Defizite offenbar werden könnten, wenn die Freiheit des Denkens gestattet und die Ideen der Kirche mit vernünftigem Denken konfrontiert würden. Das Analphabetentum im Römischen Reich stieg rasch auf fast hundert Prozent, die Wissenschaft mußte dem Aberglauben weichen, und die bautechnischen Fortschritte aus der Frühzeit des Imperiums gerieten in Vergessenheit. Alles, was gut und richtig war, wurde verteufelt, und alle Zweige menschlicher Errungenschaften wurden im Namen Jesu Christi ignoriert. Kunst, Philosophie, weltliche Literatur, Astronomie, Mathematik, Medizin und sogar Sexualität wurden zu Tabuthemen.

Die Kirche entschied, daß die Sexualität ausschließlich der Fortpflanzung diene, und behauptete, daß Frauen nicht schwanger werden könnten, wenn sie den Geschlechtsakt genossen, und daß ein Mann, der versuche, einer Frau während des Geschlechtsaktes Genuß zu bereiten, den «Satan liebe» (Quellen: G. L. Simmons, *Sex and Superstition;* R. Briffault, *The Mothers*).

Die seltsamen Ideen der Heiden veränderten einen Kult bis zur Unkenntlichkeit, der durch den Tod eines messianischen jüdischen

Anführers entstanden war. Noch im dreizehnten Jahrhundert fügte man diesem Kult entscheidende Neuerungen hinzu, so zum Beispiel als der Theologe Thomas von Aquin verkündete, daß sich Brot und Wein während des Abendmahls wundersamerweise in Fleisch und Blut Christi verwandelten. Dieses kannibalistische Prinzip der «Transsubstantiation», wie es euphemistisch genannt wird, basiert auf einer Idee, die man bis zu Aristoteles' Analyse des Wesens der Materie zurückverfolgen kann. Sicherlich wäre jedes Mitglied der Jerusalemer Urgemeinde bei dem Gedanken, daß Gott überhaupt zuließe, daß sich ein solch kannibalistisches Wunder vollzöge, aufs äußerste angeekelt gewesen – ganz zu schweigen von der Vorstellung, daß es angeblich jeden Tag millionenfach passiert! Seit dem Mittelalter ist der Glaube an die Transsubstantiation offizielles Dogma der römisch-katholischen Kirche.

Sechshundert Jahre nach der Zerstörung des Tempels breitete sich die Kunde von einem neuen Propheten im Mittleren Osten aus, und Jerusalem wurde die heilige Stadt einer dritten großen Religion. Mohammed war von dem Felsen aus, den Abraham auswählte, als er sich daranmachte, seinen Sohn Isaak zu opfern, in den Himmel aufgefahren – es war der Stein, der heute im Zentrum des Allerheiligsten steht, dem größten Heiligtum im Tempel von Jerusalem. Im Jahre 691 erbauten die Moslems das schöne Gebäude, das man unter dem Namen «Felsendom» kennt, an der Stelle, an der einst der Tempel der Juden stand.

Anno 1071 wurde Jerusalem von den Seldschuken eingenommen, die es verwüsteten. Achtundzwanzig Jahre später, am 15. Juli 1099, einem Freitag, erlebte die Stadt, wie ein neuer Teufel durch ihre Straßen tanzte. Die christliche Armee der «Kreuzfahrer» eroberte die Stadt und schlachtete mit einer seit den Tagen der Römer nicht gekannten Gründlichkeit jeden Mann, jede Frau und jedes Kind der jüdischen und moslemischen Einwohner im Namen ihres Gottes ab.

Die Idee eines heiligen Kreuzzuges stammte von Papst Urban II., der sich angeblich Sorgen um die Sicherheit der christlichen Pilger im Heiligen Land machte. Am Dienstag, dem 27. November 1095, rief er auf einem Feld vor den Mauern Clermont-Ferrands den dort zu einem Konzil versammelten Klerus zu den Waffen. Er stellte einen Plan vor, nach dem christliche Ritter eine große Armee bilden sollten, die das Heilige Land als christliches Königreich schützen sollte. Die Reaktion war positiv und überwältigend, und die Bischöfe des Konzils kehrten in ihre Heimat zurück, um weitere Armeen zu diesem großen Kreuzzug zu verpflichten. Die Herrscher Europas waren entzückt von der Aussicht, Seelenheil zu finden und als Belohnung für ihre Hilfe bei der Arbeit Gottes alles plündern zu können.

Bald schon hatte Papst Urban die Unterstützung, die er brauchte, und entwarf seine Strategie.

Einzelne Gruppen von Kreuzfahrern sollten die Reise im August 1096 antreten. Jede Gruppe sollte sich selbst finanzieren und nur dem eigenen Anführer verantwortlich sein, während sie sich auf unterschiedlichen Routen auf den Weg nach Konstantinopel machten. Dort sollten sie zu einem schlagkräftigen Heer zusammengefaßt werden und eine Attacke gegen die seldschukischen Eroberer Anatoliens vornehmen, und zwar gemeinsam mit dem byzantinischen Kaiser und seiner Armee. Nachdem die Region unter christliche Kontrolle gebracht wäre, sollten die Kreuzfahrer gegen die Moslems in Syrien und Palästina ins Feld ziehen, mit Jerusalem als dem letztendlichen Ziel.

Die Armeen der kreuzfahrenden Adligen trafen pünktlich im November 1096 in Konstantinopel ein, und im darauffolgenden Mai griffen sie ihr erstes großes Ziel an, die türkisch-anatolische Hauptstadt Nicäa, ebenjene Stadt, in der das Christentum «in Form» gebracht worden war. Die Kreuzfahrer verzeichneten schnelle Erfolge und merkten bald, daß man ihnen während ihres Feldzuges in Kleinasien nur wenig Widerstand entgegensetzte. Das nächste große Hindernis war die Stadt Antiochia in Nord-Syrien. Sie wurde fast acht Monate lang belagert und fiel am 3. Juni 1098. Im Mai 1099 hatten die Kreuzfahrer die Nordgrenze von Palästina erreicht, am Abend des 7. Juni schlugen sie ihr Lager in Sichtweite der Mauern der heiligen Stadt Jerusalem auf.

Mit einer Verstärkung durch Truppen aus Genua und neu konstruierten Belagerungsmaschinen stürmten sie Jerusalem am 15. Juli 1099 und vollführten fröhlich ihr systematisches Massaker an allen Einwohnern. Die Kreuzfahrer waren glücklich, die Stadt jetzt durch das Blut der besiegten Feinde Christi gereinigt zu haben.

Eine Woche später wählten die Kreuzfahrer Gottfried von Bouillon, den Herzog von Niederlothringen, zum Gouverneur der neueroberten Stadt. Unter seinem Kommando zog die Armee dann in ihren letzten Feldzug und besiegte eine ägyptische Armee bei Askalon. Da die Arbeit Gottes nun größtenteils getan war, kehrten die meisten Kreuzfahrer nach Europa zurück. Gottfried blieb nur ein kümmerlicher Rest der Streitmacht, um Recht und Ordnung aufrechtzuerhalten. Erst neununddreißig Jahre alt, starb Gottfried in diesem Augenblick des Triumphs, und im Jahr 1100 wurde sein Bruder unter dem Namen Balduin I. zum König von Jerusalem gekrönt.

Das Motiv wird enthüllt

Die neun Ritter, die einander «Keuschheit, Gehorsam und Teilen des gemeinsamen Besitzes» schworen, hielten sich auch in Jerusalem auf, als Balduin I. zum dort ersten christlichen König gekrönt wurde. Wir mußten unbedingt alle Fakten, die über diese Männer noch bekannt waren, genau studieren, um herauszubekommen, was in jener Zeit eigentlich vorfiel. Die ersten Tempelritter waren:

Hugues de Payen – Vasall des Hugo von Champagne
Geoffroi de St. Omer – Sohn von Hugo de St. Omer
André de Montbard – Vasall des Hugo von Champagne und Onkel von Bernhard von Clairvaux
Payen de Montdidier – verwandt mit dem Herrscherhaus von Flandern
Archambaud de St. Amand – verwandt mit dem Herrscherhaus von Flandern
Gondemare – nichts bekannt
Rosal – nichts bekannt
Godefroy – nichts bekannt
Geoffroi Bisol – nichts bekannt

Die Ritter, von denen man nur wenig weiß, sollen nach Meinung von L. Charpentier in *Die Geheimnisse der Kathedrale von Chartres* Repräsentanten der herrschenden Familien in der Champagne, in Anjou, Gisors und Flandern gewesen sein.

Der Anführer der Templer war Hugues de Payen, ein Adliger aus der Champagne. Er heiratete im Jahr 1101 Catherine de St. Clair, die Nichte des Barons Henri de St. Clair von Roslin, seines Kameraden vom Kreuzzug. Drei Jahre später verließ Hugues seine Frau und seinen kleinen Sohn Theobald, um aus unbekannten Gründen mit Hugo von Champagne nach Jerusalem zu reisen. Man weiß, daß er im Jahr 1114 noch einmal nach Jerusalem zurückkehrte. Nach dem Tod Balduins I. im Jahr 1118 stellte er seine Gemeinschaft der neun Ritter zusammen und nahm Kontakt zu dem neuen König Balduin II. auf.

Wir hatten damit begonnen, die Unternehmungen aller Beteiligten aufzuzeichnen und alle Ereignisse auf Zeittafeln einzutragen, um zu sehen, welches Muster sich ergab. Die erste Person, die wir uns genauer ansahen, war Papst Urban II., der 1095 zu dem Kreuzzug aufgerufen hatte und kurz nach Einnahme der Heiligen Stadt starb.

Es erregte unseren Verdacht, daß beide Schlüsselfiguren des ersten Kreuzzuges in dem Augenblick starben, als Jerusalem erobert war. Hatten etwa der Feldherr Gottfried von Bouillon und der geistige Anführer Urban II. ihren Zweck erfüllt und waren still und heimlich beseitigt worden? Und wenn es so wäre – wer hatte das geplant und warum?

Urban II. wurde als Odo de Lagery in Frankreich geboren und studierte in Reims, ehe er in das Benediktinerkloster Cluny eintrat, dessen Prior er im Jahr 1073 wurde. Im Jahr 1078 wurde er von Papst Gregor VII., dessen Nachfolger er später wurde, zum Kardinalbischof von Ostia ernannt.

Der Orden der Benediktiner, in den Odo eintrat, war im sechsten Jahrhundert gegründet worden, und wir fanden es sehr interessant zu entdecken, daß der Orden zwar seit einigen Jahrhunderten schwarze Kutten trägt, daß man aber ursprünglich in Weiß gekleidet war – genau wie die Essener und die Anführer der Jerusalemer Urgemeinde.

Eine andere bedeutende Kirchengestalt in der Zeit nach dem ersten Kreuzzug war Bernhard von Clairvaux, der junge Mann, der persönlich dafür sorgte, daß die Templer im Jahr 1128 eine päpstliche «Regel» erhielten. Er war nicht Benediktiner, sondern Zisterzienser. Deshalb schauten wir uns die Geschichte dieser beiden Orden auf eine mögliche Verbindung zwischen ihnen an und wurden fündig.

Wir fanden heraus, daß der Orden der Zisterzienser kurioserweise im Jahr 1098 von einer Gruppe Benediktiner aus der Abtei von Molesme gegründet wurde – nur ein paar Monate vor der Eroberung Jerusalems und dem Tode Urbans II. Da passierten zu viele seltsame Dinge gleichzeitig, das konnte nicht mehr als bloßer Zufall angesehen werden.

Die Begründer des Zisterzienserordens wollten zur ursprünglichen und reinen Lehre des heiligen Benedikt zurückkehren, welcher den benediktinischen Orden zu Beginn des sechsten Jahrhunderts begründete und der als Vater des abendländischen Mönchswesens gilt. Dieser Heilige, den die Zisterzienser so bewunderten, war Sohn einer angesehenen Familie aus Nursia in Mittelitalien. Nachdem er einige Jahre in Rom studiert hatte, lebte er drei Jahre lang als Einsiedler in einer Höhle. Benedikt stellte eine Lebensregel auf, die später für alle Mönchsorden zum Leitspruch wurde. Sie betonte die Bedeutung des Gemeinschaftslebens und körperlicher Arbeit, untersagte ihren Mitgliedern jeglichen persönlichen Besitz und forderte, daß alle Mahlzeiten gemeinsam eingenommen würden. Unnötige Gespräche sollten vermieden werden. Diese Einsicht klang exakt wie die der Essener, von denen verlangt wurde, drei Jahre lang in Qumran, in der Wüste, zu leben, um ihre dreijährige Ausbildung zu absolvieren, zu der auch die Zeremonie der «lebendigen Auferstehung» gehörte (wie wir in unserem Buch *Unter den Tempeln Jerusalems* bereits beschrieben haben).

Erstaunlicherweise wurden die Zisterzienser wegen der weißen Kutte, die sie unter den schwarzen Überwürfen trugen, auch «weiße Mönche» genannt. Wenn man dazu noch die Tatsache nimmt, daß der Mantel der Tempelritter ursprünglich ebenfalls rein weiß war (das berühmte rote Kreuz wurde erst später hinzugefügt), dann stellte sich unweigerlich die Frage, ob sich hier ein uraltes Wissen offenbarte, das mit den nasoräischen Werten und dem Tragen von Weiß verknüpft war. Die Nasoräer, die beim Fall von Jerusalem im Jahre 70 gekämpft hatten und gestorben waren, hatten Weiß als Symbol der Auferstehung getragen. Tausend Jahre später kommen nun die Tempelritter nach Jerusalem, und plötzlich wird das Tragen von weißen Kleidungsstücken ungeheuer wichtig. Konnte das mit der Prophezeiung aus der Offenbarung des Johannes in Verbindung stehen, in der es heißt, daß die Märtyrer von Jerusalem nach tausend Jahren auferstehen würden?

Viele seltsame Dinge geschahen da zur selben Zeit, und wir fanden heraus, daß der Aufstieg des heiligen Bernhard genauso ungewöhnlich verlief wie der der Tempelritter. Er wurde 1090 in der Nähe von Dijon geboren und verkündete im Alter von dreiundzwanzig Jahren, daß er Priester werden und in den noch relativ jungen Orden der Zisterzienser eintreten wolle. Sein älterer Bruder, der Graf von Fontaine, war entsetzt, als er hörte, daß Bernhard Mönch werden wollte. Seltsamerweise änderte der Graf seine Meinung bald ins Gegenteil – innerhalb eines Jahres trat auch er in den Orden der Zisterzienser ein, und mit ihm nicht weniger als einunddreißig weitere Mitglieder der Familie Fontaine!

Hier gingen ungewöhnliche Dinge vor sich, und je mehr wir suchten, desto mehr Überraschungen erlebten wir.

Zuerst wird Bernhard von seiner Familie kritisiert, weil er zu den Zisterziensern geht, doch nur Monate später tritt seine Familie in Scharen in den Orden ein. Schon im darauffolgenden Jahr wird der fünfundzwanzigjährige Bernhard Abt der neuen Abtei von Clairvaux, die speziell für ihn gebaut wurde, und zwar von Hugo von Champagne, dem Mann, der mit seinem Vasallen Hugues de Payen Jerusalem besucht hatte.

Selbst eine bescheidene Abtei benötigte seinerzeit zwei Jahre Bauzeit, was den Schluß zuläßt, daß Hugo von Champagne die neue Abtei in Auftrag gab, als Bernhard als Novize in den Orden eintrat. Wenn das stimmt, dann muß Bernhard, der noch so jung war, auf diese Schlüsselposition gestellt worden sein, weil er Teil eines großen Plans war.

Bedenkt man dazu, daß dieser junge Superstar der Kirche der Neffe von André de Montbard, einem der ersten neun Tempelritter, war, dann gewinnt die Theorie von dem «großen Plan» doch stark an Glaubwürdigkeit. Henri de St. Clair, Hugo von Champagne und Bernhard von Clairvaux hatten bestimmt ebenso wie Hugues de Payen, Geoffroi de St. Omer, André de Montbard und die anderen Gründungsmitglieder der Templer teil an dem Plan, die Schriftrollen und den Schatz unter dem Tempel zu bergen. Es war auch durchaus möglich, daß König Balduin II. von Jerusalem ebenfalls Mitglied des äußeren Kreises war.

Waren Papst Urban und Gottfried von Bouillon nur Schachfiguren, die aus dem Spiel genommen wurden, nachdem sie ihren Zweck erfüllt hatten? Zur Zeit seines mysteriösen Todes war Gottfried von Bouillon ein junger Mann, der bereits schreckliche Schlachten überlebt hatte, und der Papst war ein sehr gesunder Neunundfünfzigjähriger, als er genau im Augenblick des Sieges 1099 starb.

Eine Frage, die wir lange nicht beantworten konnten, war: Woher wußten diese Leute, wonach sie suchen mußten? Doch dann bekamen wir plötzlich das fehlende Puzzleteil in die Hände!

Während wir uns durch so viele Quellen wie möglich wühlten, um einen Hinweis auf die wirklichen Geschehnisse in jener Zeit zu finden, telefonierte Robert wegen eines Details bei einer speziellen Datierung mit dem Historiker und Autor Dr. Tim Wallace-Murphy. Wir hatten Tim kurz vor Vollendung unseres Buches *Unter den Tempeln Jerusalems* kennengelernt, und es interessierte ihn sehr, woran wir gegenwärtig arbeiteten. Robert erklärte ihm, daß wir ein Bild davon erstellt hätten, wie eine Gruppe französischer Adliger auf breiter Grundlage den Plan entworfen hatte, Ausgrabungen unter den Ruinen des herodianischen Tempels durchzuführen, und daß wir jetzt glaubten, diese Gruppe hätte genau gewußt, wonach sie suchte.

Tim hörte aufmerksam zu und sagte dann: «Ich weiß, daß Sie da an etwas dran sind, denn es paßt genau zu einer Information, die ich schon seit einiger Zeit besitze. Lassen Sie Ihre Skepsis mal für einen Augenblick beiseite und hören Sie mir zu, während ich Ihnen eine hübsche Geschichte erzähle, die eigentlich phantastisch ist.»

Robert sperrte die Ohren auf.

Tim erzählte, wie er vor ein paar Jahren in London gerade einen Vortrag gehalten hatte, als ein distinguierter älterer Herr zu ihm gekommen sei und sich auf französisch, einer Sprache, die Tim fließend beherrscht, vorgestellt habe. Er behauptete, ein direkter Nachfahre des Anführers der Templer, Hugues de Payen, zu sein, und wollte Tim jetzt Informationen weitergeben, die für ihn hilfreich sein könnten. Tim spürte instinktiv, daß der Mann kein Scharlatan war, und beschloß, ihn anzuhören. Sein erster Eindruck wurde durch die bescheidene, leise

Sprache des Herrn bestätigt, der sich zudem auf einem Gebiet, von dem nur wenige Menschen ein paar Einzelheiten wissen, ausgesprochen gut auskannte.

Hier nun die seltsame Geschichte, die Tim hörte:

Als dieser Mann einundzwanzig Jahre alt wurde, rief ihn sein Vater zu sich und teilte ihm mit, daß er jetzt von einem geheimen Wissen erfahren würde, das er wiederum an seinen Sohn weitergeben müsse, wenn dieser einundzwanzig Jahre alt sei. Er hörte, daß es ein geheimes Wissen gäbe, das seit Tausenden von Jahren stets vom Vater an einen auserwählten Sohn seiner Familie und andere auserwählte Familien weitergegeben würde.

Der Franzose erinnerte sich, daß er nicht überrascht gewesen sei, denn sein Vater habe es als ganz natürlich erklärt, daß seine Familie auf eine so alte Geschichte zurückblicken könne. Er bekannte allerdings, daß der nächste Teil der Geschichte ihn sowohl schockiert als auch überrascht habe.

Zu einer Zeit vor Jesu Geburt gab es am Jerusalemer Tempel zwei Schulen: eine für Jungen und eine für Mädchen. Die Priester hatten Titel, die den Namen der Engel entsprachen, wie Michael, Masaldek und Gabriel. In diesen Schulen wurden die reinen Linien von Levi und David bewahrt. Wenn eines der Mädchen die Pubertät hinter sich gebracht hatte, schwängerte sie einer der Priester mit dem Samen der königlichen Linie, und nachdem sie schwanger geworden war, wurde sie mit einem angesehenen Mann verheiratet, um das Kind großzuziehen. Es war Sitte, daß diese Kinder im Alter von sieben Jahren zum Tempel gebracht wurden, um von den Priestern erzogen zu werden.

Der Franzose erzählte, daß auf diese Weise auch eine Jungfrau namens Maria von einem Priester, der den Namen «Engel Gabriel» trug, geschwängert und danach mit Joseph verheiratet worden war, der viel älter war als sie.

Dieser mündlichen Überlieferung gemäß empfand Maria das Leben mit Joseph, ihrem Ehemann, als schwierig, weil er zu alt für sie war, aber mit der Zeit begann sie, ihn zu lieben, und bekam noch weitere sieben Kinder – vier Jungen und drei Mädchen.

Nachdem Jesus gekreuzigt worden war, war die wichtigste Stütze der Jerusalemer Urgemeinde Jakobus der Gerechte, der von Petrus und

Johannes, dem Lieblingsjünger, unterstützt wurde (eine Tatsache, die in Paulus' Brief an die Galater bestätigt wird). Sie bildeten ein Triumvirat, was der Tradition der Essener entsprach.

Als Jesus getötet wurde, gab es keinen öffentlichen Aufschrei, weil er bei den Massen des Volkes nicht populär gewesen war, aber als Jakobus getötet wurde, stand die ganze Stadt wie ein Mann auf und begann den schrecklichen jüdischen Krieg gegen die Römer.

Der Franzose erzählte weiter, wie Jakobus zu einer viel bedeutenderen Gestalt in der Jerusalemer Urgemeinde geworden war als Jesus. Nach dem Mord an Jakobus und vor der Zerstörung des Tempels floh ein Teil der nasoräischen Priesterschaft zuerst nach Griechenland und zerstreute sich dann über ganz Europa. Sie waren für kurze Zeit in die zerstörte Stadt zurückgekehrt, um die sterblichen Überreste eines Menschen zu sichern, den sie unter dem Namen «der Retter» kannten, und nahmen diese mit nach Griechenland, von wo sie im Jahr 600 die Knochen zurückbrachten, um sie unter dem Tempel zu verstecken. Das war der sicherste Ort, denn im Tempelbezirk durfte niemand bestattet werden. Es heißt, daß es unter den Ruinen des Tempels viele Kammern gäbe und an den Wänden dieser Kammern sei der Stammbaum der Kinder der Priester des Tempels, die ihre Abstammung bis zu David und Aaron zurückführen, niedergeschrieben.

Die Gruppe der Überlebenden nahm den Namen «Rex Deus» («König Gott») an, und sie überlebten die Verfolgung der Juden, indem sie die jeweilige Religion des Landes, in dem sie sich niederließen, annahmen – es galt allerdings die Bedingung, daß sie nur an einen wahren Gott glauben durften. Sie glaubten, daß sie die Linie der beiden Messiasse David und Aaron bewahrten, die eines Tages kommen und das Reich Gottes auf Erden errichten würden.

Das ist also die Geschichte eines Mannes, der behauptete, Mitglied einer Rex-Deus-Familie zu sein. Man hatte ihm gesagt, er solle diese Geschichte an einen seiner Söhne weitergeben, wenn dieser einundzwanzig wäre, aber da er kinderlos ist, war ihm das unmöglich. Man sagte ihm auch, daß vielleicht andere Mitglieder des Rex Deus an ihn herantreten würden, und er würde sie an der Geschichte ihrer Abstammung erkennen, die sie alle besaßen. Doch bis jetzt, so erzählte er, sei niemand auf ihn zugekommen.

«Das ist eine phantastische, aber ziemlich verdrehte Geschichte», sagte Robert.

«Ich dachte mir, daß sie Ihnen gefallen würde.»

«Ist sie irgendwo nachzulesen?» forschte Robert.

«Ich werde sie in dem Buch erwähnen, das ich gerade als Koautor schreibe.» (T. Wallace-Murphy & M. Hopkins, *Concurrence of the Oracles*)

Robert dankte Tim und rief gleich Chris an, um ihm diese verblüffende Neuigkeit mitzuteilen.

Wenn wir nicht bereits selbst in die grundlegenden Fakten eingearbeitet gewesen wären, hätten wir eine derart seltsame Geschichte nie geglaubt, aber sie paßte zu allem, was wir bereits wußten – und zwar viel zu gut. Diese Rex-Deus-Sache war ein sensationeller Durchbruch ... falls sie stimmte.

Für uns war es ziemlich unwahrscheinlich, daß dieser französische Herr etwas so Kurioses erfunden haben könnte, und weil das Ganze so genau zu den Fakten paßte, die wir bereits zusammengesetzt hatten, mußten wir es als Arbeitshypothese ansehen. Wenn wir weitere Beweise für diese Erzählung finden konnten, die die Ereignisse im ersten Jahrhundert nach Christus mit den Tempelrittern des zwölften Jahrhunderts verband, dann waren wir auf einer wirklich heißen Spur. Doch wir wußten auch, daß wir diese Idee fallenlassen mußten, falls sich keine weiteren Beweise mehr finden lassen würden.

Es kristallisierte sich vor uns das Bild einer Gruppe von europäischen Adelsfamilien heraus, die von den jüdischen Linien Davids und Aarons abstammten und deren Ahnen entweder kurz vor der Zerstörung des Tempels oder sogar danach noch aus Jerusalem geflohen waren. Sie hatten jeweils das Wissen um die Schätze unter dem Tempel an einen auserwählten Sohn (es mußte nicht unbedingt der Älteste sein) der Familie weitergegeben. Zu diesen Familien gehörten die Grafen der Champagne, die Lords von Gisors, die Lords von Payen, die Grafen von Fontaine, die Grafen von Anjou, die de Bouillons, die St. Clairs von Roslin, die de Briennes, die de Joinvilles, die de Chaumonts, die St. Clair de Gisor, die St. Clair de Neg und die Habsburger.

Anfangs schien dies eine Idee entstehen zu lassen, die den Behauptungen ähnelte, die Michael Baigent, Richard Leigh und Henry Lincoln in ihrem Buch *The Holy Blood and the Holy Grail* aufgestellt haben. Dort behaupten sie, eine Vereinigung namens «Prieure de Sion» entdeckt zu haben. Baigent und seine Kollegen glaubten, daß Jesus die Kreuzigung überlebt habe und nach Frankreich gegangen sei, wo er eine Familie gegründet habe. Sein Geschlecht, dem auch die merowingischen Könige und die Herzöge von Lothringen entstammten, sei durch diese schattenhafte Prieure de Sion bewahrt worden. Diese Organisation soll von Gottfried von Bouillon gegründet worden sein, welcher selbst ein Nachkomme Jesu gewesen sei, und bis auf den heutigen Tag sei das Geschlecht Jesu auf diese Weise bewahrt worden.

Die Rex-Deus-Hypothese ist weniger griffig. Es gibt zwar eine enge Verbindung zu Jesus, aber keine Nachkommen von ihm. Wir wußten bloß, daß Gottfried von Bouillon schon tot war, wahrscheinlich ermordet, ehe die Templer sich formierten. Aus Gründen, die wir in unserem Buch *Unter den Tempeln Jerusalems* in allen Einzelheiten dargelegt haben, waren wir auch überzeugt davon, daß Jesus am Kreuz starb. Die Rede, die Jakobus nach der Kreuzigung hielt, bestätigt das.

Wenn die Rex-Deus-Gruppe wirklich existiert hat, dann kann man schnell erkennen, wie der erste Kreuzzug diesen Familien eine «von Gott geschenkte» Gelegenheit bot, zu ihrem Tempel zurückzukehren, um die Schätze zu heben, die durch Geburt ihr Eigentum waren – und es war genau der Zeitpunkt, den der jüdische Autor des Johannesevangeliums vorhergesehen hatte! Die Rex-Deus-Familien standen beim ersten und bei jedem anderen Kreuzzug in vorderster Front. Mediävisten haben sich schon oft gefragt, warum immer die gleichen Familien auf sämtliche Kreuzzüge mitzogen – jetzt hatten wir eine mögliche Antwort auf diese Frage gefunden.

Nachdem die christlichen Armeen Jerusalem eingenommen hatten, wurden die Anführer, die nicht aus dem Rex-Deus-Lager stammten, schnell ersetzt, und die Familien beeinflußten das Königshaus von Jerusalem und die Kirche, um sicherzustellen, daß man ihnen keine Hindernisse bei ihrem Vorhaben in den Weg stellte, nämlich sich zurückzuholen, was ihnen ihre Ahnen hinterlassen hatten.

Die Geschichte der Rex-Deus-Familien erklärte, warum diese Gruppe christlicher Ritter genau wußte, was sie finden würde, und die Bezeichnung von Roslin ergab jetzt auch einen Sinn. Henri de St. Clair nahm den Namen, der seine Erregung über das ausdrückte, was er zurückbekommen sollte: «Uraltes Wissen, das durch die Generationen überliefert wurde»...

Nach dem Fall von Jerusalem entkam eine Gruppe hochgestellter Mitglieder der Jerusalemer Urgemeinde dem Gemetzel und wandte sich nach Alexandria, einer Stadt, die in mehr als einer Hinsicht zur zweitwichtigsten Stadt der Juden geworden war. Hier unternahm die kleine Gruppe eine Analyse ihrer Lage, und man entschloß sich, nach Griechenland zu gehen. Von dort aus verstreuten sie sich in andere europäische Städte. Sie nahmen die Religion ihrer neuen Heimatländer an und integrierten sich, indem sie sich Namen gaben, die weniger ausländisch klangen. Es waren hochintelligente Menschen, die von jüdischen Aristokraten abstammten, und sie waren wohlhabend. Im Laufe der Generationen verblaßte die Erinnerung an ihre Herkunft immer mehr, aber es wurde immer ein Sohn ausgewählt, und wenn dieser das Mannesalter erreicht hatte, erfuhr er von seiner seltsamen Herkunft und von den Geheimnissen des Tempels. Im Laufe der Zeit verloren die einzelnen Familien den Kontakt untereinander, aber die erwählten Söhne wußten, daß es noch andere gab und wie man sie erkannte.

Um 1095 waren die Mitglieder der Rex-Deus-Gruppe mit ziemlich großer Sicherheit fast sämtlich Christen, aber in jeder Familie mußte es mindestens ein männliches Mitglied geben, das die mündlich überlieferte Geschichte ihrer hochgeborenen jüdischen Wurzeln kannte und ehrte. Zweifellos empfanden sie sich als «Superchristen» – sie waren Abkömmlinge der ersten Kirche und Eigentümer des größten Geheimnisses der Erde. Sie waren eine stille Elite – «die Könige Gottes».

Ihnen war klar, daß die Einnahme Jerusalems durch die Seldschuken der prophezeite Angriff von Gog und Magog gewesen war, und sie nutzten ihren beträchtlichen Einfluß, um Papst Urban II. die Idee eines großen christlichen Kreuzzugs in den Kopf zu setzen. Sie erzählten ihm, daß die Prophezeiung des Johannes eingetroffen sei und daß ihm die Rolle zugefallen sei, die Christenheit zu sammeln, um die Heilige Stadt vor den heidnischen Invasoren zu retten. Und so sprechen die Geschichtsbücher von Urban II. als dem ersten Papst, der die Führerschaft des Heiligen Stuhls über die abendländische Christenheit beanspruchte.

Natürlich gehörten die Rex-Deus-Familien zu den ersten, die sich der Sache des Kreuzzugs verschrieben, und Papst Urban II. muß sehr überrascht gewesen sein ob seines plötzlich so großen Einflusses. Bis zu diesem Zeitpunkt waren seine sechs Jahre als Pontifex Maximus ziemlich unspektakulär verlaufen, zumal ihn der Gegenpapst Klemens III. aus Rom ferngehalten hatte. Jetzt plötzlich war er ein bedeutender Mann.

Wenn man dieses Szenario weiterentwickelt, kann man sich die Situation in Jerusalem zu Anfang des Jahres 1100 gut vorstellen. Es muß eine kleine Gruppe von Mitgliedern des Rex Deus vor Ort gewesen sein, die sich ein Bild von ihrer Lage verschaffte. Jeder von ihnen hatte eine etwas abweichende Geschichte mitgeteilt bekommen, denn ganz gleich wie sehr man auch versucht, eine mündliche Überlieferung rein zu halten, wird sie doch immer verfälscht werden. Die Versammelten warfen ihr Wissen über die geheimen Eingänge am Tempelberg zusammen, konnten aber keine Klarheit erlangen, weil der moslemische Felsendom die Stelle, wo der Tempel gestanden hatte, verbarg. Monatelang hatten sie geklopft und gesucht, und langsam wurden die anderen Bewohner der Stadt auf sie aufmerksam.

Stellen wir uns nun einmal vor, daß man geteilter Meinung war. Manche meinten, daß eine Gruppe Arbeiter sofort anfangen solle zu graben, aber andere sahen die Gefahr einer derart öffentlichen Aktivität – wie sollte man die erklären? Der Vatikan würde sehr rasch an Ausgrabungen an dieser heiligen Stelle Interesse zeigen. Da der frischgekrönte König von Jerusalem, Balduin I., nicht das päpstliche Mißtrauen auf sich ziehen wollte, schlug er sich schnell auf die Seite derjenigen, die zur Vorsicht mahnten. Er wies darauf hin, daß sie ja schließlich wieder den Tempel in der Hand hätten und das sei doch das Wichtigste. Die Schätze waren unter Tausenden Tonnen Stein begraben, und es wäre besser, nichts zu übereilen, da sie ja nicht wüßten, wo sie anfangen sollten zu graben.

In Frankreich trafen sich die Rex-Deus-Familien zu einer Lagebesprechung. Sie hörten Berichte über die Probleme in Jerusalem und begutachteten die Zeichnungen. Offenbar war die Sache viel komplizierter als erwartet, und ihre eigenen Leute verwehrten ihnen jetzt den Zugang zu den Schätzen ihrer Ahnen.

Ein paar hochgestellte Mitglieder der Familie versuchten, ihren Einfluß zu nutzen, um Balduin zu überreden, Ausgrabungen zu erlauben, aber sie erreichten nichts. Er erwiderte, daß er schließlich an Ort und Stelle wäre und daß es unmöglich sei, im verborgenen zu handeln – und es wäre Selbstmord, ihre Absicht öffentlich zu bekunden. Im Jahr 1104 unternahm Hugues de Payen seine erste belegte Reise nach Jerusalem. In seiner Begleitung befand sich Hugo von Champagne. Gemeinsam vermaßen sie das Gelände in allen Einzelheiten. Sie berieten sich mit Balduin und kehrten mit einer sorgfältig ausgearbeiteten Karte des Tempelbezirks nach Europa zurück. Jetzt konnten sie ihr weiteres Vorgehen planen.

Die Jahre vergingen, und Balduin blieb bei seiner Ansicht. Doch 1113 eröffnete sich eine neue Gelegenheit. Eine Gruppe christlicher Ritter schloß sich zu einem Orden zusammen, der sich «Der souveräne militärische Orden des Hospitals des heiligen Johannes von Jerusalem in Rhodos und Malta» nannte. Besser bekannt sind diese Männer unter dem Namen Johanniterritter. Sie gründeten sich zum Schutz eines Hospitals in Jerusalem, das vor dem ersten Kreuzzug von Gerhardus erbaut worden war, und die Brüder schworen, auch Jerusalem stets zu verteidigen.

Dieses Unternehmen gab der Rex-Deus-Gruppe eine neue Idee ein. Hugo von Champagne und Hugues de Payen reisten also 1114 erneut nach Jerusalem, um Balduin einen neuen Plan zu unterbreiten, den er ihrer Ansicht nach bestimmt akzeptieren würde. Sie teilten ihm mit, daß sie ein kleines Kontingent von Rittern in Jerusalem postieren wollten, die Grabungsarbeiten durchführen sollten. Um ihr eigentliches Unternehmen zu verbergen, sollten sie sagen, sie wären ein Orden wie die Johanniter und würden die Straßen für die Pilger sichern. Sie schlugen vor, daß dieser neue «Orden» seine Zelte an den

Ställen des Herodes aufschlagen solle, dort waren die Leute vor neugierigen Blicken geschützt und würden von dieser niedriger gelegenen Stelle direkt Ausgrabungen an den unterirdischen Gängen vornehmen können, wo die Schätze lagen.

Leider vermochten sie den König nicht zu überzeugen, er wies auch diesen neuen Plan weit von sich. Die beiden Adligen kehrten niedergeschlagen nach Frankreich zurück.

Die Familien spürten, daß sie bei Balduin nie etwas erreichen würden, und konzentrierten sich statt dessen auf den Vetter des Königs, der eines Tages sein Nachfolger werden könnte. Dieser zukünftige König, der auch Balduin hieß, war vier Jahre lang Gefangener der Moslems gewesen und hegte weit radikalere Gedanken darüber, was machbar war. Im Jahr 1118 starb Balduin I. im Alter von sechzig Jahren (wahrscheinlich eines natürlichen Todes), und sein Vetter wurde schnell als Balduin II. zum König von Jerusalem gekrönt.

Schon nach ein paar Wochen hatten die neun französischen Ritter unter dem Schutz Balduins II. ihr Lager an den Ställen des Herodes aufgeschlagen, die jetzt zu dem Palast gehörten, der neben der früheren Al-Aksa-Moschee stand. Der Welt teilte man mit, es sei ihre Mission, christliche Pilger vor den bösen moslemischen Banditen zu retten. Ihre wahre Aufgabe aber bestand darin, die Schriftrollen und Schätze der Jerusalemer Urgemeinde zu finden.

Die Arbeit muß enorm schwer gewesen sein und die Tage lang.

Einen Tunnel mit einfachen Werkzeugen in soliden Fels zu treiben war mit großen Anstrengungen verbunden, und es dauerte viele Monate, ehe die Männer überhaupt einen der Originalgänge entdeckten, der sie tief unter den *haram* führte, das riesige Fundament, auf dem der Tempel errichtet worden war. Nachdem sie sich erst einmal im Labyrinth befanden, schien es schneller voranzugehen.

Zuerst müssen die Leute ein kleines Gefäß mit Münzen gefunden haben, danach eine Holzkiste mit einer Schriftrolle und eine weitere Kiste mit einer Schriftrolle. Die kostbaren Schätze aus Edelmetall wurden schnell nach oben gebracht, um dort ihren Glanz zu verbreiten, aber die Schriftrollen bedeuteten dieser Gruppe von Analphabeten, die nicht mehr als ein paar französische Wörter buchstabieren konnten – ganz zu schweigen von aramäischen und griechischen Texten – nichts.

Diese Gruppe von primitiven Archäologen fühlte eine große Verantwortung für ihre Funde, und Geoffroi de St. Omer, der stellvertretende Kommandant, wurde nach Frankreich geschickt, um die Schriftrollen übersetzen zu lassen. Er brachte sie zu dem hochgelehrten Lambert von St. Omer, der alles zu lesen vermochte, wenngleich er seinen Augen kaum trauen konnte. Er bat darum, die Rollen eine Zeitlang behalten zu dürfen, und machte eilig, ohne daß Geoffroi es zunächst wußte, eine Kopie von einer Rolle. Es war die bildliche Darstellung des himmlischen Jerusalem. Wir vermuten, daß der betagte Kleriker von Geoffroi de St. Omer getötet wurde, als dieser entdeckte, daß er eine Rolle ohne seine Erlaubnis kopiert hatte. Trotzdem kann der Ritter die Kopie der Rolle nicht in seine Hände bekommen haben, denn sie befindet sich noch heute in der Bibliothek der Universität Gent.

Das Ergebnis dieser ersten Funde war, daß ein Graf namens Fulko von Anjou im Jahr 1121 nach Jerusalem kam, um die Fortschritte zu überprüfen. Erst nachdem er den gleichen Eid geleistet hatte wie die anderen, führte man ihn zu den Fundstellen. Fulko, der später König von Jerusalem wurde, setzte eine Apanage von dreißig Livres aus und kehrte dann nach Anjou zurück.

Bernhard von Fontaine (der spätere Abt von Clairvaux) wurde angeregt, seinen Ruf als Kirchenmann auszubauen, damit er durch seinen Status Papst Calixtus I. dahingehend überzeugen konnte, daß man formell einen Ritterorden gründen sollte, um das Königreich Jerusalem zu schützen. Letztendlich war es aber das Ziel der Rex-Deus-Gruppe, ihre Aktivitäten geheimzuhalten – trotz des ständigen Kommens und Gehens von hochgestellten Persönlichkeiten an der Grabungsstelle. Und außerdem mußte eine passende Geschichte her, die den plötzlichen Reichtum der Ritter erklärte.

Als nächster traf 1124 wieder einmal Hugo von Champagne in Jerusalem ein. Auf seiner Reise leistete er den Eid und wurde Templer, so daß die Suchenden jetzt zu elft waren.

Wie wir schon früher bemerkt haben, konnten wir nicht verstehen, wem diese kleine Gruppe «Gehorsam» schwor, aber wenn Hugues de Payen ihr Oberhaupt sein sollte, dann hatte der gerade eingetretene Graf geschworen, seinen Vasallen untertan zu sein – ein sehr seltsames Unterfangen, was entweder auf einen Goldrausch zurückzuführen war oder darauf hindeutet, daß alle geschworen hatten, einem Ältestenrat der Rex-Deus-Mitglieder gehorsam zu sein.

Die Gruppe um de Payen grub bis Weihnachten 1127 weiter, bis sie sicher sein konnte, alle Schätze und jede Schriftrolle geborgen zu haben. Eine Woche später reiste Hugues de Payen ab. Sein Ziel war die Stadt Troyes, wo er den Entwurf der Ordensregel erhielt, die Bernhard geschrieben hatte. Übermittelt wurde sie ihm vom Kardinal von Albano. Danach unternahm de Payen eine Werbetour für Bernhard und die Zisterzienser quer durch Europa, die er auch benutzte, um den Rex-Deus-Mitgliedern Bericht zu erstatten. Im Zuge dieser Reise suchte er auch die Familie seiner Frau in Schottland auf, höchstwahrscheinlich, um dort die Schriftrollen in sicheren Händen zu deponieren. Dieser Ort war am weitesten von Rom entfernt und deshalb der sicherste Platz für diese häretischen Dokumente, denn in diesen Schriftrollen hatten die Ritter Erzählungen über das Leben Jesu und Jakobus' gefunden, die eher von jüdischen Freiheitskämpfern handelten als von der Ankunft des Sohnes Gottes auf Erden.

Sie hatten die Berichte vom neuen Jerusalem entdeckt, das kommen würde, um die Gottesherrschaft anzukündigen, und lasen verblüfft Beschreibungen von Initiationszeremonien für bedeutende Anwärter, die auch eine Auferstehung bei lebendigem Leibe vorsahen. Man muß davon ausgehen, daß das Wissen um die Existenz dieser Dokumente auf die ranghöheren Mitglieder des neuen Templerordens beschränkt war und auf die Familie St. Clair, die jetzt als Hüter dieser alten Texte fungierte.

Nach dieser Reise kehrte Hugues de Payen nach Jerusalem zurück. In seinem Gefolge kamen dreihundert Ritter, die alle unter seinem Befehl standen – dem Befehl des ersten Großmeisters der Templer. Er brachte auch Zusagen über finanzielle Unterstützung und Schenkungen von Land mit, was eine perfekte Tarnung für den plötzlichen Reichtum der Ritter war.

Die Rex-Deus-Familien hatten jetzt ihren Schatz, und sie kontrollierten zum ersten Mal seit tausend Jahren wieder Jerusalem und den Tempel. Doch da war noch ein Risiko, und zwar die Nachfolge von Balduin II., der keine männlichen Erben hatte. Dieses Problem wurde gelöst, indem der verwitwete Fulko von Anjou Balduins Tochter Melisande heiratete, um so der Rex-Deus-Gruppe die Thronfolge zu sichern.

Die Rex-Deus-Theorie, die wir hier skizziert haben, hat vieles für sich, aber darüber, daß es sie überhaupt je gegeben hatte, besaßen wir nur das Wort eines Mannes. Doch dann kam uns eine wichtige Kleinigkeit zu Ohren. Wir bekamen immer wieder zahlreiche Briefe von den Lesern unseres vorigen Buches. Viele wollten uns Informationen vermitteln, von denen sie glaubten, daß sie interessant für uns wären, und viele haben uns auch wirklich weitergeholfen. Durch einen seltsamen Zufall öffneten wir einen Brief, der uns unter anderen Umständen vielleicht bedeutungslos erschienen wäre, zu diesem Zeitpunkt aber ungeheuer spannend war.

Russell Barnes teilte uns die folgende kurze Geschichte mit, die für ihn nichts Besonderes war, aber für uns doch Gewicht hatte. Er schrieb:

> «Es gab eine Zeit, da traf ich mich öfters mit dem Autor Sinclair Traill, weil wir uns beide für Jazz und Jazzmusiker interessierten. Er starb vor etwa fünfzehn Jahren im Alter von fast achtzig.
>
> Traill trug einen schweren Goldring – so ähnlich wie ein Siegelring. Die Vorderseite schmückte ein ungewöhnliches Motiv, das auf den ersten Blick wie eine Säule aussah. Er erzählte mir, der Ring und sein Motiv seien historisch mit Vorfahren von ihm verknüpft, den Sinclairs [St. Clair], deren Name sich in seinem Vornamen erhalten habe. Das Motiv stamme aus einem alten Gebäude in Schottland. Weiter erinnere ich mich nur undeutlich an dieses Gespräch, aber das Säulenmotiv war ähnlich wie eine von den beiden Säulen in Ihrem Buch. Ich wünschte, ich könnte mich besser an das erinnern, was Traill sagte.
>
> Er wurde in der Stadt Blandford geboren, wo seiner Familie früher ein großes Haus (das heute abgerissen ist) mit einer Menge Land gehörte. Ein paar hundert Meter von dem Haus entfernt steht die Ruine der St. Leonard's Chapel, die früher ein Hospiz war, das von einem Orden geführt wurde. Die Kapelle, die Anfang des dreizehnten Jahrhunderts erbaut wurde, hatte erwiesenermaßen enge Beziehungen zur Abtei Fontevrault in Frankreich. Diese Abtei stand unter der Lehnsherrschaft der Grafen von Anjou (die mit dem

Königshaus von England verwandt waren), und dort wurde auch Richard I. (‹Löwenherz›) begraben. Da die Kapelle als Hospiz diente, könnte es hier sehr wohl Verbindungen zu den Tempelrittern von Templecombe, Somerset, gegeben haben – Templecombe liegt etwas über dreißig Kilometer entfernt.
Vor zirka zwölf Jahren sprach ich zufällig mit einem Mann (das war hier in Dorset). Mir fiel auf, daß er den gleichen Ring trug. Er wollte nicht mit mir darüber sprechen und meinte, ich würde mich irren und könnte noch nie einen ähnlichen Ring gesehen haben. Daraufhin beendete er unser Gespräch sofort.»

Hier drängte sich uns natürlich eine Frage auf: War das ein Rex-Deus-Ring? Wenn wir bei unserer gegenwärtigen Arbeitshypothese blieben, war es nicht unwahrscheinlich, daß es zwei Zweige der Rex-Deus-Gruppe gab – diejenigen, deren Ahnenreihe bis auf das davidische Königshaus zurückging, und die anderen, die von der priesterlichen Linie abstammten. Der eine Zweig würde damit die Mischpat-Säule Boas verkörpern und der andere die Zedeq-Säule Jachin. Falls diese Schlußfolgerung korrekt ist, dann müßte es zwei Ringe geben, die ihren jeweiligen Träger an sein Erbe als eine Hälfte des heiligen Tors von Jahwe erinnern.

Chris rief den Schreiber des Briefes an, um zu sehen, ob er noch mehr erfahren könnte.

Russell Barnes war sogleich am Telefon und erzählte in seinem weichen Dorset-Dialekt, daß er früher Polizist und Bewährungshelfer gewesen sei und jetzt seine ganze Zeit seinen Hobbys Jazz und Oper widme. Er hatte unser Buch gelesen, weil ein Freund es ihm empfohlen hatte, und dabei war ihm die Episode mit Sinclair Traills Ring wieder eingefallen. Er sagte, daß er den anderen Mann mit dem Ring damals im Gericht getroffen habe. Er wußte nur noch, daß der Träger des Ringes Anwalt gewesen war und daß es ihn zu beunruhigen schien, daß jemand das Emblem kannte, das er da am Finger trug.

Russell fiel ein, daß beide Zeichen gleich ausgesehen hatten – ein quadratisches Fundament und darauf etwas, das auf den ersten Blick wie ein Schornstein aussah, sich bei genauerer Betrachtung aber als geschmückte Säule erwies. Er hatte Sinclair Traill gefragt, ob es sich um einen Freimaurerring handele, und die Antwort bekommen: «Nein, eigentlich ist es nicht richtig freimaurerisch», was implizierte, daß es doch eine gewisse Verbindung zur Freimaurerei gäbe.

Das ließ zwei mögliche Erklärungen über den Zweck dieser Ringe zu, die allerdings beide keineswegs zwingend die Existenz einer Geheimorganisation wie der Rex Deus voraussetzten. Erstens konnten beide Ringe eine Abbildung der sogenannten «Lehrlingssäule» von Rosslyn tragen, und zweitens könnte es sich auch um ein Erkennungszeichen der modernen Tempelritter in Schottland handeln, die ein Orden im Freimaurerstil sind und behaupten, direkt von dem ursprünglichen Orden, von dem sie ihren Namen haben, abzustammen. Beide Möglichkeiten konnten leicht mittels eines Telefonanrufes bei Robert Brydon, dem Archivar der Templer in Schottland, überprüft werden. Brydon ist außerdem ein Mann, der wahrscheinlich mehr über die Geschichte von Rosslyn weiß als jeder andere Mensch auf der Welt.

Seine Antwort war knapp und eindeutig. Seines Wissens sei von den modernen Tempelrittern niemals ein solcher Ring benutzt oder im Zusammenhang mit Rosslyn hergestellt worden. Die Geschichte der Ringe mußte also anderweitig geklärt werden.

Nachdem wir die ganze Rex-Deus-Hypothese noch einmal durchgespielt hatten, kamen wir zu dem Schluß, daß es unvernünftig wäre, die Tatsache, daß hinter dem Ganzen ein größerer Plan gestanden hatte, zu negieren und einfach zu behaupten, die Tempelritter wären simple Schatzjäger gewesen, die nur etwas Kostbares finden wollten. Zuviel Zeit, Kraft und Geld waren von zu vielen wichtigen Leuten in dieses Unternehmen hineingesteckt worden – das konnte nicht nur eine Ausgrabung an historischer Stelle gewesen sein. Verschwörungstheorien sind zwar in der Forschung nicht sehr beliebt, doch das bedeutet nicht, daß es keine großen Verschwörungen gegeben hätte. Überall dort, wo viel Geld und Macht im Spiel sind, werden Menschen immer ungewöhnliche Dinge tun, um soviel wie möglich zu bekommen.

Nachdem die Templer ihr ursprüngliches Vorhaben vollendet hatten, begann der Orden ein völlig eigenständiges Leben – was ganz sicher auf die Schriften zurückzuführen war, die sie unter dem Tempel gefunden hatten. Schon bald entstanden Gerüchte über seltsame Rituale im Orden, und Geschichten über den sagenhaften Reichtum der Templer machten die Runde. Die Schriftrollen der Nasoräer, die sie übersetzen ließen, erzählten ihnen eine völlig neue Geschichte von Jesus und der Jerusalemer Urgemeinde. Sie lasen, daß Jesus ein königlicher Anführer gewesen war und kein Gott und daß Paulus die Auferstehung Jesu völlig mißverstanden hatte. Die Rituale, die Jesus und seine Anhänger durchgeführt hatten, waren schon damals uralt gewesen, und zu ihnen gehörte, daß Initiationen mittels einer lebendigen Auferstehung stattfanden, bei der die Kandidaten einen symbolischen Tod starben und dann in ein weißes Leichentuch gehüllt wurden. Danach wurden sie durch ein heiliges Ritual erweckt, und der auf diese Weise «auferstandene» Mensch wurde zum Bruder und später dann zu einem der neuen «Soldaten des Tempels», die in die Fußstapfen derjenigen traten, die bei der Verteidigung der Heiligen Stadt im Jahre 70 umgekommen waren.

Die Tempelritter haben immer viel Aufmerksamkeit erregt, und in jüngster Zeit haben ein paar Autoren viel Staub mit der Theorie aufgewirbelt, daß die Templer angeblich Totenköpfe besaßen und jemanden namens «Baphomet» anbeteten. Als Freimaurer hat es uns ganz und gar nicht überrascht, daß die Templer Totenköpfe besessen haben sollen, denn ein Totenschädel mit gekreuzten Oberschenkelknochen wird immer noch bei freimaurerischen Auferstehungszeremonien benutzt, die ihren Ursprung eben bei den Templern haben.

Wenn man heute einen Freimaurer fragte, ob er einem Kultus angehöre, der Totenschädel anbete, würde er das weit von sich weisen. Dennoch sind wir bei einer raschen Schätzung zu dem Ergebnis gekommen, daß die Freimaurer auf der ganzen Welt im Besitz von zirka fünfzigtausend Schädeln sein müssen! Die Templer führten das gleiche Ritual durch, das auch im dritten Grad der Freimaurerei angewendet wird, und auch sie müssen folglich ein paar Totenschädel und viele lange weiße Leichentücher besessen haben.

Die Anbetung von Baphomet wurde von Hugh Schonfield in seinem Buch *The Essene Odyssey* erklärt. Er entdeckte nämlich einen jüdischen Code aus dem ersten Jahrhundert, der «Atbasch» hieß und benutzt wurde, um die Namen von Personen zu verschlüsseln. Dieser Code findet sich in den Schriftrollen vom Toten Meer und ebenso in der modernen Freimaurerei, und wenn man das Templer-Wort «Baphomet» danach entschlüsselt, erhält man «Sophia», das griechische Wort für «Weisheit».

Obwohl die Templer nach 1128 ihren eigenen Weg gingen, blieben diejenigen, die hinter der Gründung des Ordens standen, an der Gemeinschaft beteiligt. Es war eine Blütezeit europäischer Architektur. In den folgenden siebzehn Jahren gründete Bernhard von Clairvaux mehr als neunzig Mönchsklöster, und die Templer entwarfen und bauten nicht nur Kirchen und Präzeptorien in ganz Europa, sondern auch achtzig große Kathedralen, von denen die berühmteste wohl die herrliche Kathedrale Notre-Dame in Chartres ist.

Das Tarot und die Tempelritter

Wir waren einer aufregenden Entdeckung auf der Spur. Inzwischen hatten wir die Leute benennen können, die an der Gründung des Tempelordens beteiligt gewesen waren, und hatten entdeckt, woher sie gewußt hatten, was unter den Ruinen des herodianischen Tempels verborgen war. Jetzt mußten wir herausbekommen, welche Glaubenssätze der gefundenen Schriften sie wirklich annahmen, die dann im Jahre 1312 möglicherweise zur Zerstörung des Ordens wegen ketzerischer Geheimlehren führten. Die Informationen, die es über die Tempelritter gibt, sind im Laufe vieler Jahre zahlreich diskutiert worden, und als wir unser Netz weit auswarfen, um alle möglichen Quellen herauszufischen, begegneten wir auch der These, daß die Karten des Tarots vielleicht in einer Verbindung zu den Templern stünden. Keiner von uns beiden hatte sich bisher für Tarot interessiert, und wir hätten den Gedanken wohl auch verworfen, wenn uns nicht schon zu viele seltsame Zufälle weitergeholfen hätten.

Wir sollten schon bald froh sein, daß wir die Zeit aufgewendet hatten, uns mit diesen Wahrsagekarten von Jahrmärkten zu befassen.

Es ist behauptet worden, daß die Templer eine östliche Technik benutzten und ihre Geschichten mit Hilfe von Karten erzählten, die unterschiedliche Versionen abdecken könnten, je nachdem wie man die Karten mischte und auslegte. Manche Leute behaupten, daß die Tarotkarten ursprünglich aus China oder Indien kamen, aber daß sie sich in Form und Bild von denen unterschieden, die man in Europa benutzte (so auch: A. Douglas, *The Tarot*). Ein paar Gelehrte (auch: M. Goodwin, *The Holy Grail*) sind sogar der Meinung, die Templer hätten das Tarot erfunden. Als wir anfingen, uns die Bedeutung dieser Karten genauer anzuschauen, wurde uns klar, daß sie kaum von jemand anders als den Templern stammen konnten.

Die Templer haben die Idee zweifellos von den Sarazenen übernommen, die seit dem achten Jahrhundert Karten mit Bildern benutzten, aber die Templerkarten enthielten zwei Bedeutungsebenen, so daß Materialien zur Ausbildung sicher weitergegeben werden konnten, ohne Gefahr zu laufen, daß sie von uneingeweihten Beobachtern entdeckt wurden. Diese sorgfältig gemalten Bildkarten enthielten ursprünglich die Geschichte der Templer, wurden aber dann zum Gebrauchsgut für Wahrsager auf der ganzen Welt.

Das Tarot enthält sechsundfünfzig Karten, die die kleinen Arkana bilden, und zweiundzwanzig Symbolkarten, die die großen Arkana darstellen. Aus den kleinen Arkana entstanden unsere modernen Spielkarten, denn sie enthalten die Farben Stab (Kreuz), Pokal (Herz), Schwert (Pik) und Münze (Karo). Ursprünglich besaß jede Farbe vierzehn Karten: vier Hofkarten – König, Königin, Ritter und Page (Bube) – plus die Zahlkarten vom As bis zur Zehn. Die vier Karten, die herausgenommen wurden, weshalb die heutigen Kartenspiele nur zweiundfünfzig Karten enthalten, waren die Ritterkarten einer jeden Farbe. Diese Karten verschwanden plötzlich, nachdem die Tempelritter als Häretiker gebrandmarkt worden waren und die Kirche beschlossen hatte, alles, was an den Orden erinnerte, aus dem Gedächtnis der Menschen zu tilgen (Quelle: M. Goodwin, *The Holy Grail*).

Die großen Arkana bestehen aus zweiundzwanzig numerierten Symbolkarten. Alle Karten bis auf eine verschwanden mysteriöserweise um die gleiche Zeit wie die Ritter der kleinen Arkana, weil die Kirche sie als «Sprossen der Leiter in die Hölle» und als «Teufelsbrevier» ansah. Das legt die Vermutung nahe, daß ein paar Tempelritter, nachdem man sie als Häretiker inhaftiert hatte, gestanden hatten, worin der wahre Zweck dieser Karten bestand – sie waren Symbole eines Codes, die geheime Lehren direkt unter der Nase der Kirche verbreiteten, ohne Verdacht zu erregen. Die großen Arkana wurden auch als die Farbe der Trümpfe oder der größeren Geheimnisse bezeichnet, und nur der Narr entkam der Zensur und überlebte bis heute als Joker. Man sagt, daß der Narr den Novizen zu Beginn seiner Reise zur Erleuchtung verkörpert.

B.G. Walker berichtet in seinem Buch *The Secrets of the Tarot*, daß die Kirchenleute die anderen einundzwanzig Karten des «Großen Geheimnisses» deshalb entfernten, weil man glaubte, sie enthielten eine häretische Botschaft, die von der Kirche abgelehnt wurde. Der andere Name, Trumpfkarten, stammt von einem antiken Schauspiel, das man auf Latein «einen Triumph» nannte und das die Geschichte eines heiligen Königs oder eines anderen verehrten Helden erzählte und enge Verbindungen zur Göttin Ischtar und ihrem gestorbenen und wiederauferstandenen Gemahl Tammuz enthielt. Seit die Trümpfe entfernt wurden, muß man bei vielen Kartenspielen eine der verbliebenen Farben zur Trumpfkarte erklären.

Die Karte, die die Kirche offenbar am meisten störte, war die der Hohenpriesterin, die auch unter dem Namen «die Päpstin» bekannt ist.

Es gab in den Anfängen der christlichen Kirche bekanntermaßen den Glauben, der erste Papst sei nicht der heilige Petrus gewesen, sondern die heilige Maria Magdalena, die ihre geistliche Autorität direkt von Jesus empfangen habe (Quelle: E. Pagels, *Versuchung durch Erkenntnis*). Im (gnostischen) Evangelium des Philipp wird sie als diejenige beschrieben, die Jesus mehr als alle seine Jünger liebte:

> «(...) die Gefährtin des [Erlösers] ist Maria Magdalena. [Aber Jesus liebte] sie mehr als [alle] Jünger [und] pflegte sie [oft] auf den [Mund] zu küssen. Der Rest [der Jünger kränkte sich deswegen...] Sie sprachen zu ihm: Warum liebst du sie mehr als uns? Der Erlöser antwortete ihnen: Warum wohl liebe ich euch nicht so sehr wie sie?»

Im Evangelium der Maria wird berichtet, daß sie mit Visionen und Einsichten begnadet gewesen sei, die weit über die des Petrus hinausgingen. Ein anderes Dokument, das *Zwiegespräch des Erlösers*, beschreibt sie als den Apostel, der besser sei als alle anderen, «eine Frau, die alles wußte». Evangelien, die Frauen als gleichrangig darstellten, wurden von der römisch-katholischen Kirche als gnostisch abgelehnt,

Die Hohepriesterin des Tarots

aber hier wird klar, daß es einen Machtkampf zwischen Petrus und Maria Magdalena gegeben haben muß. In einer Quelle namens *Pistis Sophia* beklagt Petrus, daß Maria Magdalena alle Gespräche mit Jesus dominierte und so die angeblich gerechte Vormachtstellung von Petrus und den anderen männlichen Aposteln untergrabe. Petrus bittet Jesus, sie zum Schweigen zu bringen, wird aber harsch zurückgewiesen. Maria Magdalena gibt später Jesus gegenüber zu, daß sie es kaum wagte, mit Petrus zu sprechen, denn «Petrus macht mich unsicher, ich habe Angst vor ihm, weil er die Frauen haßt». Jesus antwortet ihr, daß jeder, der vom Geist beseelt sei, das göttliche Recht habe zu sprechen – ganz gleich, ob Mann oder Frau.

Es ist unschwer erkennbar, daß die römisch-katholische Kirche es eintausend Jahre nach ihrer endgültigen Gründung durch das Konzil von Nicäa überhaupt nicht brauchen konnte, daß jemand Informationen ausstreute, die ihre Behauptung, in direkter Nachfolge des heiligen Petrus zu stehen, unterminierten. Die römisch-katholische Kirche baute auf dem Gedanken auf, daß Frauen von Männern beherrscht werden. Noch heute stößt die Liberalisierung anderer Kirchen, die Frauen die Priesterweihe zuerkennen, beim Vatikan auf barsche Kritik.

Wir wußten, daß diese frühchristlichen Lehren, die nicht aus Rom gekommen waren, ganz anderer Ansicht bezüglich der Rolle der Frauen in der Kirche waren. Die keltische Kirche, die ihre Wurzeln im alexandrinischen Christentum hatte und deren Verbreitungsgebiet sich über Irland, Schottland, Wales und Nordengland erstreckte, glaubte, daß Frauen das gleiche Recht hätten, Priester zu werden, und man behielt diesen Grundsatz bei, bis sich die römisch-katholische Kirche im Jahr 625 auf der Synode von Whitby die keltische Kirche einverleibte. Es ist belegt, daß frühe Kirchenväter die Autorität der Maria Magdalena anerkannten, aber spätere Chronisten konzentrierten sich auf ihren Ruf als Hure.

Man weiß, daß die beim Templerorden übliche Absolution sehr unorthodox war. Ein Präzeptor der Templer, Radulphus de Gisisco, bekannte, daß die Absolution ungewöhnlicherweise auf französisch und nicht auf Latein erteilt wurde; sie lautete:

> «Ich bete zu Gott, daß er unsere Sünden vergeben möge, so wie er der heiligen Maria Magdalena vergeben hat (...)»

Es schien, als ob Maria Magdalena, die Hure, die zur Hohenpriesterin wurde, von zentralem Interesse für die Templer gewesen sei.

An diesem Punkt unserer Forschungen fiel uns eine kleine, aber sehr bedeutende Wendung in der Rezeption der Rolle der Maria Magdalena auf. Der junge Bernhard von Clairvaux war höchst fasziniert von der Geschichte dieser ersten «Päpstin», und er begründete den Kult der schwarzen Muttergottes, der anerkennt, daß Maria Magdalena schwarz und die Braut Christi war. Bernhard selbst schrieb dreihundert Predigten über eine Stelle aus dem Hohenlied Salomos. Sie steht im ersten Kapitel, Vers fünf und lautet:

«Ich bin schwarz, aber gar lieblich, ihr Töchter Jerusalems.»

Dieser von Bernhard begründete Kult schuf für das zwölfte Jahrhundert eine neue Sicht der Frauen. Sie wurden geachtet und mit neu geschaffenen ritterlichen Ritualen umworben.

Zweihundert Jahre nach Bernhard, zu der Zeit, als die Kirche die Karte mit der Päpstin verbieten ließ, kursierten Gerüchte, daß es in jüngster Zeit eine Päpstin namens Johanna gegeben habe. Anscheinend war Johanna das Kind englischer Eltern. Sie verliebte sich in einen Benediktinermönch, mit dem sie als Mann verkleidet nach Athen floh. Nach dem Tod ihres Geliebten gab sie wieder vor, ein Mann zu sein, und wurde Priester. Sie stieg bis zum Kardinal auf und wurde dann zum Papst Johannes VIII. gewählt. Zum Entsetzen aller Beteiligten starb sie während einer päpstlichen Prozession in den Wehen.

Obwohl es keine Beweise für den Wahrheitsgehalt dieser Geschichte gibt, wurde sie nicht nur in der Kirche, sondern auch von einer breiten Öffentlichkeit geglaubt, wie es auch die *Encarta 96 Encyclopaedia* von Microsoft bestätigt. E.R. Chamberlin schreibt in *Unheilige Päpste,* daß die Büste der Päpstin neben anderen Darstellungen von Päpsten noch heute in der Kathedrale von Siena stehe. Darunter ist zu lesen: *Johannes VIII, femina ex Anglia* («Papst Johannes VIII., eine Frau aus England»).

Der Vatikan muß über diese Geschichte sehr ungehalten gewesen sein, denn man entwickelte Maßnahmen, die sicherstellen sollten, daß sich ein solcher Skandal nie wieder ereignete. G.L. Simmons beschreibt in *Sex and Superstition,* wie die neu entworfene Zeremonie aussah: Alle Kardinäle, die Kandidaten für das Papstamt waren, mußten sich mit nichts als der Soutane bekleidet auf einen speziell konstruierten Stuhl setzen, der wie ein Toilettenstuhl erhöht war und eine Öffnung in der Sitzfläche hatte, so daß die Mitbrüder von unten ihre Genitalien inspizieren konnten. Danach kam es zu einem formellen Verdikt: *Testiculos habet, et bene pendentes* – «Er hat Testikel, und sie hängen gut!»

Das Tarot bezieht sich aber wohl auf Maria Magdalena. In manchen Versionen des Tarots sitzt sie mit einer Schriftrolle in der Hand zwischen zwei Säulen – die zu ihrer Linken ist schwarz und trägt den Buchstaben «B», die zu ihrer Rechten den Buchstaben «J». Das weist klar darauf hin, daß die Hohepriesterin oder Päpstin direkt mit den beiden Säulen Boas und Jachin in Verbindung stand, die am Eingang zum Allerheiligsten des Jahwetempels standen und heute jeden Freimaurertempel schmücken.

Die Form, in der die großen Arkana ausgelegt werden, ist ein Möbiussches Band – eine Fläche, wo man von einer Seite auf die andere gelangen kann, ohne einen Rand zu überschreiten.

Man kann ein Möbiussches Band formen, indem man einen langen Streifen Papier nimmt, ein Ende um einhundertachtzig Grad dreht und dann die Enden zusammenfügt, so daß man nur eine verbundene Fläche hat. Weil die Oberfläche kein Ende hat, ist diese Struktur in Form einer Acht lange als Symbol für Tod und Auferstehung benutzt worden. Heutzutage steht es für Unendlichkeit.

Die Geschichte, die die Tarotkarten erzählen, wenn man sie in dieser Form auslegt, erschüttert die Pfeiler des orthodoxen Christentums. Das Tarot lehrt die jüdischen und templerischen Glaubenssätze, daß der Narr (der den Novizen verkörpert) durch seine Taten zum Heil gelangen könne, und zwar unabhängig von Christus oder der Kirche – während die Kirche lehrt, daß die Gnade Gottes nur durch den Glauben an Jesus Christus zu erwirken sei.

Der erste Kreis von Karten ist die Solarsphäre des Tageslichts, und auf ihm liegen die Karten vom Narren (Nr. 0) bis zum Eremiten (Nr. 9), die sich im Uhrzeigersinn außen auf dem Kreis bewegen und die normale Welt bedeuten, die von jedem gesehen werden kann. Die zehnte Karte, das Rad des Schicksals, liegt dort, wo sich innerer und äußerer Zirkel kreuzen. Der zweite Kreis heißt lunare Sphäre. Dort werden die Karten verdeckt gelegt und verkörpern den inneren Pfad der verborgenen Lehren. Sie reichen von der Kraft bis zum Gericht. Die letzte Karte, genannt «die Welt» (Nr. 21), greift wieder zurück in den ersten Kreis und zeigt damit, daß die verborgenen Lehren das alltägliche Leben beeinflussen müssen.

Wir fanden die vierte und die zwölfte Karte des Tarots besonders bemerkenswert, denn beide zeigen Männer mit gekreuzten Beinen. Obwohl das zunächst vielleicht nicht so spannend klingt, entdeckten

Die Endlosschleife des Tarots

wir interessanterweise, daß die Position eines gekreuzten über einem geraden Bein von Experten (unter anderen auch B.G. Walker in *The Secrets of the Tarot*) als unverzichtbar für den Symbolismus des Tarots gehalten wird. Diese Beinstellung taucht auf der Karte des Herrschers und beim Gehängten auf. Der Gehängte hängt – mit dem Kopf nach unten – am rechten Fuß an einem Kreuz festgebunden, das linke Bein ist hinter das rechte abgewinkelt. Diese Beinstellung war auch für die Templer sehr wichtig, denn jeder ihrer Ritter wurde mit ebenso gekreuzten Beinen in den Sarg gelegt. Die Beine formten so ein «X», was eine Form des «Tau» darstellt, des letzten Buchstaben des hebräischen

Alphabets. Dieser Buchstabe symbolisiert den Tod. Die kunstvolleren Grabmäler von führenden Tempelrittern weisen eine Bildhauerarbeit in dieser Pose auf, oder eine Skulptur des Toten zeigt den Verstorbenen in dieser ungewöhnlichen Position.

Wenn der Novize (der Narr) Anweisungen erhält, wird ihm gesagt, daß jede Karte im weltlichen Zirkel in direkter Beziehung zu einer Karte im geheimen Zirkel steht. Diese Beziehungen werden dadurch erkennbar, daß alle gepaarten Karten zusammen zwanzig ergeben, so daß die Karte Nummer 5 (der Hierophant) zur Karte Nummer 15 (der Teufel) gehört. Mit dieser Verbindung sollte mit Sicherheit nicht das Papsttum beleidigt werden, obwohl es letztendlich kaum wundert, daß die Kirche diese Karten zerstören wollte, als man diese im Tarot verborgenen Beziehungen entdeckte.

Wie die Karte der Päpstin oder Hohenpriesterin zeigt die Karte des Hierophanten oder Hohenpriesters eine königliche Figur, die zwischen zwei Säulen sitzt, die nichts tragen. Barbara Walker, eine seriöse und

Der Gehängte des Tarots

Ein Templergrab, auf dem der Tote mit gekreuzten Beinen zu sehen ist

geachtete Tarotforscherin, schreibt in *The Secrets of the Tarot* über diese Karte:

> «Man wollte damit bestimmt nicht christliche Orthodoxie verkörpern. Die wenigen Gelehrten, die den Papst des Tarots mit dem römischen Papst gleichsetzten, taten das nur unter großen Vorbehalten.»

Ein anderer interessanter Punkt ist der, daß laut Barbara Walker der alternative Name für diese Figur «der Großmeister» lautet, was uns den Schluß ziehen läßt, daß diese Karte möglicherweise den Großmeister der Templer verkörperte. Das scheint um so wahrscheinlicher, wenn wir uns daran erinnern, daß der Großmeister der Freimaurer noch heute auf einem thronähnlichen Sessel zwischen zwei Säulen, die nichts tragen, sitzt. Diese maurerischen Säulen sollen diejenigen verkörpern, die vor dem Eingang zum Allerheiligsten im Tempel von Jerusalem standen – dem Gebäude, welches die Heimstatt der Tempelritter war. Wir wußten aus unseren jüngsten Forschungen, daß die Freimaurerei ihren Aufbau und die Hauptrituale von den Tempelrittern in Schottland übernommen hatte, und es würde uns daher nicht erstaunen, wenn eine offizielle Darstellung des Großmeisters der Templer diesen zwischen zwei Säulen sitzend zeigen würde.

Während wir über diese Ideen zur Karte des Hohenpriesters nachdachten, kam uns eine andere wichtige Verbindung in den Sinn. Jakobus, der Bruder Jesu, wurde nach der Kreuzigung Hoherpriester der Jerusalemer Urgemeinde (der nasoräischen Bewegung) – eine Position, die christliche Gelehrte anerkannt haben, indem sie ihn den ersten «Mebakker» oder Bischof von Jerusalem nannten. Man weiß, daß Jakobus eine Mitra trug, die aus der Krone des Amon-Re entwickelt worden war, des Schöpfergottes von Theben, der Stadt, die dem alten Judentum die Pfeiler seiner Theologie beschert hatte. Die alte ägyptische Hieroglyphe für den Gott Amon-Re zeigt, wie die Insignien christlicher Bischöfe über Jerusalem aus Theben kamen.

Die Bezeichnung «Hohepriester» wird im *Chambers English Dictionary* wie folgt beschrieben: «Jemand, der heilige Dinge enthüllt.» Genau das hatte der Großmeister der Templer getan, wenn er neue Mitglieder einführte.

Die ägyptische Hieroglyphe für den Schöpfergott Amon-Re

Der einzige Schluß, zu dem wir kommen konnten, war der, daß die Tempelritter sich als die «auferstandenen» Hohenpriester von Jerusalem sahen, die zurückgekehrt waren, um den Kampf für den Aufbau einer Welt fortzusetzen, in der der Allerhöchste herrschen konnte. Ausgerechnet hier lag der Beweis, daß sie den uralten davidischen Kult des heiligen Tempels rekonstruierten und daß sie wahrscheinlich das rabbinische Judentum der Synagoge und das Christentum für vielleicht bedeutende, aber verfälschte Formen des Jahwekultes hielten.

Als neue Hohepriester Jahwes saßen die Großmeister der Templer auf einem Thron zwischen den beiden alten jüdischen Säulen Mischpat (Boas) und Zedeq (Jachin), die die Union weltlicher und geistlicher Macht auf Erden unter der himmlischen Herrschaft Jahwes verkörpern. Auf ihren Köpfen trugen sie die Krone der Mebakker, genau wie Jakobus elfhundert Jahre vorher. Die «Könige Gottes» waren zurückgekehrt, um die Rolle der beiden Messiasse zu übernehmen, die von Jesus erstmalig in einer Person verkörpert worden waren. Die Karte des Hohenpriesters oder Großmeisters im Tarot muß somit eine genaue Beschreibung des Amtes sein, das die Großmeister der Templer innehatten!

Da die Templer ihre eigene Religion wiederentdeckt hatten, unterstellten sie sich dem Papst nur pro forma, leugneten jedoch insgeheim seine Autorität und die Göttlichkeit ihres Ahnen im Geiste, Jesus Christus, den sie aber wahrscheinlich als Märtyrer und Propheten anerkannten.

Die Templer wurden schließlich angeklagt, Ketzer zu sein, und ihr Orden im Jahre 1312 endgültig vernichtet. Ihre Lehrkarten wurden im Laufe der Zeit zum Allgemeingut. Jeder, der sich die Großmeister-Karte anschaute, konnte die Mitra erkennen und fälschlicherweise annehmen, daß es sich um eine Darstellung des Papstes handelte. Die römisch-katholische Kirche weiß mit ziemlicher Sicherheit von den geheimen Bedeutungen im Tarot und hat verständlicherweise lange Zeit versucht, ihre Gläubigen davon fernzuhalten. Interessanterweise wurden die Karten nur neun Jahre nach dem ersten öffentlichen Ausstellen des Grabtuches von Turin verboten, und zwar zunächst in Florenz, dann in Deutschland, Marseille, Paris und bald in ganz Europa (Quelle: S.R. Kaplan, *Encyclopaedia of Tarot*).

Nachdem wir einen großen Schritt zur Entdeckung der wahren Ziele der Tempelritter getan hatten, wandten wir uns den übrigen Tarotkarten zu, um zu sehen, ob noch weitere Informationen in diesen historischen Karten, die heute nur noch dem Spiel dienen, verborgen waren. Wir fanden heraus, daß die ursprünglichen Farben – Schwert, Stab, Pokal und Münze – mit Gralslegenden assoziiert worden waren und Schwert, Speer, Gral und Teller verkörperten.

Wir kamen auf die Idee, daß diese Bezeichnungen mit den Kunstschätzen in Verbindung stehen könnten, die die Templer möglicherweise unter den Ruinen des herodianischen Tempels gefunden hatten. Schwerter und Speere waren von den jüdischen Verteidigern sicher mit in den Untergrund genommen worden, als die Schlacht verloren war, und wir haben bereits Josephus' Beschreibung wiedergegeben, wie Simon ben Goria und seine Männer sich in den Geheimgängen versteckt hatten. Wir wußten auch, daß sakrale Kelche und Geschirre unter dem Tempel versteckt worden waren, weil diese Gegenstände auf der Kupferrolle, die man in Qumran fand, aufgeführt sind.

Zuerst schien uns eine echte Verbindung zwischen den Gralslegenden um König Artus und den Tempelrittern unwahrscheinlich, aber wir änderten bald unsere Meinung. Eine sehr interessante Verbindung zwischen dem Gral und dem Tarot tat sich auf, als wir etwas studierten, das man die «vier Gerichtshöfe des Grals» nennt. Experten der Artussage meinen, daß sich hieraus ein Netz von Stammbäumen und Blutsverwandtschaften ablesen läßt:

Hof des Nordens:	Hof der Tafelrunde und des Hauses Benwick
Hof des Westens:	Hof des Grals und des Hauses Pellinor
Hof des Ostens:	Hof des Schwertes und des Hauses Pendragon
Hof des Südens:	Hof des Speers und des Hauses Lothian und Orkney

Der Hof des Südens stach uns sofort ins Auge, denn mit dem Haus Lothian und Orkney konnte nur die Familie St. Clair (heute: Sinclair) gemeint sein, die die letzten Prinzen von Orkney waren und deren Schloß Roslin in Lothian steht.

TAROT	*SPIELKARTEN*	*GRAL*
Schwert	Pik	Schwert
Stab	Kreuz	Speer
Pokal	Herz	Gral
Münze	Karo	Teller

Henri de St. Clair hat an der Seite von Hugues de Payen am ersten Kreuzzug teilgenommen, und seine Nichte Catherine heiratete de Payen und bekam die Ländereien von Blancradock in der Nähe von Edinburgh, ein Gebiet, das heute «Temple» genannt wird, als Mitgift (Quellen: Anonymus, *Secret Societies of the Middle Ages;* Gespräche mit Baron St. Clair Bonde). Die Familie war sicher maßgeblich an der Gründung des Tempelordens beteiligt, und sie wurde zum Wächter der Schriftrollen, die man unter dem Tempel von Jerusalem gefunden hatte. Später vergrub man diesen Schatz wieder unter der «Kapelle» von Rosslyn – der Replik der Ruinen des herodianischen Tempels.

Mit der Erfindung der römisch-katholischen Kirche war das dunkle Zeitalter hereingebrochen, und die menschliche Entwicklung hatte den Rückwärtsgang eingeschaltet. Jerusalem war eintausend Jahre nach der Zerstörung der Stadt und des Tempels von den Türken erobert worden, und der erste Kreuzzug war unternommen worden, um die Stadt vor den heidnischen Eindringlingen zu befreien. Als wir uns die Ereignisse um diesen Kreuzzug und die Gründung des Templerordens genauer ansahen, entdeckten wir eine Gruppe von Leuten, die sich im Hintergrund hielt. Ihr Plan war es, unter den Ruinen des Tempels zu graben. Man erzählte uns von einer Gruppe von Familien, die sich «Rex Deus» nennen und behaupten, von überlebenden Priestern des Tempels von Jerusalem abzustammen, und so erhielten die von uns eben entdeckten Geschehnisse zu Beginn des zwölften Jahrhunderts plötzlich einen Sinn.

Die Templer gruben neun Jahre lang unter dem Tempel und fanden dabei Schätze und mindestens vierundzwanzig Schriftrollen. In diesen Schriftrollen entdeckten sie Einzelheiten über die Jerusalemer Urgemeinde. Sie gründeten daraufhin den neuen Kult des Tempels mit ihrem Großmeister als dem vereinten Messias Israels, der die beiden Säulen Mischpat (Boas) und Zedeq (Jachin) in seiner Person verband, wie ihre Vorfahren im Geiste, Jesus und Jakobus, es auch getan hatten. Die geheimen Rituale der lebendigen Auferstehung, die in den Schriftrollen beschrieben wurden, wurden als Mittel der Initiation in diesen wiederauferstandenen Kult der «Priesterschaft des Tempels» benutzt, und die Templer sahen sich als Nachfolger derjenigen, die Jahwe gedient hatten und im Jahre 70 bei der Verteidigung umgekommen waren.

Der Kult der Templer lehnte insgeheim die Autorität des Papstes und seiner Kirche ab. Für die Ritter war Jesus ein Prophet, der den Märtyrertod gestorben war, nicht aber ein Gott.

Die Tarotkarten wurden von den Templern entworfen, um Novizen instruieren zu können, ohne den Verdacht der Kirche zu erregen. Die Karten wurden nach der Vernichtung des Ordens verboten. Dann fanden wir heraus, daß das Tarot und die Templer scheinbar in einer Verbindung mit den Gralssagen um König Artus standen und daß die St. Clairs von Roslin wahrscheinlich etwas mit der Sache zu tun hatten.

5
Der Heilige Gral der Templer

Die Ursprünge von König Artus

Auch wenn wir manchmal daran zweifelten, daß es möglich sein würde, die Antwort auf die dritte Frage, die wir uns gestellt hatten, zu finden, wußten wir jetzt doch, wer hinter den Tempelrittern stand. Wir waren in der Lage, die Hauptakteure zu nennen, und die Informationen, die wir über die Rex-Deus-Familien erhielten, waren ein entscheidender Hinweis gewesen, der uns die mögliche Antwort auf die vierte Frage gab: Warum beschlossen die Templer, unter dem Tempel Ausgrabungen durchzuführen? Ihre Mission bestand darin, die Schätze und Schriftrollen zu bergen, die ihre Ahnen für sie dort hinterlassen hatten.

Die Karten des Tarots hatten sich als bemerkenswerte Informationsquelle in bezug auf die Templer erwiesen, wenn wir sie im Kontext unserer anderen Funde betrachteten. Obwohl wir nicht daran glauben, daß man mit Hilfe von Tarotkarten in die Zukunft schauen kann, waren sie äußerst hilfreich, um Licht auf vergangene Ereignisse zu werfen. Heute nutzen Menschen viele Möglichkeiten, um ihre Gedanken der Welt kundzutun – von autobiographischen Büchern bis hin zu Dokumentarfilmen –, und Studenten der neueren und neuesten Geschichte können sich sofort ein Bild von Wünschen und Zielen jeder Gruppe oder jeder Person machen, die sie genauer untersuchen wollen. Doch wer sich mit dem Mittelalter befaßt, hat es ungleich schwerer, denn hier gibt es herzlich wenige Dokumente, die menschliche Gefühle über ungewöhnliche Ideen oder Glaubensformen zum Inhalt haben.

Von der Mitte des zwölften bis zum Anfang des vierzehnten Jahrhunderts waren die Tempelritter ein sagenhaft reicher und einflußreicher Orden, der nur dem Papst unterstellt war, und es wäre reiner Selbstmord gewesen, wenn sie jemanden hätten wissen lassen, daß sie «alternative» Gedanken pflegten. Sie konnten ihre wahre Meinung nicht offen niederschreiben, aber sie zeichneten sie verdeckt auf, und genau deshalb muß man das Tarotspiel als ein so wertvolles historisches «Dokument» ansehen.

Die Art, wie die Templer die Tarotkarten benutzten, schien in Verbindung mit der Legende des Heiligen Grals zu stehen, und wir mußten jetzt diese Sagen genauer untersuchen, um zu sehen, wie stark diese Verbindung war. Vielleicht waren ja die Gralslegenden eine weitere Methode, um die geheimen Ideen und Glaubenssätze der Templer versteckt weiterzugeben. Unsere Hoffnung war nicht unberechtigt, denn wir hatten entdeckt, daß die Familie St. Clair zum «Hof des Speers» gehörte, und Pendragon im «Hof des Schwertes» war der Name von König Artus' Vater.

In jüngster Zeit haben viele Leute behauptet, sie hätten irgendeinen obskuren Kunstgegenstand als den «wahren» Heiligen Gral identifiziert, von dem gewöhnlich gesagt wird, es sei der Kelch, den Jesus beim letzten Abendmahl benutzt habe. Doch wenn man die verfügbaren Beweise studiert, scheint es eher so, als gäbe es keinen «wahren» Heiligen Gral, zumal es für diesen mehrere Definitionen gibt. Der Gral wurde zu einer Metapher für eine unmögliche Aufgabe, die fast so unerfüllbar ist, wie den Topf mit Gold am Ende des Regenbogens zu suchen. Und er wurde von allen, die in den letzten achthundert Jahren über ihn geschrieben haben, mit vielen unterschiedlichen Dingen identifiziert.

Die bekannteste Überlieferung lautet also, daß der Gral der heilige Kelch war, den Jesus beim letzten Abendmahl benutzte und den Joseph von Arimathia barg, nachdem er das Blut vom Körper des gekreuzigten Christus darin aufgefangen hatte. Die Legende erzählt weiter, daß er die heilige Reliquie daraufhin nach England brachte, wo sie unter seinen Nachkommen von Generation zu Generation weitergegeben wurde. Sich dem Anblick des Grals auszusetzen kann Gutes und Böses bewirken, das hängt ganz von den Verdiensten des Betrachters ab. Die, die ohne Sünde sind, werden gespeist, doch die Unreinen im Herzen werden mit Blindheit geschlagen, die Unbelehrbaren verlieren die Fähigkeit zu sprechen.

Diese Version der Geschichte ist interessant, denn sie erlaubt die Vermutung, daß es eine alternative apostolische Nachfolge durch Joseph von Arimathia und seine Familie geben könnte. Außerdem soll diese Familie geheimes Wissen besitzen, das der etablierten Kirche unbekannt ist (Quelle: G. Phillips, *Parzivals Heiliger Gral*). Das klingt sehr kurios, würde aber durchaus zu der Rex-Deus-Theorie passen, denn das Geschlecht des Joseph von Arimathia könnte gut zu der Gruppe von Leuten gehört haben, die mit ihrem geheimen Wissen nach Europa kam.

Anderen Definitionen zufolge soll der Heilige Gral «der Stein sein, auf dem Könige gemacht werden», oder auch – was hochinteressant ist – ein Buch, das die geheimen Lehren Jesu enthält (Quelle: G. Phillips, *Parzivals Heiliger Gral*).

Es scheint, als könne der Heilige Gral alles sein, was man in ihm sehen will. Deshalb mußten wir unbedingt herausfinden, welchen Ursprung die unterschiedlichen Interpretationen hatten, so daß wir eine Chronologie erstellen und erklären konnten, welchen Zweck diese Legenden erfüllen sollten. Die ersten Hinweise auf den Heiligen Gral tauchen in der Artussage auf, die in groben Zügen vielen Menschen bekannt ist, was unter anderem Filmen wie *Der erste Ritter, Excalibur* oder *König Artus und die Ritter der Tafelrunde* zu verdanken ist. Meist hat es den Anschein, als würden diese Sagen dem Volksmund einer Zeit entstammen, als England und Wales aus einer Reihe kleiner Königreiche bestanden. Das würde die Sagen um viele Jahrhunderte früher datieren als die Templer.

Nach der heute gebräuchlichsten Version der Legende war Artus der illegitime Sohn von Igraine, der Frau des Herzogs von Cornwall, die unter einem Bann des Zauberers Merlin stehend von Uther Pendragon vergewaltigt wurde. Als Jüngling erwies Artus sich als der wahre König Britanniens, als er das Schwert Excalibur aus einem Steinblock zog, was vor ihm niemandem gelungen war.

Nachdem er König geworden war, heiratete er Ginevra und begründete seine Tafelrunde, die aus einer Gruppe mutiger Ritter bestand, die ihm halfen, das Königreich sicher und gesetzestreu zu etablieren.

Beziehungen sind in dieser Sage immer sehr komplex gestaltet, und Artus macht keine Ausnahme, als er unwissentlich einen illegitimen Sohn, Mordred, mit seiner Halbschwester Morgaine zeugt, die einen Bann über ihn geworfen hat. Als der Junge zum Mann geworden ist, erscheint er an Artus' Hof in Camelot und fordert ihn zum Kampf um das Königreich. In der Zwischenzeit hatte einer der Ritter, Lanzelot, eine Affäre mit Ginevra, was ihn für viele Jahre von Artus entfremdet. Die Tafelrunde zerbricht, Artus wird krank, und das Königreich verfällt. Es heißt, daß man das Land nur durch Auffinden des Heiligen Grals retten könne, und so schickt der kranke Artus alle Ritter, die ihm noch geblieben sind, auf die Suche nach dem Gral.

Sir Lanzelot gelingt es, den Gral zu finden, und er kehrt gerade noch rechtzeitig zu Artus zurück, um ihn zu heilen und ihn bei der letzten gewaltigen Schlacht gegen seinen Sohn Mordred zu unterstützen. Sowohl Lanzelot als auch Mordred sterben im Kampf. Artus wird tödlich verwundet, und die Legende sagt, daß er nicht starb, sondern gen Westen nach Avalon segelte. Dort heilte er seine Wunden und wird zurückkommen, wenn sein Land in großer Not ist. Sein Schwert Excalibur wurde in einen See geworfen, wo die Herrin vom See es auffing. Sie nahm das Schwert an sich, bis es wieder gebraucht werden würde.

Es stellten sich uns zwei wichtige Fragen: Wie alt ist diese Legende, und gibt es darin irgendwelche Verbindungen zu den Tempelrittern? Auf den ersten Blick scheint die Sage viel älter zu sein als die Tempelritter, aber wir fanden bald heraus, daß es sich anders verhält.

Die frühesten Hinweise auf eine Person, die Artus ähnelt, finden sich bei einem Mönch namens Gildas aus dem fünften Jahrhundert. Er berichtet von einer letzten verlorenen Schlacht gegen die eindringenden Angelsachsen im Westen Britanniens, die von einem Kriegsherrn mit Namen Aurelius Ambrosianus geführt wurde. Vierhundert Jahre später schrieb ein anderer Mönch, Nennius von Bangor, eine Geschichte Britanniens, in der er diesen Kriegsherrn «Arthur» nannte und den Ort, an dem diese letzte verlorene Schlacht im Jahre 500 geschlagen worden sein soll, Mons Badonicus (Quelle: N. Chadwick, *The Celts*).

Doch diese frühe Erwähnung eines historischen Kriegsherrn namens Arthur oder Artus beschreibt eine ganz andere Person als die, die uns in der modernen Legende begegnet. Der erste Hinweis auf einen König Artus, der dem der Sage ähnelt, erschien aus dem Nichts im Jahr 1136 – gerade acht Jahre nach der Gründung des Ordens der Tempelritter und im Sterbejahr von Hugues de Payen!

Die Geschichte trug den Titel *The Matter of Britain* («Die Sache Britanniens») und wurde in Oxford von einem Laienbruder namens Geoffrey von Monmouth geschrieben (Quelle: A.O.H. Jarman, «Geoffrey of Monmouth and ‹The Matter of Britain›», in: *Wales Through the Ages*, Vol. I). Hier wird Artus zum ersten Mal als eine Art messianischer Erlöser beschrieben, der einer magischen Liebe zwischen Igraine und Uther Pendragon entstammte. Geoffrey meint, Artus habe an einem Ort namens Caerleon regiert, und zwar vom Jahr 505 an bis zu der Zeit, als der König zu der heiligen Insel Avalon gebracht wurde, wo er solange ruhen wird, bis er aufersteht und triumphierend zurückkehrt. Sein magisches Schwert wird hier *Caliburn* genannt, was an den Namen des Schwertes *Caladcholg* erinnert, eines der Heiligtümer Irlands in den irischen Sagen.

Anders als spätere Artussagen erwähnt die frühe Version des Geoffrey von Monmouth weder den Heiligen Gral noch Lanzelot oder die Tafelrunde. Geoffreys lateinische Erzählung wurde äußerst populär und bald von einem unbekannten Schreiber ins Walisische übersetzt, während Wace von Jersey eine Übersetzung ins Französische und Layamon die Übertragung ins Angelsächsische besorgte. Die Sage verbreitete sich in ganz Europa, und jahrhundertelang hielt man sie für eine historische Tatsache, wie T.W. Rolleson es in *Myths of the Celtic Race* schreibt.

Wir wußten jetzt, daß die Datierung eine direkte Verbindung zu den Themen vermuten ließ, da die Gründung des Ordens zeitlich nah an der Entstehung der Sage lag. Wir fragten uns nur, was Geoffrey von Monmouth dazu veranlaßt hatte, genau zu jener Zeit etwas über diesen obskuren britischen Heldenkönig zu schreiben. Die Datierung und die Tatsache, daß die Sage sich in der Christenheit zu exakt derselben Zeit verbreitete, als Gerüchte über die ketzerischen Praktiken der Templer die Runde machten, konnten natürlich zufällig sein. Aber gab es etwas, was Geoffrey mit den Tempelrittern verband, und wenn es so war, was bedeutete dies?

Es ist überliefert, daß Geoffrey Waliser war und im Jahr 1100 in

Gwent geboren wurde. Seine Familie war eine Generation zuvor in der Zeit der Eroberung durch die Normannen von England dorthin gezogen. Geoffrey war viele Jahre lang Laienpriester in Oxford, ehe er Erzdiakon in Monmouth und schließlich 1152 Bischof von St. Asaph (in Nordwales) wurde.

Geoffrey sagte nie, daß er die Geschichte von Artus erfunden habe, sondern verkündete seinen Bewunderern lieber auf dramatische Weise, daß er die Sage aus einem «alten Dokument», das ihm sein Onkel gegeben habe, übersetzt habe. In den meisten Büchern, die sich mit diesem Thema befassen, kann man lesen, daß dieser Onkel Walter Map, der Erzdiakon von Oxford, war (Quelle: *The Wordsworth Dictionary of Phrase and Fable*). Doch der einzige Walter Map, den wir finden konnten, wurde erst in dem Jahr geboren, als Geoffrey seine Sage über König Artus zum ersten Mal veröffentlichte, und er wurde erst vierzig Jahre nach Geoffreys Tod Erzdiakon von Oxford – so steht es zumindest im *Chambers Biographical Dictionary*. Vielleicht gab es ja zwei Männer dieses Namens, aber die meisten Gelehrten scheinen sowieso nicht an die Existenz eines solchen alten Dokuments zu glauben. Warum hat Geoffrey es denn nie gezeigt, wenn es existierte?

Die ganze Sache kam uns ziemlich eigenartig vor.

Geoffreys Buch war ein großer Erfolg, warum also heimste er nicht das Lob für einen großartigen Roman ein, der auf ein paar obskuren Mythen basierte? Statt dessen bestand er darauf, daß es auf Fakten gründete, die er aus einem unbekannten alten Dokument hatte, das er nicht preisgeben wollte. Ferner konnte er keine logische Erklärung dafür liefern, wie er, ein Waliser bretonischer Abstammung, der in Oxford lebte, Zugang zu diesem Dokument bekommen haben sollte.

Wir hatten das Gefühl, daß hier etwas nicht stimmte, und schauten uns daraufhin die Geschichte, die Geoffrey da geschrieben hatte, einmal näher an.

Besonders interessant an Geoffreys Geschichte war das Ende, in dem Artus – wiewohl tödlich verwundet – nicht stirbt, sondern nach Avalon gebracht wird, ein vollkommenes Land jenseits des Meeres im Westen. Hier erwartet er die Zeit, in der er wieder auferstehen und zum Erlöser seines Volkes werden wird.

Der Glaube an «ein vollkommenes Land jenseits des Meeres im Westen» war uns vorher bereits zweimal begegnet.

Josephus berichtet, daß die Essener (also auch die Jerusalemer Urgemeinde) glaubten, gute Seelen wohnten hinter dem Ozean im Westen, in einer Region, die nicht von stürmischem Regen, Schnee oder großer Hitze heimgesucht würde, sondern wo stets eine sanfte Brise wehe.

So beschrieb auch das Volk der Mandäer ein paradiesisches Land. Die Mandäer leben, seit sie kurz nach der Kreuzigung Jesu aus Jerusalem flohen, um den Verfolgungen des Paulus zu entkommen, im Süden des Irak. Diese Juden verließen Jerusalem im ersten Jahrhundert nach Christus, und gemäß der bei ihnen tradierten Geschichte war Johannes der Täufer der erste Anführer der Nasoräer und Jesus einer seiner Nachfolger, der besondere Geheimnisse verriet, die ihm anvertraut waren (Quelle: E.S. Drower, *The Mandaeans of Iraq and Iran*). Die Mandäer taufen noch heute im Fluß, haben spezielle Erkennungszeichen und praktizieren Rituale, die laut A. Daraul in *Secret Societies* denen der modernen Freimaurer ähneln. Für sie beherbergt dieses wundervolle Land jenseits des Meeres ausschließlich die Menschen reinsten Geistes, die so vollkommen sind, daß die Augen von Sterblichen sie nicht erblicken können. Dieser märchenhafte Ort ist gekennzeichnet durch einen Stern namens Merica, der am Himmel darüber steht.

Wir glauben, daß dieser Stern und das mythische Land den Tempelrittern aus den Schriftrollen, die sie bargen, bekannt waren und daß sie sich, gleich nachdem ihr Orden verboten worden war, auf die Suche nach *la Merica* – heute besser bekannt unter dem Namen Amerika – machten. Wir haben das alles bereits in unserem Buch *Unter den Tempeln Jerusalems* beschrieben, und unsere Erklärung zur Herkunft des Namens «Amerika» wurde von vielen Gelehrten freudig angenommen, denn man war sehr unglücklich über die verwirrende Ableitung von Amerigo Vespucci gewesen.

Interessanterweise ist der Baum bei den Mandäern ein wichtiges religiöses Symbol göttlichen Lebens, und sie glauben, daß die Seelen ihres Volkes oft in Reben oder Bäumen Zuflucht nehmen. Diesen Glauben an den Baum des Lebens und die Kräfte dichter Vegetation findet man auch häufig in keltischen Legenden und den Geschichten über Artus.

Während wir über den mythischen König nachgrübelten, den Geoffrey von Monmouth beschrieben hatte, erkannten wir in der Sage von Artus eine Geschichte wieder, die wir bereits anderswo gehört hatten.

Wenn man nur die Grundmotive betrachtet, dann erzählt die Artussage, Artus' Mutter sei – wiewohl verheiratet – von einem anderen Mann schwanger geworden, ohne damit eine Sünde auf sich geladen zu haben, weil sie unter dem Bann eines Zaubers stand. Artus wächst zum wahren König seines Volkes heran. Dann schart er zwölf Ritter als Anhänger um sich und führt sein Volk in den Krieg gegen Eindringlinge, wird aber schließlich tödlich verwundet. Trotzdem ist er nicht im gewöhnlichen Sinne tot, sondern reist in ein vollkommenes Land im Westen, um wiederzukehren, wenn sein Volk einen Erlöser braucht. Nachdem er fort ist, verfällt sein Land dem Chaos.

Diese Legende könnte man als Rex-Deus-Geschichte der nasoräischen Priesterschaft ansehen, die in die keltische Vergangenheit verpflanzt wurde. Sogar die Geschichte der Zeugung von Artus kann man in der Rex-Deus-Erzählung wiederfinden, wo Jungfrauen wie Maria im Ritual von einem Hohenpriester geschwängert wurden, ehe man sie an einen anderen Mann verheiratete. Artus' Aufstieg zur Macht, gemeinsam mit seinen zwölf Rittern, könnte ein Hinweis auf die zwölf Stämme Israels sein. Die letzte schreckliche Schlacht, in der nahezu die gesamte Tafelrunde – Artus eingeschlossen – ums Leben kommt, wäre dann die Erzählung vom Fall Jerusalems im Jahre 70. Wie Artus' Königreich war auch das Land Israel immer weiter in Korruption und Verfall versunken, dem ein Kampf bis zum Tod folgte, als alles bereits verloren war. Die nasoräische Priesterschaft des Jerusalemer Tempels war fast völlig vernichtet worden, aber einige wenige ihrer Mitglieder hatten fliehen können und waren westwärts nach Griechenland gesegelt, von wo aus sie sich in ganz Europa verbreiteten und auf den Tag warteten, an dem sie zurückkehren und ihr Königreich würden wiederherstellen können.

Dieser Augenblick des Triumphs war gerade mit der Rückkehr der Ritter nach Jerusalem zusammengetroffen. Nach tausend Jahren waren sie in einem großen Kreuzzug zurückgekommen, um gegen Gog und Magog zu kämpfen.

Wir schauten uns nun genau an, was mit den Tempelrittern in den Jahren geschehen war, als Geoffrey sein Buch in Oxford geschrieben haben mußte – und dann fanden wir unser Bindeglied!

Payen de Montdidier, einer der ersten neun Ritter, die unter dem Tempel von Jerusalem Ausgrabungen durchgeführt und danach den Orden der Tempelritter gegründet hatten, wurde im Jahr 1128 Großmeister von England. Er wurde beauftragt, eine Reihe von Präzeptorien zu bauen, von denen das wichtigste in Oxford stand. Es wurde auf Land errichtet, das Prinzessin Mathilda, Tochter von König Henry I. und Enkelin von Wilhelm dem Eroberer, den Templern geschenkt hatte.

Oxford war im zwölften Jahrhundert eine zwar kleine, aber bedeutende Stadt, und der Bau eines Präzeptoriums der Tempelritter muß ein großes Ereignis gewesen sein. Als ein hochgelehrter Kanoniker Anfang Dreißig ist Geoffrey sicher Payen de Montdidier bei einigen Gelegenheiten begegnet, und Geoffreys offenbar lebhafte Phantasie muß von den Geschichten, die dieser hochrangige Templer zu erzählen hatte, sehr angeregt worden sein.

Payen de Montdidier war wahrscheinlich nicht so indiskret, jemandem, der nicht dem Orden angehörte, von der Existenz der Schriftrollen zu erzählen, die seine Brüder und er entdeckt hatten, aber es scheint wahrscheinlich, daß er nur zu glücklich war, über alles andere zu sprechen – dazu gehörten auch die Geschichten, die er aus den Schriftrollen erfahren hatte. Es ist also durchaus nicht unlogisch, den Schluß zu ziehen, daß Geoffreys Quelle der Inspiration hier entsprang. Nicht sein zu jener Zeit noch gar nicht geborener Onkel Walter, sondern Payen de Montdidier, einer der Mitgründer des Templerordens, gab ihm die Hinweise auf bestimmte «alte Dokumente».

Um unsere Spur weiterzuverfolgen, mußten wir mehr über die visionären Vorstellungen erfahren, die in der ersten Hälfte des zwölften Jahrhunderts plötzlich so populär wurden.

Der Aufstieg des Heiligen Grals

Geoffrey von Monmouth erwähnt in seiner Geschichte kein einziges Mal den Heiligen Gral, also wollten wir unbedingt wissen, wer dieses Objekt in die Sage einführte und wann das geschah.

Wir fanden heraus, daß der früheste Hinweis auf den Gral zweifellos aus der Feder William von Malmesburys stammt, eines Mönchs und Historikers der Abtei von Malmesbury. Er schrieb seine Sage um das Jahr 1140 herum, gegen Ende seines Lebens, etwa vier Jahre nachdem Geoffrey von Monmouth sein Buch *Die Sache Britanniens* publiziert hatte. William behauptete als erster, daß Joseph von Arimathia im Jahr 73 nach Glastonbury gekommen sei und nicht nur den Heiligen Gral, sondern auch einen Ableger des heiligen Dornbuschs mitgebracht habe, den er dort einpflanzte.

Die Abtei Malmesbury liegt zwischen Oxford und Bristol und ist nicht mehr als vierzig Kilometer von einem der ersten Präzeptorien Payen de Montdidiers, dem Temple Guiting in der Nähe von Cheltenham, entfernt. William von Malmesbury war einer der führenden Historiker seiner Zeit und unter anderem sehr angesehen wegen seiner Werke, der *Gesta Regum Anglorum*, einer Chronik der Könige von England von der sächsischen Invasion bis 1126; der *Historia Novella*, in der die Könige bis 1143 aufgeführt sind; und der *Gesta Pontificum Anglorum*, einer Geschichte der Bischöfe und wichtigsten Abteien von England.

Wir waren sehr überrascht, als wir herausfanden, daß William Geoffreys Werk öffentlich kritisiert hatte. Außerdem findet sich bei ihm keinerlei Hinweis auf König Artus oder irgendeinen anderen Teil derjenigen Sage, deren Urheber Geoffrey von Monmouth war. Die beiden Geschichten wurden erst zu einem späteren Zeitpunkt miteinander verknüpft.

Die Geschichtsschreibung zeichnet solche Kleinigkeiten wie ein

Treffen zwischen William und Payen de Montdidier nicht auf, aber als Bibliothekar, Präzeptor und Chronist seiner Kirche war William wahrscheinlich äußerst interessiert am Präzeptorium der Templer und ihren Kirchenbauten überhaupt. Man darf daher annehmen, daß er Payen de Montdidier, der zeitweilig ja nur vierzig Kilometer von ihm entfernt lebte, aufsuchte und sich seine Geschichten anhörte.

Naturgemäß hat man sich bisher nur wenig mit den Beweggründen der Männer beschäftigt, die an der Schöpfung der modernen Sage von König Artus und dem Heiligen Gral beteiligt waren, aber als wir es taten, entwickelte sich uns ein höchst interessantes Bild.

Im Zusammenhang mit diesen neuen romantischen Sagen gab es heftige Wortgefechte mit Beschuldigungen und Gegenbeschuldigungen über den Wert von Quellen. Wir hatten hier folgende Lage: Geoffrey von Monmouth hatte eine harmlose Geschichte über einen völlig unbekannten britischen König geschrieben, wurde aber innerhalb von drei Jahren äußerst aggressiv von drei anderen Autoren angegriffen, die alle meinten, daß seine Informationen falsch seien. William von Malmesbury, Caradoc von Llancarfan und Henry von Huntingdon schrieben jeder eine neue Artussage, und alle wurden wiederum von Geoffrey angegriffen, der behauptete, sie hätten Fälschungen verfaßt, weil nur er Zugang zu dem «alten Dokument» habe, das die wahre Geschichte erzählte.

Wir waren überrascht, als wir bei G. Ashe in *The Quest for Arthur's Britain* lasen, daß alle drei Autoren der zweiten Reihe von Sagen unter dem Patronat eines Mannes namens Robert von Gloucester standen. Rein zufällig war er ein illegitimer Sohn von Henry I. und ein Halbbruder von Mathilda, die das Land für das Templer-Präzeptorium in Oxford gestiftet hatte. Konnte es sein, daß Payen de Montdidier so indiskret gewesen war, einem Außenseiter Einzelheiten der Rex-Deus/Templer-Geschichte zu erzählen, und daß es einen Plan gab, die Kontrolle über die Geschichten wiederzuerlangen?

Aus verschiedenen Ereignissen, die nur scheinbar nicht miteinander in Verbindung zu stehen schienen, setzte sich nun ein Bild zusammen. Zu viele Menschen schienen an der Entstehung der Geschichten um König Artus und den Heiligen Gral beteiligt gewesen zu sein, und wir beschlossen, uns einmal dieses Netz von mächtigen, einflußreichen Familien näher anzuschauen.

Das erste, was uns überraschte, war, wie unglaublich ungenau manche der populärsten Bücher zu diesem Thema sind, die ein völlig falsches Beziehungsgeflecht entwerfen. Die zweite Überraschung war, daß in der Sage durchaus reale Personen mitspielten und daß Prinzessin Mathilda bei einer Reihe von Ereignissen in Jerusalem, Deutschland, England und Schottland eine bedeutende Rolle spielte.

Henry I. bestieg im Jahre 1100 den Thron von England, im gleichen Jahr also, in dem Balduin I. erster König von Jerusalem wurde. Henry war der dritte Sohn von Wilhelm dem Eroberer, und er heiratete Edith, die Tochter von Malcolm III. von Schottland (dem Mann, der Macbeth aus Rache für den Mord an seinem Vater erschlug, wie Shakespeare es uns erzählt) und Königin Margaret (später die heilige Margaret von Schottland). Ediths Mutter entstammte der im Exil lebenden Königsfamilie der Angelsachsen, und ihr Vater war der schottische König, der die Dynastie Canmore begründete. Ediths Tochter Mathilda schließlich war demnach ein Sproß des normannisch-englischen, des angelsächsisch-englischen und des schottischen Königshauses.

In dem Jahr, in dem Hugues de Payen und seine Mitstreiter anfingen, unter dem Tempel des Herodes zu graben, heiratete die sechzehnjährige Mathilda Heinrich V., den Kaiser des Heiligen Römischen Reiches Deutscher Nation, einen Mann, der doppelt so alt war wie sie. Mathildas Ehemann stand in dem Ruf, ein Schwächling zu sein, aber schon kurz nach der Heirat ernannte Heinrich anstelle des offiziell gewählten Galasius II. einen eigenen Papst. Dieser Gegenpapst, der den Namen Gregor III. trug, blieb bis zum Jahr 1121 im Amt.

Im Jahr 1125 starb Heinrich V., und zwei Jahre später entschloß sich Mathilda, zu ihrer Familie nach England zurückzukehren. Das nächste Jahr, 1128, war von besonderer Bedeutung, denn die folgenden Ereignisse trafen zusammen:

1. Bernhard von Clairvaux erhielt eine päpstliche Genehmigung für die Tempelritter, was sie zu einem heiligen Orden machte.
2. Mathilda heiratete Geoffroi IV. von Anjou, den Enkel König Balduins II. von Jerusalem (des ersten Förderers der Templer) und den

Sohn des Fulko von Anjou, des Mannes, der die Tempelritter in den letzten sieben Jahren finanziell unterstützt hatte und der im Jahr 1131 der nächste König von Jerusalem werden sollte.

3. Hugues de Payen, Großmeister der Templer, besuchte England und Schottland.
4. Payen de Montdidier wurde zum Großmeister der Tempelritter in England ernannt.
5. Mathilda stiftete Payen de Montdidier das Land für ein Präzeptorium der Tempelritter in Oxford.

Das war also das Jahr, in dem alles, was die Gruppe seit dreißig Jahren sorgfältig geplant hatte, zusammentraf, und es gibt keinen Zweifel daran, daß die sechsundzwanzigjährige Mathilda an diesem Zusammentreffen beteiligt war.

Im Dezember 1135 starb Henry I., und Mathilda sollte eigentlich zur Königin von England proklamiert werden, als eine Menge einflußreicher Barone, die in Opposition zu ihr und ihrem kriegslüsternen Mann Geoffroi standen, ihren Vetter Stephan von Blois zum König wählten – obwohl dieser Mathilda zuvor den Treueid geleistet hatte.

Drei Jahre lang festigte Stephan seine Stellung, indem er immer wieder seine Barone unterstützte und eine starke Bindung zur Kirche aufbaute, aber im Jahr 1138 kam es zu einem Bürgerkrieg, als Mathilda und ihr Halbbruder, der mächtige Robert, Earl von Gloucester, die Hand nach dem Thron ausstreckten. Die Fehde ging unablässig weiter, und obwohl Mathilda nie Königin wurde, wurde sie schließlich unter dem Namen «Die Lady der Engländer» bekannt. Genau zu dieser Zeit schrieben William von Malmesbury, Caradoc von Llancarfan und Henry von Huntingdon ihre Versionen der Artussage und beschuldigten Geoffrey von Monmouth der Fälschung. Weil Mathilda, ihr Ehemann Geoffroi von Anjou und ihr Halbbruder Robert von Gloucester gerade von Stephan verdrängt worden waren, war das ihre Gelegenheit, um diese inoffizielle Version der Geschichte, die sie kontrollieren wollten, zu bekämpfen.

Wenn der Plan, Jerusalem zu erobern und durch die Templer Ausgrabungen unter dem Tempel durchführen zu lassen, wirklich von der

Rex-Deus-Gruppe stammte, dann können wir sicher sein, daß ihre Blutlinie durch Henry II. in das englische Königshaus kam. Henry II. war der erste König der Plantagenets, die über dreihundert Jahre bis zur Regierungszeit Richards III. die englischen Könige stellten. Henry nahm den Namen Plantagenet an, weil es der Spitzname seines Vaters war, der immer einen Zweig (lateinisch *planta*) Ginster (lateinisch *genista*) an seiner Kappe trug.

Die Abstammung seiner Mutter versorgte Henry II. mit einem makellosen Stammbaum. Durch zwei unterschiedliche Linien war er sowohl Urenkel von Wilhelm dem Eroberer und der heiligen Margaret von Schottland (Tochter von König Edgar Ironside und einer angelsächsischen Prinzessin) als auch Vetter zweiten Grades des regierenden Königs von Schottland, Malcolm IV. Durch seinen Vater war er natürlich mit den neuen Königen von Jerusalem und den Gründern des Templerordens verwandt. Als Henry zum König von England gekrönt wurde, war sein Onkel Balduin III. der regierende König von Jerusalem.

Es war Henrys Sohn Richard Löwenherz, der zum berühmtesten Kreuzfahrer aller Zeiten wurde. Er führte den dritten Kreuzzug an, der die Antwort auf die Eroberung Jerusalems durch Saladin im Jahr 1187 war.

Nachdem wir jetzt das Umfeld der fünfundzwanzig Jahre nach 1118 rekonstruiert hatten, konnten wir erkennen, daß die Geschichten von Artus und dem Heiligen Gral nicht zufällig aufgetaucht waren, sondern dem kontrollierten Vorgehen der mächtigsten Familien Europas entsprangen – besonders denen, die direkt mit den Templern und den Ruinen des herodianischen Tempels in Jerusalem verbunden waren.

Diese Sagen um den Gral bauen alle auf dem Gedanken auf, daß ein uraltes Geschlecht Jesus mit dem mittelalterlichen Europa verbindet. Der Gralsforscher Graham Phillips meint in seinem Buch *Parzivals Heiliger Gral:*

«In allen Sagen werden der Gral oder die Grale von der Familie Parzivals, den direkten Nachkommen des Joseph von Arimathia bewacht. Die Autoren erklären ausführlich diese Linie und ihre

Bedeutung – Joseph ist von Christus selbst zum Gralshüter ernannt worden. Hier liegt die Bedeutung des Grals – er ist ein sichtbares, greifbares Symbol einer alternativen apostolischen Nachfolge.»

Wir nahmen Kontakt zu Graham Phillips auf und ließen uns aus erster Hand von seiner ausgezeichneten Arbeit berichten. Er kannte weder die Rex-Deus-Gruppe, noch hatte er irgendwelches Interesse an den Tempelrittern oder wollte eine persönliche Theorie verbreiten. Dennoch hatte er ganz klar einen bedeutenden Aspekt in allen Gralslegenden entdeckt. Er sagt weiter:

> «In den Gralssagen lesen wir, daß es nicht Petrus, sondern Joseph von Arimathia war, der den Kelch bekam, den Christus beim letzten Abendmahl – also der ersten Messe – benutzte. Für die kirchlichen Autoritäten des Mittelalters wäre so etwas pure Häresie gewesen. Doch wenn der Kelch überhaupt jemandem gegeben worden wäre, dann bestimmt dem heiligen Petrus, und damit wäre er in den Händen der Päpste. Das ist ohne jeden Zweifel das Hauptthema der Sagen, denn in den Didcot und Vulgata-Versionen gibt Christus an Joseph die ‹geheimen Worte Jesu› weiter (...) Die Gralssagen implizieren damit, daß es noch eine alternative apostolische Nachfolge durch Joseph von Arimathia und seine Familie gibt. Und noch etwas wiegt viel mehr: Diese Familie soll ein geheimes Wissen besitzen, das der etablierten Kirche unbekannt ist.»

Wir dachten uns, daß vielleicht unter den sechshundertneunzehn Gefäßen aus Silber und Gold, von denen uns die Kupferrolle berichtet, eines besonders beeindruckend gewesen war, so daß die Templer glaubten, es sei von besonderer Bedeutung. Während die anderen Gefäße unter den Familien verteilt wurden, die die Ausgrabungen unterstützt hatten, und manche wohl aus wirtschaftlichen Gründen eingeschmolzen wurden, galt mindestens eines als besonders bedeutend. Dieses wertvolle Stück, kombiniert mit der Geschichte von den Nachkommen Josephs von Arimathia, war der Ursprung für den Begriff des Heiligen Grals – ein einzelnes Objekt, das die Bedürfnisse der Judenchristen nach einem Bindeglied zu Gott verkörperte.

Wie wir bereits wußten, kann man den Heiligen Gral nicht auf ein Einzelstück reduzieren, und die Verwirrung rührt wahrscheinlich von der Komplexität her, die der Botschaft von Anfang an immanent war. *The Lancelot Grail*, ein Werk unbekannten Ursprungs, erzählt von einer Vision, in der Christus einem Eremiten erscheint und sagt:

> «Das ist das Buch deiner Abstammung, hier beginnt das Buch des Heiligen Grals, hier beginnen die Schrecken, hier beginnen die Wunder.»

Diese vielfältige Rolle des Grals ist den meisten Leuten aufgefallen, die dieses Thema erforscht haben. G. Phillips schreibt in *Parzivals Heiliger Gral:*

> «Obwohl der Gral im vierzehnten Jahrhundert nur noch den Kelch des letzten Abendmahls verkörperte, kann man klar erkennen, daß dieser Begriff, als die ersten Gralssagen verfaßt wurden, nicht allein auf diese besondere Reliquie angewendet wurde.»

Der vielleicht bekannteste unter den frühen Gralserzählern war Chrétien de Troyes, aber moderne Forscher wissen, daß er kein definitives Vorbild besaß. Eine Frage, die alle Gralsforscher, so auch M. Goodwin in *The Holy Grail*, quält, ist die Frage nach der Herkunft von Chrétiens Material, denn obwohl spätere Autoren dem französischen Dichter offenbar großen Dank schulden, so scheint allen Texten eine Erzählung zugrunde zu liegen, die irgendwann verlorenging. Die Autoren, die sich an Chrétien hielten, waren oft in Verlegenheit, denn sie mußten ihren Lesern ziemlich dürftige Quellen präsentieren, wobei sie sich gewöhnlich auf irgendwelche geheimen und mysteriösen Dokumente beriefen, die angeblich direkt von Christus stammten.

Chrétien de Troyes schrieb *Perceval, ou Le Conte du Graal* im Jahr 1180 und widmete das Buch Philippe d'Alsace, dem Grafen von Flandern, von dem er die Geschichte angeblich erfahren hatte. Uns fiel sofort ein, daß Payen de Montdidier mit den Grafen von Flandern verwandt war – eine der wenigen sicheren Tatsachen, die man von ihm weiß. Als wir weiter nachforschten, fanden wir heraus, daß der Vater von Philippe d'Alsace ein Vetter ebendieses Gründungsmitgliedes des Templerordens war, der unserer Meinung nach ja Geoffrey von Monmouth inspiriert hatte.

Wenn Payen de Montdidier seinem Vetter, dem Grafen von Flandern, ein paar Geschichten erzählt hatte, die dieser wiederum an seinen Sohn weitergegeben hatte, dann könnte Chrétien sehr wohl die Wahrheit gesagt haben, als er behauptete, daß sein Grundstoff von Philippe d'Alsace stammte. Chrétien war vorher am Hof von Champagne gewesen, und Maria, die Gräfin der Champagne, war seine Gönnerin gewesen. Ihr hatte er viele seiner früheren Sagen gewidmet.

Der andere große Autor der Gralssage war Wolfram von Eschenbach, der sein Epos *Parzival* um das Jahr 1210 herum schuf, nachdem er Jerusalem besucht und dort viel Zeit mit den Templern verbracht hatte. Obwohl diese Sage wie eine Weiterentwicklung des Werkes von Chrétien de Troyes anmutet, nehmen die meisten Gelehrten an, daß beide Texte unabhängig voneinander entstanden. Im *Parzival* zeichnet Wolfram den Helden hin- und hergerissen zwischen seinem spontanen Wesen und dem strengen christlichen Glauben an Gott, der dem menschlichen Wesen überlegen ist. Er beschreibt auch, wie Gut und Böse – Schwarz und Weiß – miteinander verwoben sind.

Sicher ist nur, daß die Originalgeschichten von Artus und dem Heiligen Gral einen völligen Gegensatz zu den Lehren der Kirche darstellten, und es war nur eine Frage der Zeit, wann man sich mit diesem unerwünschten Material auseinandersetzen würde.

Die Kirche hatte immer ihre Methoden, um mit unerwünschten Ideen fertig zu werden, die ihren Gläubigen die Köpfe verdrehten. Sie bezeichnet die Ideen als Häresie (in der heutigen Zeit, wo man niemanden mehr auf dem Scheiterhaufen verbrennen darf, wird das oft so erledigt, daß man die Thesen lächerlich macht), oder die Kirche übernimmt die fremde Idee, glättet sie und integriert sie in ihre Lehren. Eines der frühesten Beispiele für die zweite Methode ist, wie die katholische Kirche die Eremiten der keltischen Kirche einfach zu Heiligen machte. Männer wie St. Columba, St. Brendan, St. Asaph, St. Rhwydrws und St. Patrick wären wahrscheinlich entsetzt, wenn sie wüßten, daß man ihrer heute im römisch-katholischen Ritus, der ihnen völlig fremd war, gedenkt.

Die Kirche löste hier das Problem, indem sie den *Vulgata-Zyklus*, eine christianisierte Form der Geschichte, geschrieben von einer Gruppe Zisterziensermönchen, schuf (Quelle: G. Phillips & M. Keatman, *King Arthur, the True Story*). Die Mönche nahmen die unerwünschten Stränge der Gralslegende und wandelten sie in eine respektable christliche Legende um, wobei sie die keltischen Ritter einfach zu guten Katholiken machten – ungeachtet der Tatsache, daß diese alle, wenn es sie wirklich gegeben hätte, keltische Christen gewesen wären! Auf diese Weise absorbierte die römisch-katholische Kirche eine Erzählung, die ihr hätte gefährlich werden können.

So wurde dann dieser *Vulgata-Zyklus* vorschriftsmäßig von späteren Autoren weiter ausgesponnen, zum Beispiel von Thomas Malory in seiner Artus-Erzählung *Le Morte d'Arthur*, die um das Jahr 1469 geschrieben wurde. Inzwischen war der Mythos etabliert und in die Form gepreßt, in der man ihn bis heute vorfindet, zum Beispiel in den Gedichten von Tennyson, den Gemälden der Prä-Raffaeliten und der kunsthandwerklichen Bewegung des William Morris in der viktorianischen Ära.

Doch ein wirkliches Problem sollten Artus und der Gral Mitte des vierzehnten Jahrhunderts für die Kirche werden, als ihre Macht sich auf einem Tiefpunkt befand und die Gralsgeschichten mit der Erinnerung an die Tempelritter vermischt wurden, von denen man nun sagte, sie seien die Hüter des Grals gewesen.

Wie wir sehen werden, mußte die Kirche damals um ihr Überleben kämpfen.

Die Legenden von König Artus und dem Heiligen Gral stammten ursprünglich von unterschiedlichen Autoren, die sowohl mit den Tempelrittern als auch mit den Königen von Jerusalem in Verbindung gebracht werden konnten. Payen de Montdidier, einer der neun Ritter, die unter dem Tempel von Jerusalem Ausgrabungen durchgeführt hatten, wurde Großmeister von England und versorgte Geoffrey von Monmouth, einen Autor der Artussage, mit Informationen, die er nicht hätte preisgeben dürfen. Innerhalb von drei Jahren war die Sage in ganz Europa verbreitet, und ein erbitterter Streit zwischen Geoffrey von Monmouth und drei weiteren Autoren, die alle von Robert von Gloucester gefördert wurden, brach aus, denn jeder von ihnen behauptete, die Originalquelle zu kennen.

Die Artussage scheint eine Beschreibung der Geschichte der Rex-Deus-Familien zu sein, und der Heilige Gral steht für eine andere Linie der apostolischen Nachfolge durch Joseph von Arimathia, die hochrangiger ist als die des Vatikans durch den heiligen Petrus.

6

Die Geburt des «zweiten Messias»

Die letzten Kreuzzüge

Wir hatten herausgefunden, daß der Orden der Tempelritter durch die gemeinsamen Bemühungen einer Anzahl von Rex-Deus-Mitgliedern gegründet worden war, die sich an Schlüsselpositionen plazierten, um dafür zu sorgen, daß ihr großer Plan, die Schätze unter dem herodianischen Tempel zu bergen, nicht gefährdet wurde. Es gelang ihnen, den Orden der Tempelritter zu gründen. Der Orden wuchs rasch und erntete Ruhm und Reichtum. Zu der Zeit, als der erste Großmeister – Hugues de Payen – starb, bauten die Templer bereits ihre Präzeptorien und Rundkirchen in ganz Europa, und als ihr Ansehen wuchs, hielt man sie bald für die Wächter des Heiligen Grals.

Nachdem wir die Prinzipien der Templer-Lehre im Tarot gefunden und Verbindungen zwischen ihnen und den Autoren der Artussagen aufgedeckt hatten, mußten wir uns jetzt unbedingt die Periode ihres Niedergangs genauer anschauen.

Der erste Kreuzzug im Jahre 1096 hatte zur Eroberung des Heiligen Landes durch die Christen und zu der Begründung des christlichen Königreiches von Jerusalem geführt. Doch die moslemischen Armeen gaben keine Ruhe, und als sie das Gebiet von Edessa wieder in ihre Hand brachten, rief man 1147 unter der Führung von Ludwig VII. von Frankreich und dem Kaiser Konrad II. zu einem zweiten Kreuzzug auf. Dieses Unternehmen zeigte nicht die gleichen Erfolge wie der erste Kreuzzug, die einzige Ruhmestat war die Eroberung von Lissabon in Portugal durch englische und friesische Kreuzfahrer, die sich per Schiff auf dem Weg ins Heilige Land befanden. Ein dritter Kreuzzug wurde von den bekannten Kreuzfahrer-Königen Richard I. (Löwenherz) von England, Kaiser Friedrich I. (Barbarossa) und Philipp II. (Augustus) von Frankreich geführt – aber auch ihnen blieben nennenswerte Erfolge versagt. Barbarossa ertrank 1190 im Saleph, und von diesem Zeitpunkt an zerbrach die Einigkeit, denn sowohl Richard als auch Philipp gingen lieber eigene Wege, anstatt zusammenzuarbeiten. Schließlich wurden die Häfen von Jaffa und Akkra erobert, aber mehr erreichte die christliche Armee nicht.

Im Verlauf des vierten Kreuzzugs von 1202–1204 wurde die christliche Stadt Zara in Dalmatien angegriffen, und Konstantinopel wurde eingenommen und geplündert, ehe Balduin, der Graf von Flandern, zum Kaiser von Konstantinopel gemacht werden konnte. Der fünfte Kreuzzug erreichte zwar, daß Friedrich II. 1229 zum König von Jerusalem gekrönt wurde, aber die Tataren verdrängten ihn vierzehn Jahre später.

Nach dem Verlust Jerusalems an die Moslems im Jahre 1244 wurde von König Ludwig IX. von Frankreich ein großer Heerzug in den Nahen Osten geplant und finanziert. Er brauchte vier Jahre, um diesen ehrgeizigen Plan zur Ausführung zu bringen. Ende August 1248 segelte er mit seiner Armee nach Zypern, wo er den Winter verbrachte, um letzte Pläne für die Einnahme des Heiligen Landes zu entwickeln. Da er der Route des fünften Kreuzzuges folgte, landete Ludwig zuerst in Ägypten und eroberte am darauffolgenden Tag ohne Schwierigkeiten Damiette. Sein nächster Angriff galt im darauffolgenden Frühling Kairo, aber das endete in einer Katastrophe. Die Kreuzfahrer sicherten ihre Flanken nicht, und die Ägypter öffneten die Schleusen des Nil, so daß die gesamte Kreuzfahrerarmee in einem überfluteten Gebiet in der Falle saß. Ludwig mußte sich ergeben. Nachdem er das enorme Lösegeld von 167.000 Pfund bezahlt und Damiette übergeben hatte, segelte der König nach Palästina, wo er vier Jahre damit zubrachte, Festungen zu bauen, ehe er im Frühling des Jahres 1254 wieder nach Frankreich zurückkehrte (Quelle: E.M. Hallam, *Capetian France 987–1328*).

Stephen von Otricourt, der Kommandeur der Templer-Streitmacht, die Ludwig begleitet und enorme Verluste dabei erlitten hatte, das Unternehmen noch zum Guten zu wenden, mußte mit sanftem Druck gezwungen werden, dem König das Lösegeld zu leihen – so berichtet es M. Barbour in *The New Knighthood*. Unter den Adligen Europas verbreitete sich langsam der Eindruck, die Zeit der Kreuzzüge wäre wohl vorbei, und das Desaster, das Ludwig erlebte, bestätigte diese Ansicht. Auf jeden Fall ließ der fehlgeschlagene Kreuzzug Ludwig jetzt mehr Zeit, die Probleme in seinem Königreich zu klären. Endlich konnte er sich dem alten Problem der Beziehungen zwischen Frankreich und den Engländern, die große Teile des französischen Reiches besetzten, widmen.

Um die Beziehungen zu verbessern, lud Ludwig Henry III. von England im Jahr 1254 zu einem Besuch nach Paris ein, wo der englische König und sein Gefolge im Pariser Temple Gäste der Tempelritter waren, denn das war der einzige Ort in der Nähe von Paris, der groß und würdig genug für ein solches Ereignis war. Das Ergebnis dieses Treffens war 1259 der Vertrag von Paris, der das Recht des englischen Königs auf die Gascogne bestätigte, dem französischen König aber die Herrschaft darüber sicherte.

Nachdem er so seine Grenzen gesichert hatte, verkündete Ludwig seine Absicht, einen weiteren Kreuzzug zu unternehmen, was großen Widerstand bei seinen Adligen hervorrief. Aufgrund der außerordentlichen Belastungen durch diese militärischen Aktionen gestattete der Papst Ludwig, die französische Kirche zu besteuern – eine Konzession, die Ludwigs Enkel dann als sein selbstverständliches Recht ansehen sollte.

Die Einschiffung der neuen christlichen Streitmacht verzögerte sich, weil der König erkrankte. Obwohl er sich bald wieder gesund genug fühlte, um Segel zu setzen, erlitt er unterwegs einen schweren Rückfall und starb in Tunis, noch bevor seine Armee in Aktion getreten war. Seine inneren Organe wurden in Monreale begraben und seine Gebeine zurück nach St. Denis gebracht, wo man sie 1271 beerdigte. Dort wurden sie zu Reliquien und zum Zentrum eines wachsenden Kults, der den toten König schon als «heiligen Ludwig» verehrte, obwohl noch ein paar Jahre bis zu seiner Heiligsprechung vergehen sollten.

Es scheint im Frankreich der damaligen Zeit ein weitverbreitetes Phänomen gewesen zu sein, daß sich um heilige Reliquien Kulte bildeten. In einem Zeitalter, das von Naturwissenschaften wenig hielt, war fast jeder abergläubisch, und Körperteile berühmter Personen oder Reliquien wurden oft als heilig angesehen, und man glaubte, sie könnten Wunder bewirken. Diese Zentren heterodoxen Glaubens, die sich von Zeit zu Zeit rund um mystische Reliquien ehemals mächtiger Personen auftaten, stellten ein Problem für die Kirche dar, denn es hätte ja sein können, daß sich die Bevölkerung plötzlich Ikonen und Ideen zuwendete, die die Kirche nicht unter Kontrolle hatte.

Die Kirche hat auf neue Glaubensformen, auf die sie in neuen Ländern oder sogar in ihrem Machtbereich stieß, stets mit einem dreistufigen Prozeß reagiert:

1. *Spott.* Zuerst macht die Kirche unerwünschte Gedanken lächerlich und kritisiert sie. Wenn das nicht ohne weiteres möglich ist oder nicht zu den gewünschten Ergebnissen führt, geht sie zum nächsten Stadium über.
2. *Vereinnahmung.* Sie nimmt einfach existente Glaubensformen und christianisiert sie. Das ist überall auf der ganzen Welt passiert. Heute ist es zum Beispiel in bestimmten Teilen Afrikas römisch-katholischen Priestern nicht nur erlaubt zu heiraten, sondern sie dürfen auch gleich mehrere Frauen haben, weil ihre alten Stammessitten Bestandteil des «neuen» christlichen Weges zu Gott geworden sind. Wenn auch dieser Absorptionsprozeß versagt, geht die Kirche zum letzten Mittel über.
3. *Zerstörung.* Die Kirche folterte, verstümmelte und tötete die Menschen, die nicht gewillt waren, sich dem Dogma des Vatikans zu beugen.

Zu Beginn des dreizehnten Jahrhunderts hatte die Kirche während des sogenannten Albigenser-Kreuzzuges, der große Teile Frankreichs verwüstete, gezeigt, wie sie mit denen umging, die sich nicht dem päpstlichen Dogma unterwarfen. Zuerst hatte man versucht, die albigensischen Häretiker mit friedlichen Mitteln zu bekehren, aber als das nicht gelang, befahl Papst Innozenz III. einen bewaffneten Kreuzzug, bei dem innerhalb von zwanzig Jahren Hunderttausende umkamen. Nur kleine Gruppen von Albigensern überlebten im Untergrund. Diese unglücklichen Menschen wurden noch bis ins vierzehnte Jahrhundert von der Inquisition verfolgt. Das Massaker, das Simon de Montfort während dieses unseligen Kreuzzuges an den Einwohnern der Stadt Béziers vollzog, zeigte die Grausamkeit, mit der die römisch-katholische Kirche Häretikern begegnete. Bei dieser Gelegenheit gab Simon de Montfort auf die Frage, wie seine Soldaten denn Christen von Häretikern unterscheiden sollten, die berüchtigte Antwort: «Erschlagt sie alle. Gott wird die Seinen schon erkennen.» (Quelle: W.L. Wakefield, *Heresy, Crusade and Inquisition in Southern France, 1100–1250*)

Bei diesem Kreuzzug im eigenen Land floß viel Blut – nicht nur das der Albigenser, sondern auch das der Christen, doch trotz dieser Grausamkeiten konnte die Kirche die Albigenser nicht unter Kontrolle bringen.

In Zeiten der Not, in schweren Hungersnöten oder bei schrecklichen Plagen wenden sich die Menschen der Kirche zu, und wenn die ihnen keine Hilfe zuteil werden läßt, liegt es in der menschlichen Natur, neue Ideen zu suchen, die eine Lösung bieten. Der Philologe und Religionspsychologe John Allegro schreibt in *Lost Gods:*

> «Religion erfüllt die notwendige Funktion, die Teufel angestauten Stresses zu exorzieren, die scheinbar unausweichlichen Begleiter des Alltagslebens.»

Er meint auch, daß natürlicherweise neue Quellen der Macht gesucht werden, wo offenbar wird, daß die herkömmlichen Autoritäten nicht mehr ausreichen. Reliquien, die auf ihre Anbeter eine magische Wirkung ausübten, waren solche neuen Machtquellen. R. Fawtier schreibt in seinem Buch *The Capetian Kings of France,* daß, als der Kult um die Reliquien Ludwigs IX. zu gewichtig und damit zu einer Quelle der Macht für die Könige von Frankreich wurde, Papst Bonifaz VIII. diese Gefahr abwendete, indem er eine Petition der Gläubigen von St. Denis annahm und Ludwig IX. sofort zu einem Heiligen der römisch-katholischen Kirche machte.

Ludwigs Sohn Philipp III. schien noch nicht bemerkt zu haben, daß die Tage der Kreuzzüge vorbei waren – er nahm an einem aragonesischen Kreuzzug teil, der ihn das Leben und sein Land die damals horrende Summe von 1.229.000 Pfund kostete (Quelle: E.M. Hallam, *Capetian France 987–1328*). Die wilden Abenteuer Philipps III. überschritten die Grenzen dessen, was die französische Wirtschaft zu tragen vermochte. Laut E. M. Hallam betrug das jährliche Einkommen der französischen Krone damals 656.000 Pfund und die normalen laufenden Ausgaben 652.000 Pfund. Die Kosten von Philipps abenteuerlichem Kreuzzug ins Ausland hinterließen einen Schuldenberg, der sowohl dem Staat als auch der Kirche erhebliche Einschränkungen auferlegte. Für seinen Sohn, Philipp den Schönen, war das letztendlich der Beweis dafür, daß die Zeiten der Kreuzzüge und der christlichen Soldatenorden, die sie hervorgebracht hatten, für immer vorbei waren.

Philipp der Schöne in Schwierigkeiten

Philipp IV., der den Beinamen «der Schöne» trug, war erst drei Jahre alt, als Ludwig IX. starb. Obwohl er seinen heiliggesprochenen Großvater also nie richtig gekannt hatte, wuchs er im Schatten von dessen frommen Taten auf. Es verbitterte ihn zu hören, wie widerwillig die Templer nach dem gescheiterten Kreuzzug das Lösegeld für seinen Großvater bezahlt hatten, und er führte diesen Vorfall später auch an, als er den Orden vernichtete (Quelle: M. Barbours *The New Knighthood*). Als der junge Philipp die Krone erhielt, hatte er nicht nur mit dem Schatten eines heiligen Großvaters zu kämpfen, sondern mußte auch ein Land regieren, das nahezu bankrott war. Er schloß sich dem Kult um den heiligen Ludwig an, weil dieser für ihn die französische Monarchie auf dem Höhepunkt ihrer Macht und die Rolle des Priesters und Königs in einer Person verkörperte.

Philipp wurde von Giles de Colonna erzogen, der später Erzbischof von Bourges werden sollte. Giles war ein strenger Mann mit festen Ansichten über die Pflichten und die Verantwortung eines Königs. Als Philipp im Alter von siebzehn Jahren König wurde, war er von einem starken Selbstbewußtsein geprägt, denn sein Lehrer hatte zu ihm gesagt:

1. Eine Steinmetzarbeit an einer der Außenmauern von Rosslyn zeigt einen Kandidaten bei der Einführung in den ersten Grad der Freimaurerei, der vor zwei Säulen kniet. Der Kandidat trägt eine Augenbinde und hat eine Schlinge um den Hals, die von einer Gestalt in der Tunika eines Tempelritters gehalten wird. Seine Füße stehen genau so, wie ein Freimaurerkandidat sie heute noch plaziert, und er trägt eine Bibel in seiner linken Hand. Diese Plastik entstand um 1450, fast zweihundertsiebzig Jahre vor der Entstehung der Vereinigten Großloge von England, die ja behauptet, der Anfang der Freimaurerei zu sein.

2. Die Kapelle von Rosslyn, errichtet von William St. Clair, der den Bau im Jahre 1440 begann. Sie weist klare Verbindungen sowohl zur modernen Freimaurerei als auch zu den Tempelrittern und dem Jerusalem des ersten Jahrhunderts nach Christus auf.

3. Die Westmauer ist nicht mit dem Hauptschiff verbunden und kann deshalb nicht die Mauer eines unvollendeten Anbaus sein.

4. Die Abschlußsteine wurden absichtlich so bearbeitet, daß sie wie eine Ruine aussehen.

5. Ein zwölf Zentimeter hohes Bild, das oben auf einer Säule in Rosslyn versteckt ist, zeigt eine Gestalt, die ein Tuch hochhält, das durchaus das Grabtuch von Turin darstellen könnte. Die Steinmetzarbeiten von Rosslyn weisen insgesamt nur geringe Schäden auf, aber bei dieser kleinen Gruppe scheint man die Köpfe der Figuren vorsätzlich abgehauen zu haben, wahrscheinlich, um sie unkenntlich zu machen, denn die Züge der anderen Figuren scheinen Portraits realer Personen zu sein.

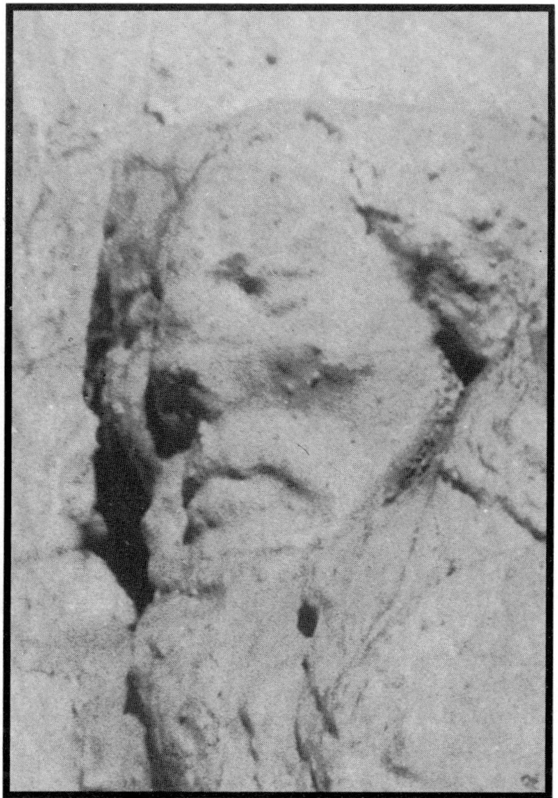

6. + 7. Gleich dahinter (Foto 6) verbirgt sich die Darstellung eines abgeschlagenen Kopfes, die bemerkenswerte Ähnlichkeit mit dem Bild des Grabtuchs von Turin aufweist.

8. Die mittelalterliche lateinische Inschrift im Inneren von Rosslyn, die beweist, daß einige der höheren Grade der Freimaurerei bereits Mitte des fünfzehnten Jahrhunderts William St. Clair bekannt waren.

9. Die Autoren vor der Westmauer von Rosslyn.

10. Die priesterliche Säul[e] Jachin in Rosslyn, die viel[e] Jahre lang mit Gips zuge[-]schmiert war, damit sie so aus[-]sah wie die anderen Säulen.

11. Die königliche Säule Boa[s] in Rosslyn.

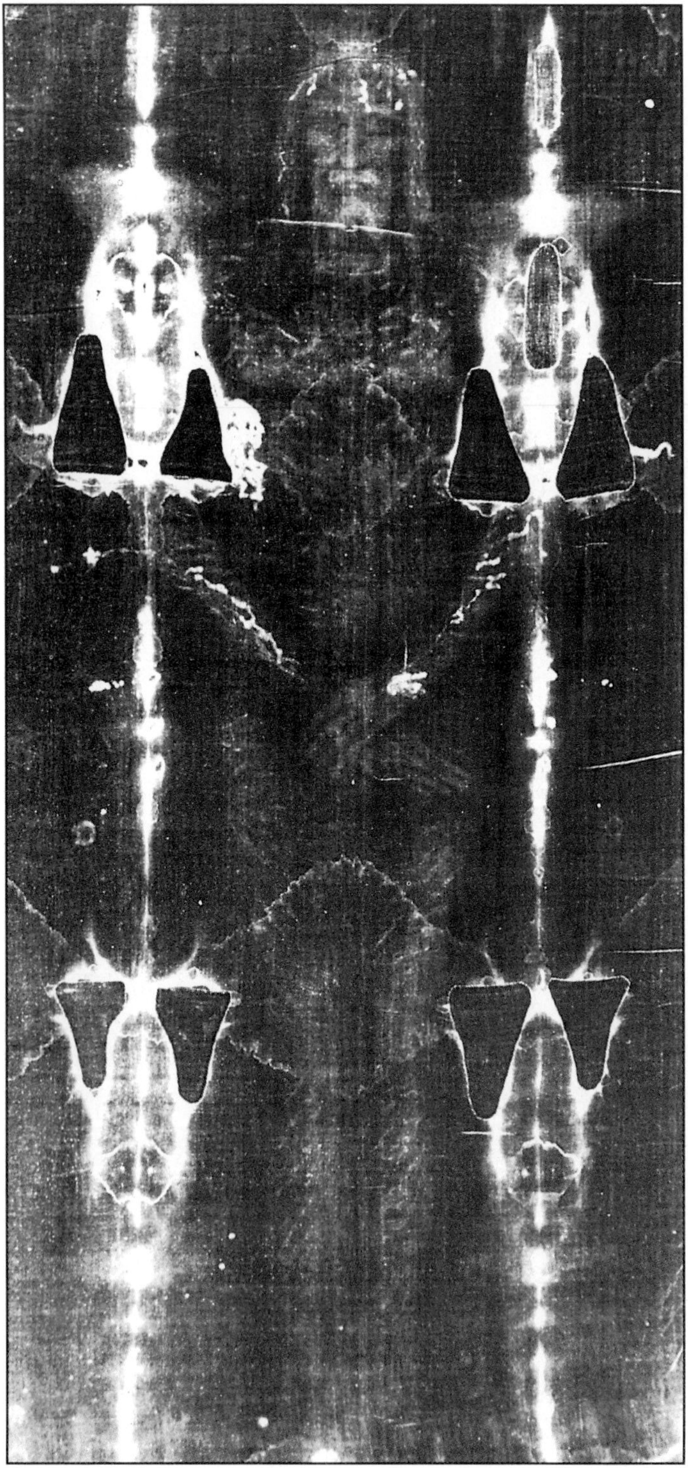

12. Die Vorderseite des Grabtuchs von Turin zeigt die seltsame Perspektive, die durch den engen Konvektionsprozeß entstand.

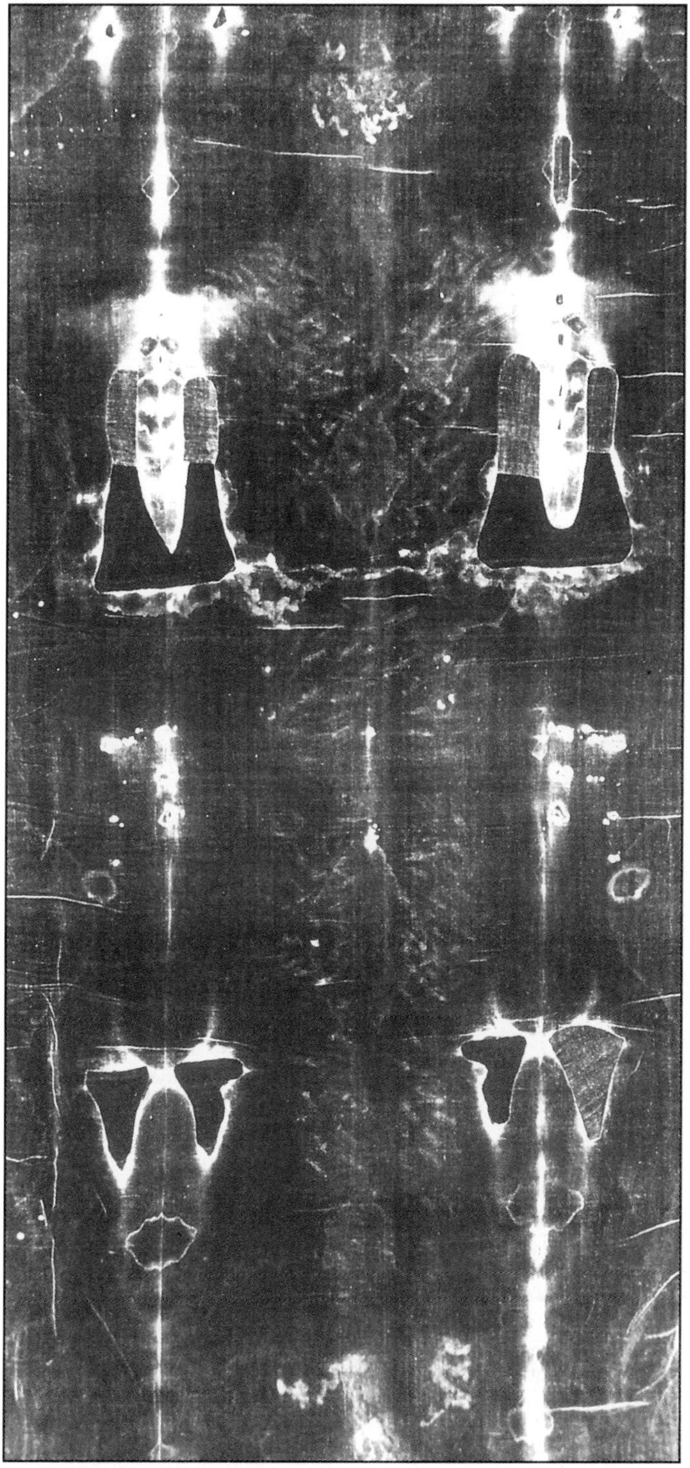

13. Die Rückenansicht des Grabtuches von Turin zeigt den vollständigen Abdruck des Rückens, der durch die weiche Unterlage entstand.

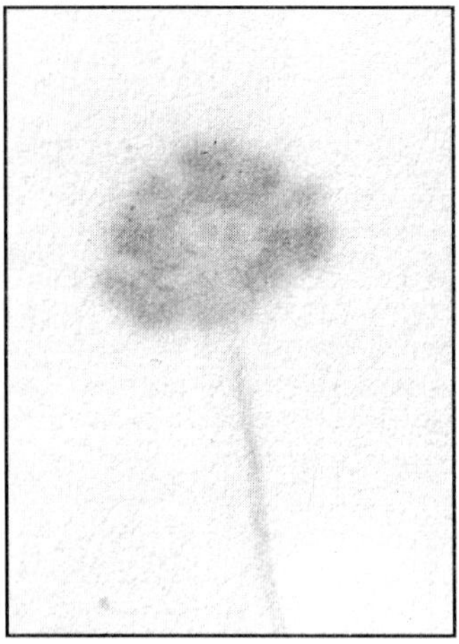

14. + 15. Volckringer-Muster von australischen Pflanzen. Nachdem sie 1868 in Australien gesammelt und zwischen Papier gepreßt wurden, wurde die Sammlung 1921 dem Naturhistorischen Museum in London übergeben und dort bis 1997 aufbewahrt. Während des Durchsehens fand man diese großartigen Bilder auf dem Originalpapier. Sie zeigen die gleiche dreidimensionale, impressionistische Qualität wie das Abbild auf dem Grabtuch von Turin.

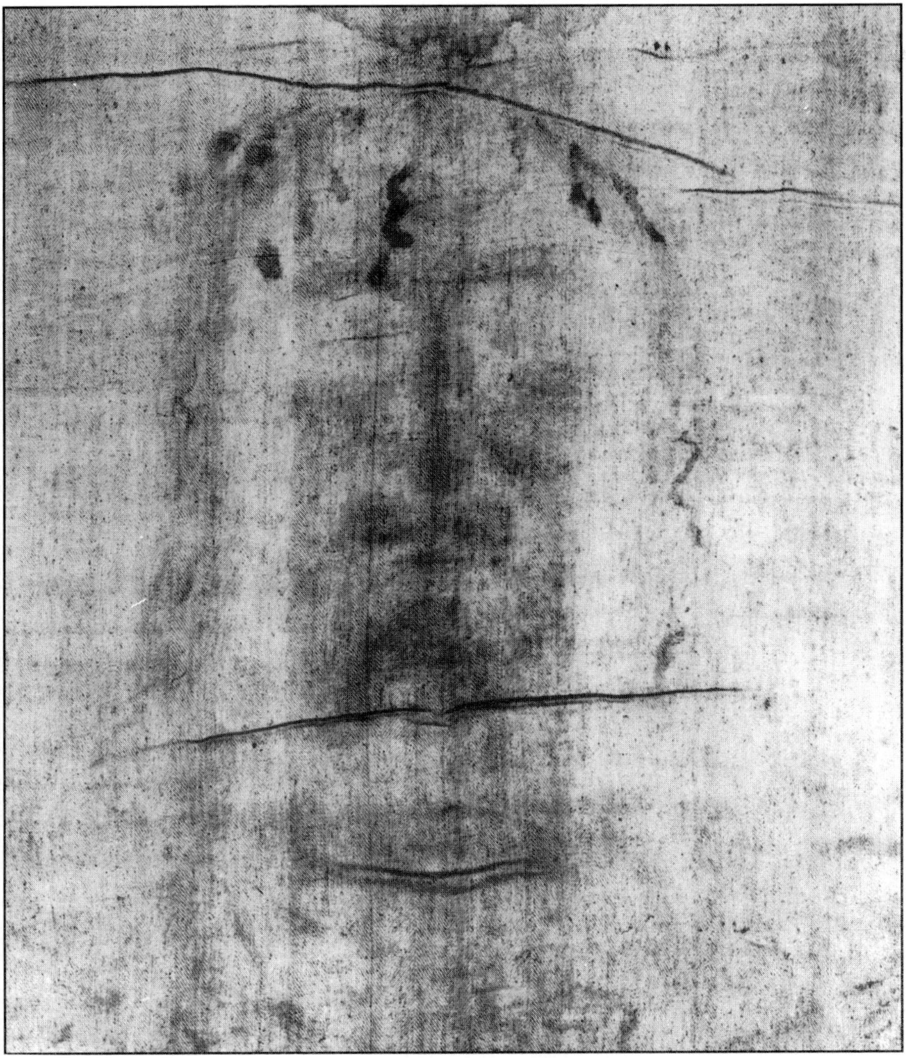

16. Die Abbildung des Gesichts auf dem Grabtuch von Turin. Das Volckringer-Muster auf dem Gesicht Jacques de Molays wurde durch den gleichen chemischen Prozeß geschaffen wie die Bilder der australischen Pflanzen. Das Bild weist die gleichen Charakteristika fehlender Konturen auf. Es wird zum fotografischen Bild, wenn man es als Negativ anschaut, und ist leichter zu erkennen, je weiter sich der Betrachter davon entfernt.

17. Der Ölberg und das Grab des Jakobus im Vordergrund, flankiert von zwei Säulen.

18. Die Zinne des Tempels gegenüber von Jakobus' Grab. Hier wurde Jakobus heruntergestoßen.

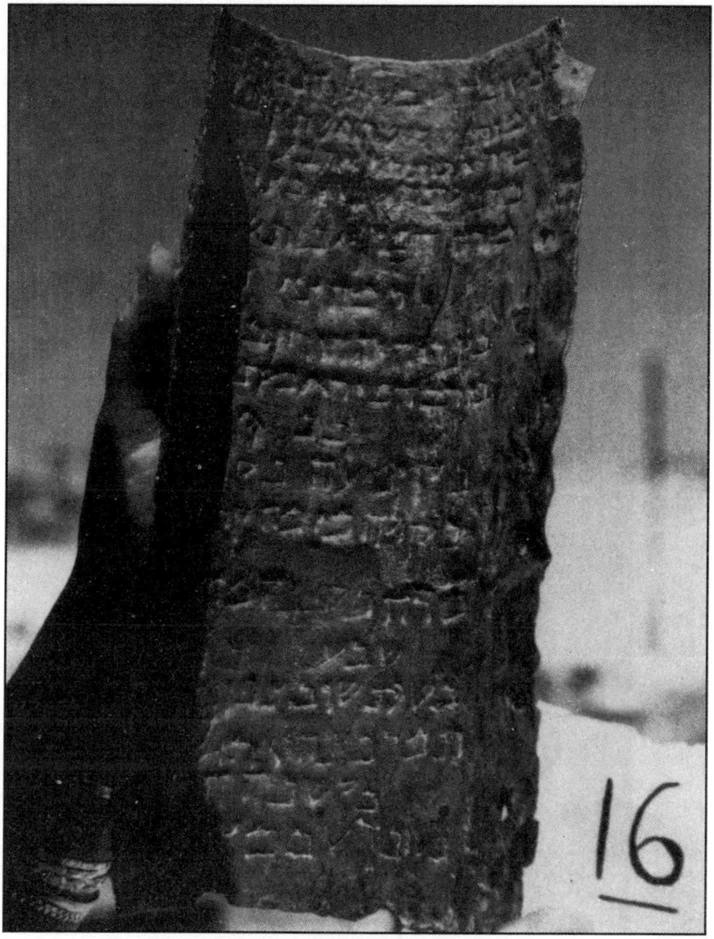

19. Ein offenes Stück der Kupferrolle, gezeigt von John Allegro. Es war das erste Segment, das gefunden wurde.

20. Die vollständig geöffnete Kupferrolle – eine Arbeit von Dr. H. Wright Baker und John Allegro am Manchester College of Technology, 1955.

21. Der Herzog von Sussex: Der erste Großmeister der Vereinigten Großloge von England sitzt auf dem Thron des Großmeisters zwischen zwei Säulen. Er war dafür verantwortlich, daß die schottischen Rituale der Freimaurerei verstümmelt wurden.

22. Die Hohepriester-Karte aus dem Tarotspiel. Er sitzt auf einem Thron zwischen zwei Säulen. Die Ähnlichkeit zum Großmeister der Freimaurer ist leicht zu erkennen.

23. Albert Pike vom Obersten Rat der südlichen Staaten der USA, der mithalf, die Originalrituale zu verstümmeln, weil er sie für unzusammenhängend, unsinnig und geistlos hielt.

24. Die Rundkirche der Templer in Cambridge.

25. Unser erster Versuch, das Abbild des Grabtuches auf einer harten Unterlage mittels eines Modells zu rekonstruieren. Die Vorderseite zeigt nicht die Feinheiten eines Volckringer-Musters und auch nicht die perspektivischen Verzerrungen, die auf dem Grabtuch so leicht zu erkennen sind.

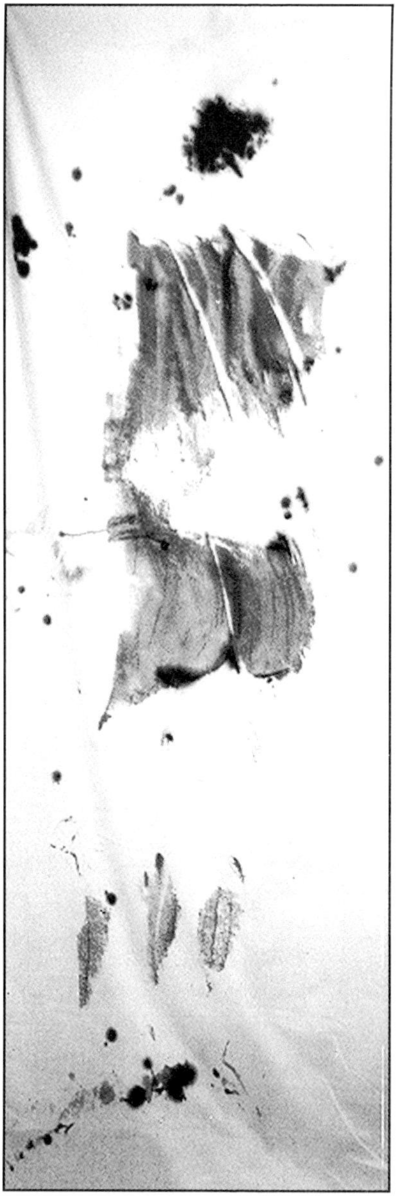

26. Die Rückenansicht zeigt ganz genau, an welchen fünf Punkten der Körper des Modells das Grabtuch berührte: am Kopf, den Schultern, dem Gesäß, den Unterschenkeln und den Fersen. Nur wenn man eine weiche Unterlage benutzt, kann man durch einen Widerdruck ein vollständiges Bild des Rückens erreichen.

König Philipp der Schöne

«Jesus Christus hat seiner Kirche keine bleibende Heimstatt gegeben, und der König von Frankreich wird nur von Gott allein eingesetzt.»

Der Enkel eines Heiligen zu sein war sehr bedeutend für Philipp, und die Erziehung, die er von Giles de Colonna erhielt, machte aus ihm einen Monarchen, der sich keinem Menschen beugen und sich nie dem Willen der Kirche fügen würde.

Philipp IV. erbte von seinem Vater drei Dinge: ein völlig verschuldetes Königreich, eine arrangierte Ehe und die Liebe zur Jagd. Als er im Jahr 1285 König wurde, schätzte der siebzehnjährige Philipp, daß es dreihundert Jahre dauern würde, die Schulden, die sein Vater angehäuft hatte, zu bezahlen – selbst dann, wenn er sein ganzes Einkommen darauf verwendete und keine Zinsen zahlte –, und er hatte keineswegs vor, sein Leben lang jeden Pfennig umzudrehen.

Im Alter von sechsundzwanzig befand sich Philipp im Krieg mit Edward I. von England, was bedeutete, daß er enorme Ausgaben hatte – die noch zu seinen ererbten Schulden addiert werden mußten. Er brauchte dringend weitere Geldquellen und mußte alle Mittel aufwenden, die ihm zur Verfügung standen, um seine Einnahmen zu erhöhen. Seinem Vater war 1284 der Gedanke gekommen, die Juden mit Sondersteuern zu belegen, und Philipp folgte 1292 und 1303 dieser Familientradition. Als man ihm in dieser Sache politisch keinen Widerstand entgegensetzte, verfiel er auf die Idee, alle jüdischen Besitztümer mit einhundert Prozent zu besteuern. Im Jahr 1306 befahl Philipp der Schöne, allen jüdischen Besitz einzuziehen und alle Juden auszuweisen. Wieder dem Beispiel seines Vaters folgend, belegte er als nächstes die lombardischen und die florentinischen Bankiers mit hohen Steuern (im Jahr 1295 brachte diese Steuer ihm 65.000 Pfund ein), aber selbst diese rücksichtslosen Maßnahmen erbrachten ihm keine finanzielle Erleichterung.

Philipps Ausgaben betrugen zu jener Zeit 4.000 Pfund am Tag, und er war gezwungen, die Währung abzuwerten, um genügend Geld zur Begleichung seiner Schulden zu haben. Sein Vater und sein Großvater hatten die finanzielle Hilfe der Tempelritter in Paris genutzt, um den monetären Verpflichtungen des Staates nachzukommen, aber Philipp entschloß sich, seine Finanzen dem Einfluß von Jean de Tours, dem Schatzmeister der Templer in Paris, zu entziehen, und installierte sein eigenes Schatzamt im Louvre.

Er rief alle Münzen zurück und ließ sie einschmelzen. Daraufhin wurden neue Münzen geprägt, die viel weniger Edelmetall enthielten, obwohl die Prägung dieselbe war. Diese Aktion ist eines der ersten bekannten Beispiele für eine aktive Währungsabwertung. Inflation war im Mittelalter zwar kein allgemeines Problem, aber im Jahr 1303 hatte sich die Kaufkraft der französischen Währung verglichen mit ihrem Wert von 1290 beinahe halbiert. Indem sie die Währung systematisch entwertete, nahm die Krone zwischen 1298 und 1299

1.200.000 Pfund und im Jahr 1301 185.000 Pfund ein (Quelle: E.M. Hallam, *Capetian France 987–1328*).

Manche Historiker glauben, daß Philipp von dem Gedanken besessen war, die Taten seines Großvaters als Kreuzfahrer zu übertreffen. Der Niedergang der beiden großen Kreuzfahrerorden, der Templer und der Johanniter, gab ihm die Gelegenheit, den Versuch zu wagen, sie unter einem neuen Anführer zu vereinen – eine Rolle, in der er sich selbst sah. N. Cohn zieht sogar in *Europe's Inner Demons* den Schluß, daß Philipp vielleicht sogar erwogen haben könnte, den Thron von Frankreich aufzugeben, um an der Spitze eines gemeinsamen Ordens neuer König von Jerusalem zu werden. Wir halten das für unwahrscheinlich, weil seine Taten zeigen, daß ihm die Machterhaltung im Heiligen Land nicht sonderlich wichtig war, denn während seiner neunundzwanzigjährigen Regierungszeit nahm er an keinem einzigen Kreuzzug teil.

Um der französischen Währung wieder Stabilität zu verleihen, brauchte Philipp dringend neue Quellen für Edelmetall, um neue Münzen prägen zu können. Das Schatzamt der Templer war eine solche Quelle.

Jean de Tours war der zweite Schatzmeister im Pariser Temple in Folge, der diesen Namen trug. Er wurde im Jahr 1302 ernannt, und Fragmente der überlieferten Geschäftsbücher zeigen, daß er eine frühe, aber kluge Form der doppelten Buchführung benutzte. Die Schatzmeister der Templer hatten administrative Methoden entwickelt, um Kreuzzüge finanzieren zu können. Zu diesen Techniken gehörte die sichere Lagerung von Schenkungen und Testamenten, die sichere Aufbewahrung von Wertgegenständen und die Buchführung über Löhne für die Verwaltung von Landgütern. Sie stellten einer Regierung die Mittel für eine Maximierung ihres Steuereinkommens. Die Könige von Europa hatten schnell gemerkt, daß die Templer die finanzielle Infrastruktur besaßen, die ihnen fehlte, und der Orden stellte sich ihnen im Bewußtsein der eigenen Unabhängigkeit nur zu gern als eines der ersten Kreditinstitute der Welt zur Verfügung.

Der Reichtum und die Finanzkraft der Templer übten eine fatale Anziehungskraft auf Philipp aus. Er hatte nur ein Problem – die Templer waren nicht ihm, sondern allein dem Papst unterstellt.

Der Kampf um die Kirchenfinanzen

Der Papst hatte Philipps Großvater das Recht eingeräumt, in Kriegszeiten außerordentliche Steuern auf die Kirche und die Laienbrüder zu erheben, um die finanziellen Bedürfnisse des Staates und die Verteidigung des Königreiches zu sichern. Philipp erneuerte diese Tradition und besteuerte die Kirche. Somit hatte er eine weitere regelmäßige Quelle zur Reduzierung seiner Schulden aufgetan. Um ihn daran zu hindern, mit diesen Steuergeldern seine militärischen Unternehmungen zu bezahlen, erließ Papst Bonifaz VIII. im Jahr 1302 eine Bulle, in der er dem Klerus untersagte, ohne Roms Zustimmung Gelder an weltliche Institutionen abzuführen. Philipp reagierte sofort, und zwar auf recht dreiste Weise. Er erließ einen Befehl, in dem er den Export von Gold, Silber und anderen Waren aus Frankreich verbot. Damit schnitt er Lieferungen an den Vatikan ab und minderte die päpstlichen Einnahmen erheblich.

Das traf die Finanzen des Vatikans schwer, half aber der inflationsgeschüttelten französischen Wirtschaft nur wenig. Noch weniger konnte so die große Währungskrise von 1303 abgewendet werden, als Rufe nach einer Rückkehr zu den Münzwerten der Zeit des heiligen Ludwig laut wurden.

Das Ergebnis von Philipps Attacke auf die päpstlichen Einkünfte war, daß Bonifaz ein Dekret erließ, in dem er festlegte, daß ihm alle Fürsten in weltlichen wie auch in geistlichen Fragen untertan seien. Philipp sah das ganz anders, und er weigerte sich, weltlichen Edikten des Papstes Gehorsam zu leisten. Er sandte Bonifaz eine Antwort, in der er wenig Zweifel daran ließ, wie er zu dieser Sache stand:

> «Philipp, durch die Gnade Gottes König von Frankreich, an Bonifaz, der als oberster Pontifex agiert. Wenig oder gar keine Gesundheit. Lasset Eure äußerste Torheit wissen, daß Wir in weltlichen Dingen niemandem untertan sind.»

Ein anonymer Autor schrieb in *Secret Societies of the Middle Ages*, daß Philipp, um ganz sicherzugehen, daß auch jeder mitbekam, wie er die Autorität des Papstes mißachtete, die päpstliche Bulle öffentlich unter Fanfarenklängen verbrannte.

Für Bonifaz war es völlig unmöglich, diese dreiste Rebellion gegen seine Autorität zu ignorieren, und er zitierte den französischen Klerus nach Rom, um darüber zu sprechen, wie man die traditionellen Freiheiten der Kirche vor der Sturheit dieses hochnäsigen jungen Königs schützen könnte. Im Gegenzug berief Philipp die Nationalversammlung aus Geistlichen und Abgesandten des dritten Standes in Paris ein. Er rührte die Versammlung so, daß man eine Resolution verabschiedete, in der man den Monarchen bei der Verteidigung seiner Rechte unterstützte. Die Ausstrahlung von Philipps Persönlichkeit war so groß, daß sogar die anwesenden Geistlichen dem Pontifex die Rechtsprechung in weltlichen Dingen absprachen. Philipp wollte Bonifaz und seinen Gefolgsleuten klarmachen, mit welcher Entschlossenheit er seine weltlichen Rechte zu sichern bereit war, und deshalb befahl er, sämtliche Ländereien und Besitztümer derjenigen Kirchenmänner zu konfiszieren, die dem Edikt des Papstes Folge geleistet hatten und nach Rom gegangen waren.

Philipps Attacke versetzte Bonifaz in Wut. Er reagierte mit der Veröffentlichung der Bulle *Unam Sanctam*, in der verkündet wurde, daß nicht nur jeder Mensch der Herrschaft des Papstes unterstand, sondern daß auch jeder in Rom erscheinen mußte, wenn der Pontifex es ihm befahl. Jetzt begann die Schlacht der Egos.

Um eine Hilfe bei den Regierungsgeschäften zu haben, hatte Philipp Guillaume de Nogaret zu seinem ersten Minister gemacht. Nogaret war ein Mann, der jeden Grund hatte, die Kirche zu hassen, denn seine Eltern waren beide während des Albigenser-Kreuzzuges als Ketzer auf dem Scheiterhaufen verbrannt worden. De Nogaret, der in den Jahren 1303 bis 1313 der erste Berater Philipps war, beschrieb den König wie folgt:

> «(…) voller Grazie, Wohltätigkeit, Frömmigkeit und Gnade. Er folgt stets Wahrheit und Gerechtigkeit, äußert nie ein böses Wort, ist voller Glaubenseifer, führt ein religiöses Leben, baut Basiliken und nimmt teil an frommen Werken.» (Quelle: E.M. Hallam, *Capetian France 987–1328)*

Bonifaz VIII. hatte als Kardinal Benedict Gaetani viele sexuelle Abenteuer gehabt, und de Nogaret kannte seine Vergangenheit ganz genau, als er ihn unter anderem der sexuellen Ausschweifung beschuldigte.

Der Papst war bisexuell und hatte – seine sexuellen Vorlieben waren sehr katholisch – eine Frau und deren Tochter in seinem Bett gehabt. Ebenso hatte er versucht, eine Reihe gutaussehender junger Männer zu verführen, und das offenbar mit recht gutem Erfolg. Er soll gesagt haben, daß «der sexuelle Akt keine größere Sünde ist, als die Hände aneinanderzureiben» (Quelle: N. Cawthorne, *Sex Lives of the Popes*). Bonifaz praktizierte mit Sicherheit Ehebruch und Sodomie, aber es erscheint recht unwahrscheinlich, daß er so weit ging, wie de Nogaret behauptete. Als der Kanzler den Staatsrat einberief, beschuldigte er den Papst der Simonie, der Zauberei und behauptete, dieser hielte einen kleinen Dämon in seinem Ring, der nachts hervorkäme und im päpstlichen Bett unaussprechliche Dinge mit dem Pontifex triebe.

Unbeeindruckt von dieser phantasievollen Attacke, schickte Bonifaz Kommissare nach Frankreich, um durchzusetzen, daß der französische Klerus sich seinen Befehlen unterwarf, und es scheint, als habe es heftigen Streit gegeben, ehe der König, seine Frau und sein Sohn öffentlich bekannten, alle Geistlichen zu unterstützen, die sich für Frankreichs Unabhängigkeit von päpstlichen Befehlen einsetzten. Inzwischen war die ganze Angelegenheit zu einer Farce verkommen, denn Philipp fing die päpstliche Bulle, durch die er exkommuniziert werden sollte, ab. Jetzt konnte die Exkommunikation nicht mehr ausgeführt werden, denn sie konnte nicht öffentlich verkündet werden. An diesem Punkt verlor Bonifaz die Selbstbeherrschung, denn er berief sich auf einen Erlaß des Konstantin, der es ihm erlaubte, Könige zu machen oder abzusetzen, und bot Frankreichs Krone dem österreichischen Kaiser Albert an.

Langsam wurde der Streit ernst, und keine Seite wollte auch nur einen Schritt zurückweichen, aber Philipp hatte noch einen meisterlichen Streich in der Hinterhand, den er gegen den vierundachtzigjährigen Papst ausführen konnte.

Da er nach der Prämisse arbeitete, daß jeder Feind seines Feindes ein Verbündeter sein mußte, hatte Philipp den Mitgliedern der Familie Colonna, die persönliche Feinde von Bonifaz waren, Asyl gewährt.

De Nogaret machte sich mit Sciarra Colonna und dreihundert Berittenen nach Italien auf, und am Morgen des 7. September 1303 hatte man genug «französische Patrioten» engagiert, um einen spontanen Aufstand vor dem Palast des Papstes in Anagni zu inszenieren.

Ein bestochener Höfling des Papstes öffnete die Tore und ließ die «Patrioten» herein, wo sie wild herumrannten und schrien: «Es lebe der König von Frankreich, Tod dem Bonifaz!» Durch diesen Radau geschützt, erzwangen sich Colonna und seine Italiener Zugang zu Bonifaz, der in vollem päpstlichen Ornat vor dem Altar kniete und den Tod erwartete. Die Italiener waren zu fromm, um den Papst zu töten, aber sie hielten ihn drei Tage lang gefangen und mißhandelten ihn. Er wurde schließlich von Leuten aus Anagni befreit, denen es gelang, die Franzosen zu vertreiben.

Trotz der Tatsache, daß er es nicht geschafft hatte, den Papst gefangenzunehmen, rief Philipp den Staatsrat in Paris zusammen, um den Papst *in absentia* anzuklagen. Zu den Anklagepunkten gehörten unter anderem Häresie, das Leugnen eines Lebens nach dem Tode und der Mord an seinem Vorgänger Papst Coelestin V., dazu sämtliche alten Beschuldigungen. Unglücklicherweise starb Bonifaz wenige Wochen nach seiner Rückkehr nach Rom an einem Schlaganfall, der wahrscheinlich durch den Streß der Geiselnahme verursacht worden war, so daß die Anklagen nie vor Gericht verhandelt wurden.

Ein französischer Papst

Als Papst Bonifaz starb, befand sich die Kirche in einem geistlichen und politischen Dilemma von ungeheurem Ausmaß. Die römisch-katholische Kirche hatte immer die Ansicht gepflegt, das Recht zu haben, die Geschäfte der Welt zu regeln, weil ihre Hierarchie schließlich die Königsherrschaft Jesu Christi auf Erden verkörperte. Sie setzte fest, daß Bischöfe und Priester die Herrschaft Christi in den Staatsgeschäften aller Nationen festigen sollten und daß der Papst der oberste Herrscher der Welt sei, denn die absolute Hoheit des Papstes bildete das Fundament der römisch-katholischen Kirche.

Das Übermaß an kirchlicher Herrschaft und das große Ausmaß an

Korruption, das damit einherging, führte allmählich zu einer Hinterfragung der Rolle der Kirche. Das wiederum ließ die obersten Würdenträger der Kirche übersensibel für mögliche Häresien werden – womit jede Ansicht gemeint war, die nicht aus dem Vatikan selbst stammte. Innerhalb der Kirche wuchs die Uneinigkeit über die Lehrmeinungen, und seltsamerweise suchten viele Naturkatastrophen die Erde heim, was in der Bevölkerung die Vorstellung entstehen ließ, Gott stehe nicht mehr auf seiten der Kirche.

In solchen Zeiten werden der Kult um Reliquien und die Erinnerungen an goldene Zeiten zu einer Quelle des Trostes für einfache Menschen, die das Vertrauen in die Menschen und Institutionen verloren haben, an die sie sich bisher immer ratsuchend gewandt hatten. Die Kreuzzüge der Kirche hatten viele Königreiche zu Armenhäusern gemacht, und dabei war noch nicht einmal das Ziel erreicht worden, das Heilige Land zu halten. Zu Beginn des vierzehnten Jahrhunderts wüteten wie ein Höllenfeuer die ersten Pestepidemien. Wenn nicht die Kirche am Zorn Gottes schuld war, dann mußten schnell andere Sündenböcke gefunden werden. Wie bereits erwähnt, waren die Juden schon verfolgt worden, aber bald würde man noch mehr Opfer brauchen.

Der Nachfolger des Bonifaz, Papst Benedikt XI., fand sofort Philipps Zustimmung, als er die Exkommunikation aufhob, die Bonifaz über den französischen König verhängt hatte. Doch als Benedikt sicher auf dem Stuhl Petri saß, sah er sich gezwungen, die Autorität des Vatikans wiederherzustellen – etwas, das Bonifaz bekanntlich nicht gelungen war. Philipp hatte nicht die Absicht, die Schlacht um die weltliche Oberhoheit wieder aufzunehmen, und kürzte die unerwünschte und unnötige Debatte einfach ab, indem er dafür sorgte, daß Benedikt vergiftet wurde. Der Stuhl Petri war somit verwaist, und es erwies sich als äußerst schwierig, ihn wieder zu besetzen.

Der Kandidat der französischen Kardinäle erhielt genauso viele Stimmen wie der italienische, und das Konklave blieb zehn Monate lang unentschieden. Um diese Pattsituation zu beenden, schlugen Philipps Agenten vor, daß eine Seite drei Kandidaten auswählen sollte, von denen die andere Seite einen zum Papst wählen würde. Bertrand de Gotte, Erzbischof von Bordeaux, ein Mann, der viele Gründe hatte, sowohl Philipp als auch dessen Bruder Charles de Valois zu verabscheuen, wurde als Kompromißkandidat beider Seiten gewählt. Der Kardinal von Prato ließ Philipp wissen, daß Bertrand als ehrgeiziger und fügsamer Mensch den Zielen des Königs dienen und erkennen würde, wo seine Interessen lägen, wenn der König mit ihm sprechen würde.

Philipp traf sich sofort mit Bertrand in der Abtei St. Jean d'Angely in der Gascogne, wo er dem ehrgeizigen Prälaten unter vier Augen mitteilte, daß es in seiner Macht läge, ihn zum Papst zu machen, und daß er es tun würde, wenn nur sechs Vorbedingungen erfüllt wären. Die «Gefallen», die Philipp sich als Belohnung für den Stuhl Petri erbat, waren:

1. Eine vollständige Versöhnung zwischen der Kirche und Philipp.
2. Die Kommunion für ihn und seine Kandidaten.
3. Der Zehnte des Klerus von Frankreich fünf Jahre lang, um den Krieg in Flandern zu bezahlen.
4. Die Auslöschung von Papst Bonifaz VIII. aus dem Gedächtnis der Menschheit.
5. Der Kardinalshut für Jacopo und Pietro Colonna.

Die sechste Bedingung, die Philipp stellte, lautete:

> «Die sechste Gunst ist groß und geheim, und ich werde sie zu einer passenden Zeit und einem passenden Ort erbitten.»

Was konnte diese letzte «große und geheime» Gunst gewesen sein, die dieser sonst so dreiste König nicht auszusprechen wagte? Philipp hatte sich bis jetzt nicht gerade schüchtern gezeigt, wenn er etwas wollte, aber diesmal hatte er etwas im Sinn, über das er erst sprechen wollte, wenn die Zeit dafür reif wäre. Wir glauben, daß diese letzte Bedingung, die er vom Papst erfüllt haben wollte, unmöglich preisgegeben werden konnte, weil absolute Geheimhaltung für seinen abscheulichen Plan, der noch zwei Jahre lang ruhen sollte, unerläßlich war.

Es zeigt sich später, daß diese geheime Gunst nur bedeutet haben kann, sich der Unterstützung des Papstes für die Verhaftung der Templer zu versichern, die als Häretiker angeklagt werden sollten, damit Philipp sich ihr Vermögen für seine Schatztruhe unter den Nagel reißen konnte. Da die Templer direkt dem Befehl des Papstes unterstanden, wußte Philipp, daß er mit seinem Vorhaben nicht ungeschoren davonkommen würde, wenn er sich nicht zuvor den päpstlichen Segen sicherte.

Der König und der Erzbischof mochten sich nicht, und sie vertrauten einander auch nicht, aber Bertrand war ein ehrgeiziger Mann, und er stimmte Philipps Forderungen zu, wozu auch gehörte, daß Bertrand innerhalb der Grenzen Frankreichs bleiben mußte. Der Stuhl Petri mußte verlegt werden, und Bertrand wurde am 17. Dezember 1305 in Lyon zu Papst Klemens V. gekrönt. Indem er Philipps Bedingungen akzeptierte, kompromittierte der neue Pontifex die Autorität des Papsttums für die nächsten fünfzig Jahre – auch «Avignon-Zeit» genannt –, die seitdem von der Kirche gern mit der Babylonischen Gefangenschaft der Juden verglichen werden.

Die erste Amtshandlung des neuen Papstes bestand darin, zwölf Gefolgsleuten von Philipp, unter anderen auch den Brüdern Colonna, den Kardinalshut aufzusetzen. Außerdem machte er sich bald daran, die Bedingungen von Philipp zu erfüllen. Die Auslöschung der Erinnerungen an Papst Bonifaz stand allerdings nicht mehr auf der Liste, denn der Kardinal von Prato hatte Philipp überredet, diese Forderung zurückzuziehen. Klemens zeigte auch Verständnis für Philipps finanzielle Probleme und billigte offiziell, daß der König alle Juden aus seinem Reich ausweisen ließ und deren Vermögen seinem Schatzamt einverleibte.

Zu diesem Zeitpunkt war man in den Adelskreisen Europas weitgehend der Meinung, daß man die Moslems nicht mit schierer Waffengewalt würde in Schach halten können, und viele Machthaber stellten den Nutzen militärischer Ordensverbände in Frage, da man das Heilige Land doch nicht halten konnte. Bereits im Jahre 1274 hatte man nach dem sechsten Kreuzzug auf dem Konzil von Lyon erwogen, die Johanniter und die Tempelritter zu einem Orden zu vereinen. Die Anführer beider Orden hatten den Gedanken, ihre jeweiligen Vermögen und ihren Status aufgeben zu müssen, weit von sich gewiesen, und sie setzten ihren großen Einfluß ein, um dafür zu sorgen, daß es zu keiner derartigen Union kam. Trotzdem geriet diese Idee nie ganz in Vergessenheit, denn viele Adlige neideten Templern und Johannitern

Papst Klemens V.

ihre Privilegien, wozu auch gehörte, daß sie vom Zehnten und anderen Steuern befreit waren.

Im Frühling 1291 eroberten die Moslems den Hafen Akkra, und der Großmeister der Templer starb mit vielen seiner Ritter. Die christliche Welt hatte ihre letzte Bastion im Heiligen Land verloren, und während die Templer sich nach Zypern zurückzogen, mußten sie gründlich über ihre Zukunft nachdenken, denn sie wußten, daß die Rufe nach einer Neuorganisation ihres Ordens bald sehr laut werden würden.

Die Position der Templer in der Öffentlichkeit war jetzt sehr schwierig. Seit vielen Jahren hatten sie sich in dem Ruf gesonnt, nahezu übernatürliche Kampfkraft zu besitzen. Sie hatten sich Schmeicheleien über ihre legendäre Verbindung zu den Gralshütern gefallen lassen und waren glücklich darüber gewesen, als Nachfahren der Ritter der Tafelrunde angesehen zu werden (Quelle: R. Barber, *Knight and Chivalry*). Doch jetzt schienen die guten Zeiten vorüber zu sein.

Nachdem die Moslems sie aus dem Heiligen Land vertrieben hatten, lebten die Templer als lästige Gäste im Königreich Heinrichs von Zypern, und sie würden sich bald etwas einfallen lassen müssen, weil sonst der Ruf nach einer Union mit den Johannitern immer lauter werden würde. Derartige Probleme verlangten nach einem starken und visionären Großmeister, einem würdigen Nachfolger im Sinne des Hugues de Payen, nach jemandem, der den Orden in dieser Zeit der Not neu beleben und das Blatt würde wenden können. Nach dem Tod des Großmeisters William de Beaujeu bei Akkra, wurde Theobald Gaudin gewählt, aber er starb nach nur ein paar Monaten im Amt. Danach erwartete jeder, daß der zweite Mann des Ordens, Hugo von Pairaud, zu seinem Nachfolger gewählt werden würde, aber statt dessen wurde ein Ritter aus einem Dorf in der Nähe von Besançon in Ostfrankreich der letzte Großmeister der Tempelritter – ein Mann, der nach seinem Tod von der Kirche als «zweiter Messias» gefürchtet werden würde.

Der letzte Großmeister der Tempelritter

Jacques de Molay, 1244 geboren, stammte aus dem Landadel und wurde im Alter von einundzwanzig Jahren in der Stadt Beaune an der Côte d'Or in den Orden der Tempelritter aufgenommen. Bei G. Lizerand in *La Dossier de l'Affaire des Templiers* steht zu lesen, daß sein Aufnahmeritual von Humbert von Pairaud, dem englischen Meister des Temple, und unter der Assistenz von Aimery von La Roche, dem französischen Meister des Temple, durchgeführt wurde. Der junge Tempelritter diente dann im Osten unter dem Großmeister William von Beaujeu und traf höchstwahrscheinlich nach dem Konzil von Lyon 1275 in Outremer (wie man die östlichen Länder nannte) ein, dann ungefähr dreißig Jahre alt (Quelle: M.L. Barbour, «James de Molay, the Last Grand Master of the Temple», in: *Studio Monastica* 1972, Bd. 14, S. 91–124). T.W. Parker schreibt in *The Knights Templar in England,* daß de Molay England besuchte und Meister des Temple in England wurde, ehe er zum Großmeister des Ordens gewählt wurde.

Der Historiker Malcolm Barbour, eine Autorität in bezug auf die

Jacques de Molay

Tempelritter, datiert Jacques de Molays Wahl zum Großmeister zwischen April 1292 und dem 8. Dezember 1293. Barbour meint weiter, daß de Molay angeblich die Großmeisterwahl gegen Hugo de Pairaud durch Betrug gewonnen habe. Der einzige Beweis für dunkle Machenschaften ist in der Aussage des Tempelritters Hugo Le Fleur während des Prozesses zu finden – was wiederum Teil der Propaganda gegen die Templer gewesen sein könnte, mit der man de Molay und das Amt des Großmeisters schlechthin in Mißkredit bringen wollte. Diese Geschichte von einem angeblichen Betrug ist auch in einem Buch ausführlich niedergeschrieben, das im achtzehnten Jahrhundert, verfaßt von einem anonymen Autor, auf englisch erschien und den Titel *Secret Societies of the Middle Ages* trägt:

«Als der Orden sein Hauptquartier auf Zypern aufgeschlagen hatte, wurde Jacques de Molay, gebürtig aus Besançon, zum Meister gewählt. De Molay scheint stets einen noblen Charakter gehabt zu haben, aber wenn wir dem Bericht eines Ritters namens Hugo de Travaux Glauben schenken, dann hat er diese Würde mit einem Kunststückchen erlangt, das dem sehr ähnelt, was Sixtus V. vollführte, um Papst zu werden. Laut de Travaux war das Kapitel sich nicht einig. Eine Gruppe war für de Molay, aber der größere Teil für Hugo de Pairaud. Als de Molay merkte, daß er kaum Chancen hatte zu gewinnen, versicherte er einigen der obersten Ritter, daß er das Amt nicht bekleiden und selbst für seinen Rivalen stimmen wolle. Sie glaubten ihm und machten ihn zum Großprior. Jetzt änderte sich sein Benehmen. ‹Das Fundament ist gelegt, jetzt vollendet das Bauwerk auch. Ihr habt mich zum Großprior gemacht, und ob ihr es wollt oder nicht, werde ich auch euer Großmeister.› Die verblüfften Ritter wählten ihn sofort.»

Man kann nur schwer sagen, ob diese Geschichte wahr ist, aber de Molay erwies sich weder als klardenkender militärischer Stratege noch als gerissener Politiker, und deshalb kann man die Erzählung auch als Fall von Neid ansehen.

Kurz nach seiner Wahl besuchte de Molay den frischgekrönten Papst Bonifaz VIII. in Rom. Die Templer hatten beim Fall von Akkra immense Verluste erlitten, und der Meister wollte sich offenbar der Unterstützung des Papstes versichern, um die geschwächte Position des Ordens zu stärken. Es wurde über die Zukunft der Templer gesprochen, und der Papst sprach auch die Frage einer Union mit den Johannitern an. Als Philipp der Schöne später auch einmal auf dieses Thema zu sprechen kam, versicherte de Molay ihm, daß Bonifaz den Gedanken eines Zusammenschlusses der Orden weit von sich gewiesen habe (Quelle: G. Disgard, *Les Registres de Boniface VIII.*). Nach dem Besuch erließ Bonifaz eine Bulle, in der den Templern auf Zypern die gleichen Rechte zugestanden wurden, die sie auch im Heiligen Land gehabt hatten – was de Molays Behauptung bestätigt. Nach seinem Besuch beim Papst reiste de Molay sowohl nach England als auch nach Frankreich und suchte verzweifelt nach Unterstützung für einen neuen Kreuzzug ins Heilige Land, der die Legitimität des Ordens wiederherstellen sollte.

Unterwegs nach London zu einem Treffen mit Edward I. von England, hielt sich de Molay im Pariser Temple auf (Quelle: *Acta Aragonensis* I, 26). Scheinbar stand er dort in gutem Einvernehmen mit dem französischen König, denn er wurde Pate von Philipps Sohn Robert. De Molay hielt auch weiterhin Kontakt zu den europäischen Monarchen, die er auf seiner Reise getroffen hatte, denn man weiß, daß er einen Brief, datiert vom 13. Mai 1304, von Edward I. aus Stirling erhielt, in dem der Meister des englischen Temple de Molays Gunst empfohlen wird. Edward deutete an, daß er irgendwann in ferner Zukunft möglicherweise einen Kreuzzug zur Befreiung des Heiligen Landes führen wolle. Leider ließen ihm seine Angriffe auf Wales und Schottland nie genug Zeit, diesen frommen Wunsch in die Tat umzusetzen (Quelle: M. Barbour zitiert das aus: *Calendar of the Close Rolls 1302-7*).

De Molay blieb bis zum Jahr 1306 auf Zypern, aber sogar diese Insel war immer schwerer zu verteidigen. Die sarazenischen Piraten suchten Limassol heim, wann immer sie wollten, und die einzige Reaktion des Großmeisters bestand darin, die Gefangenen, die sie machten, freizukaufen. De Molay und der Orden gerieten in Mißkredit, als sie den jüngeren Bruder des Königs von Zypern, Amaury, bei einem mißlungenen Staatsstreich unterstützten (Quelle: C. Kohler, *Documents Chypriotes du Début du XIVème Siècle*).

De Molay mußte an die Rückeroberung des Heiligen Landes glauben, denn nur die würde den Templern eine Zukunft sichern. Die Politik Frankreichs jedoch arbeitete gnadenlos gegen ihn, und er war der Monarchie der Kapetinger einfach nicht gewachsen.

Um das Jahr 1306 herum griffen die Johanniter wieder die Insel Rhodos an, was schließlich zur Vertreibung der Türken führte. Als der Deutsche Ritterorden schließlich seine Aufmerksamkeit fast völlig Rußland zuwandte, waren die Templer der einzige untätige Orden. De Molay und seine Männer waren auf ihrem Hauptstützpunkt Zypern ständig neuen Angriffen ausgesetzt, und man sagt, der Großmeister habe sogar einen vollständigen Rückzug nach Frankreich in Erwägung gezogen. Weil sich aber der König von Frankreich mit dem Papst herumstritt, hätte das von Philipp leicht als Drohung aufgefaßt werden können, denn die Templer stellten immer noch eine starke Militärmacht, die dem Papst gegenüber loyal war.

Wir glauben, daß Philipp seinem Marionettenpapst Klemens seine letzte Forderung (die ja zunächst geheim war) nur sechs Monate nach der Krönung eröffnete, denn am 6. Juni 1306 schrieb der Papst an William de Villaret, den Großmeister der Johanniter, und an Jacques de Molay. Er befahl ihnen, sich bei ihm in Frankreich zu treffen, damit man über eine Vereinigung der beiden Orden sprechen könne. Dabei wies er sie an, «(...) ohne jedes Aufsehen zu reisen, mit sehr kleinem Gefolge, denn Ihr werdet auf dieser Seite des Meeres genug von Euren Rittern finden» (Quelle: Anonymus, *Secret Societies of the Middle Ages*).

De Villaret antwortete, daß er nicht teilnehmen könne, weil er sich mitten in einem entscheidenden Angriff auf die Insel Rhodos befände, und man kann davon ausgehen, daß Papst Klemens und König Philipp sehr gut wußten, daß der Johanniter sich in einem solchen Moment nicht von der Front entfernen würde. De Molay hingegen hatte nicht mehr zu tun, als die üblichen Attacken der Moslems auf Limassol abzuwehren, und er hatte somit keine ausreichende Entschuldigung, um den Besuch in Frankreich zu verweigern. Wahrscheinlich war der Großmeister der Templer sogar froh, den Scharmützeln einmal eine Zeitlang zu entfliehen, und er segelte mit einer Flotte von achtzehn Schiffen in Richtung La Rochelle.

Ein Schiff hätte völlig ausgereicht, und de Molay muß eine bestimmte Absicht verfolgt haben, daß er mit einer ganzen Flotte kam. Seine Auffassung von einem «kleinen Gefolge» war genauso eigen, denn dieses bestand aus nicht weniger als sechzig seiner besten Ritter. Dazu hatte er 150.000 Goldflorins und zwölf mit Silber beladene Lastpferde dabei (Quelle: F.W. Bussell, *Religious Thought and Heresy in the Middle Ages*). Daraus kann man nur schließen, daß de Molay wußte, wie sehr Papst Klemens nach Philipps Pfeife tanzte. Falls das Gespräch zu seinen Ungunsten verlaufen sollte, hoffte er die Gunst des Königs kaufen und damit die drohende Auflösung seines Ordens verhindern zu können.

Die Flotte ging in La Rochelle vor Anker, und de Molay und seine Entourage machten sich auf den Weg in den Pariser Temple. Als der

Konvoi in Paris eintraf, begrüßte der König den Großmeister mit allem erdenklichen Pomp. De Molay deponierte die transportable Schatztruhe des Ordens im Temple, von dem verschuldeten und finanziell ziemlich ruinierten König genauestens beobachtet.

Der folgende Abschnitt aus H. de Curzons *La Maison du Temple de Paris* beweist, daß Philipp persönlich bereits tief bei den Templern verschuldet war:

> «Philipp der Schöne profitierte mehr als jeder andere von dieser bequemen Art, an Geld zu kommen [das er sich vom Schatzamt des Pariser Temple borgte], aber er zahlte ungern zurück. Am 29. Mai 1297 lieh er 2500 Pfund von den Templern, für die er einen Schuldschein unterschrieb. Später lieh er sich beim Schatzamt des Temple zweihunderttausend Florins aus. Dieser zusätzliche Kredit geschah ohne Wissen des Großmeisters Jacques de Molay, und der Schatzmeister wurde aus dem Orden ausgestoßen, obwohl der König sich für ihn einsetzte.»

De Molay meinte wahrscheinlich, Philipp jetzt da zu haben, wo er ihn haben wollte – in der Schuldenfalle. Wenn es ihm nicht gelang, die Schuld wieder einzutreiben, könnte er ja die Zusammenarbeit mit dem König durch einen großzügigen Kredit sichern. Als Eröffnungszug seiner letzten großen Schlacht verfaßte de Molay ein Memorandum an Papst Klemens, in dem alle Gründe aufgeführt waren, die die Templer eine Vereinigung mit den Johannitern ablehnen ließen. Die sechs Gründe, die er anführte, lauteten:

1. Das Neue ist nicht immer das Beste. Die Orden hatten, so wie sie waren, gute Arbeit in Palästina geleistet, und er benutzte, kurz gesagt, das Argument, das alle Gegner von Reformen anwenden: Alles geht gut, so wie es ist.
2. Da die Orden nicht nur weltlich, sondern auch geistlich orientiert wären und viele sie wegen ihres Seelenheils aufgesucht hätten, könne man diese Entscheidung jetzt nicht einfach ignorieren, indem man sie zwang, in einen anderen Orden einzutreten.
3. Ein Streit wäre vorprogrammiert, denn jeder Orden würde sein

eigenes Vermögen und seinen Einfluß wahren wollen und danach streben, seinen Regeln den Vorrang zu geben.

4. Die Templer würden immer freigiebig spenden, während die Johanniter alles zusammenrafften – ein Unterschied, der Streitigkeiten provozieren könnte.
5. Da die Templer von den gläubigen Laien mehr Spenden erhielten als die Johanniter, würden sie einen Verlust erleiden oder zumindest wegen ihrer großen Anhängerschar Neid erregen.
6. Zwischen den Anführern der beiden Orden würde es wegen der Ernennung der Oberen Streit geben.

De Molay konnte natürlich nicht die wahren Gründe dafür offenbaren, warum die Templer nicht mit den Johannitern einen Orden bilden konnten, nämlich daß sie sich insgeheim für die wiedererstandene Priesterschaft des Jerusalemer Tempels hielten. Nach weiteren Gesprächen über einen möglichen neuen Kreuzzug im Nahen Osten, den er für zwecklos hielt, solange sich nicht alle christlichen Mächte zusammenschlossen, verließ de Molay den Papst und kehrte nach Paris zurück.

Im Frühling des nächsten Jahres begann de Molay, sich ernsthaft Sorgen zu machen, denn in Frankreich kursierten vage Gerüchte, daß die Templer Unbotmäßigkeiten begangen hätten, und er entschloß sich, Klemens einen weiteren Besuch abzustatten. In Begleitung der Präzeptoren von Aquitanien, Frankreich und Outremer reiste der Großmeister nach Poitiers zum Papst. Klemens teilte den Templern mit, er hätte von seinem Schatzmeister, Kardinal Cantilupo, erfahren, daß gegen den Orden schwere Anklagen über unterschiedliche Verbrechen vorgebracht worden seien. Der Papst schien sich mit den Unschuldsbeteuerungen der obersten Templer zufriedenzugeben, und der Großmeister kehrte mit seinem Stab nach Paris zurück. Er glaubte, alle Zweifel an der Loyalität und den guten Absichten der Templer zerstreut zu haben.

Das Volk von Frankreich litt unter Philipps hohen Steuern und der wachsenden Inflation, und vielerorts stand man kurz vor einer Rebellion. Bei einer Gelegenheit stachelten zwei Männer eine große Menschenmenge in Paris zu einem Aufstand auf, der solche Ausmaße annahm, daß das Leben des Königs gefährdet war. Er wurde nur dadurch vor dem Mob gerettet, daß die Templer ihm in ihrem befestigten Temple Zuflucht gewährten. Er mußte drei Tage bleiben, ehe der Aufstand niedergeschlagen war (Quelle: J.J. Robinson, *Born in Blood).*

Die beiden Aufrührer, Squin Flexian und sein Komplize Noffo Dei, waren gefangengenommen worden, und als man sie ins Gefängnis warf, gestanden sie, früher einmal Templer gewesen zu sein. Als der König hörte, daß es sich bei diesen Kriminellen um ehemalige Tempelritter handelte, ersuchte er seinen Kanzler, mehr über die beiden herauszufinden. De Nogaret berichtete ihm, daß Squin Flexian aus Béziers stammte und Tempelritter und Prior von Mantfauçon gewesen war, ehe man ihn aus dem Orden ausgestoßen hatte. Noffo Dei, ein Florentiner, war ein unangenehmer Zeitgenosse und als «Mann, der zu allen Untaten fähig ist», beschrieben.

Ob der König nun einen Handel vorschlug oder ob die beiden Gefangenen ihrerseits auf die Idee kamen, ist nicht sicher, aber plötzlich hatte Philipp zwei ehemalige Templer in seiner Gewalt, die bereit waren, den Orden der Ketzerei und wollüstiger Ausschweifungen anzuklagen, wenn sie dafür nur freikämen. Das Paar wurde sofort nach Paris geschafft und dem König vorgeführt, dem sie eine Reihe von Verbrechen nannten, derer sich die Tempelritter angeblich schuldig gemacht hatten:

1. Jeder Templer muß bei seinem Eintritt schwören, den Orden nie zu verlassen und dessen Interessen zu fördern, mögen sie richtig oder falsch sein.
2. Die Leiter des Ordens sind insgeheim Verbündete der Sarazenen und hängen mehr dem mohammedanischen als dem christlichen Glauben an. Um das zu beweisen, muß jeder Novize das Kreuz anspucken und es mit Füßen treten und auch sonst seinen Glauben auf jede Weise verunglimpfen.
3. Die Leiter des Ordens sind ketzerische, grausame und unfromme Männer. Wenn ein Novize, der die Verbrechen des Ordens entdeckt hat, austreten will, bringen sie ihn um und begraben ihn heimlich des Nachts. Den Frauen, die von ihnen schwanger werden, bringen sie bei, wie man Abtreibungen durchführt oder die neugeborenen Kinder ermordet.

4. Die Templer sind mit allen Irrtümern der Fraticelli infiziert. Sie verachten den Papst und die Autorität der Kirche. Sie verabscheuen die Sakramente, besonders die der Buße und der Beichte. Um der Entdeckung zu entgehen, geben sie sich den Anschein, treue Gläubige zu sein.
5. Ihre Anführer pflegen die infamsten Unzüchtigkeiten, zu denen jeder, der sich weigert, mittels Einkerkerung gezwungen wird.
6. Die Häuser der Templer sind Orte, an denen jede nur denkbare Schlechtigkeit begangen wird.
7. Der Orden fördert es, daß das Heilige Land in die Hände der Sarazenen fällt, und begünstigt diese mehr als die Christen.
8. Die Einführung des Meisters findet im geheimen statt, und nur wenige der jüngeren Brüder sind dabei anwesend. Doch hegt man den starken Verdacht, daß er den christlichen Glauben leugnet oder etwas verspricht oder tut, was nicht rechtens ist.
9. Viele Statuten des Ordens sind ungesetzlich, profan und widersprechen der christlichen Religion. Deshalb ist es den Angehörigen des Ordens auch verboten, sie preiszugeben, selbst unter der Folter müssen sie schweigen.
10. Verbrechen oder Untaten, die zum Wohle des Ordens geschehen, werden nicht als Sünde angesehen.

Jetzt war es soweit. Philipp der Schöne hatte den Segen des Papstes, um sich das Vermögen der Templer zu holen, das den größten Schatz der Christenheit darstellte.

Zufälligerweise gelang es uns, als wir die Gefangennahme der Templer untersuchten, eines der größten Geheimnisse der Vergangenheit zu lösen – die Herkunft des Grabtuches von Turin.

Die romantische Verklärung von tapferen Rittern und Heldentaten mit fast magischen Qualitäten begann im Laufe des dreizehnten Jahrhunderts zu verblassen, und zu Beginn des vierzehnten Jahrhunderts stand das Christentum kurz vor der Katastrophe. Trotz großen finanziellen Einsatzes und dem Opfer vieler Menschenleben waren die Armeen Europas von den Moslems geschlagen worden, und das Papsttum war zur Geisel eines bankrotten französischen Königs verkommen. In Frankreich herrschten schwere Zeiten, das Geld war knapp, Seuchen wüteten, und die Kirche konnte die Massen weder leiten noch inspirieren.

Seit das Heilige Land für immer verloren war, waren die Tempelritter zu einem Orden ohne Zweck und Ziel geworden. Sie hatten immer noch ihre geheimen Rituale und besaßen großen Reichtum, aber ihr letzter Großmeister kämpfte jetzt gegen einen schwachen Papst und einen raffgierigen König ums nackte Überleben.

7
Das Rätsel des Grabtuches

Glaube ist blind

Obwohl wir in einem Zeitalter leben, das auf Vernunft aufbaut, weiß jeder Mann und jede Frau, die durch die Leiden Jesu einen Weg zu Gott gefunden haben, daß ihr nicht hinterfragter Glaube an seine körperliche Auferstehung das Kernstück ihrer Beziehung zu ihrem Schöpfer bildet. Einen absoluten Beweis dafür zu haben, daß der Sohn Gottes für sie gestorben ist, würde den Glauben zu einfach machen und zu sehr dem Leben an sich ähnlich – sachlich und illusionslos.

Jede Spiritualität erfordert eine Art Mysterium und Mehrdeutigkeit, denn wenn es nicht so wäre, würde Logik die menschliche Seele steril machen und festgelegte, ganz sichere Behauptungen würden jede Hoffnung töten. Trotzdem haben im Alltagsleben die meisten von uns gelernt, ihren Augen zu trauen, und der religiöse Glaube bringt uns dazu, in dem schwierigen Gegensatz zwischen den Regeln der erlebten, gesehenen Welt und denen der Welt, die wir nicht mit eigenen Augen sehen können, zu leben.

Einfach gesagt: Wunder verleugnen die Wissenschaften, und die Wissenschaften verleugnen Wunder.

Doch ganz selten geschieht etwas, das diesen Gegensatz scheinbar überwindet, dann nämlich, wenn die «Naturwissenschaften» – der alte Erzfeind der Religion – die Rationalität des christlichen Glaubens unterstützen können. Eines der besten Beispiele für einen solchen seltenen Vorfall entstand durch ein kleines Stück verblichenes Leinen, das gegenwärtig im Seitenschiff der Kathedrale San Giovanni Battista in der italienischen Stadt Turin aufbewahrt wird.

Dieses Stück Stoff ist deshalb etwas Besonderes, weil darauf das schwache Abbild eines Gesichtes zu sehen ist, das wundersamerweise in die Stoffasern eingebrannt zu sein scheint. Auf dem Stoff sind Rücken und Vorderseite eines Mannes zu sehen, der offenbar brutal geschlagen und dann gekreuzigt wurde. Die am Körperabdruck erkennbaren Verletzungen entsprechen genau denen, die in der Bibel von der Kreuzigung Jesu berichtet werden – bis hin zu den Geißelhieben, den Nagelwunden, der Kopfverletzung und der Speerwunde in der Seite.

Es ist das berühmte Grabtuch von Turin, ein Schatz, von dem viele glauben, daß er die historische Wahrheit von der Kreuzigung und der Auferstehung Jesu Christi belegt.

Die Nachforschungen zu unserem vorigen Buch hatten uns zu der Vermutung veranlaßt, daß dieses berühmte Grabtuch von den Tempelrittern stammte, aber wir hatten noch keine Beweise finden können, die das Abbild erklärt hätten.

Nachdem wir nun ausgearbeitet hatten, daß der französische König Philipp IV. mit Hilfe eines wohldurchdachten Planes an das Vermögen der Templer kommen wollte, fanden wir auch heraus, daß ihm zwei Geständnisse von ehemaligen Templern untergekommen waren, die ihn mit allen Vorwänden versorgten, die er brauchte, um gegen die Tempelritter vorzugehen. Ehe wir damit fortfuhren, die Verhaftung der Templer in allen Einzelheiten zu untersuchen, hatten wir das Bedürfnis, eine Frage zu klären, die wir ursprünglich gar nicht in Erwägung gezogen hatten: Ist das Gesicht auf dem Grabtuch von Turin das von Jacques de Molay, dem letzten Großmeister der Tempelritter?

Die Geschichte des Grabtuches

Trotz der Beteuerungen verschiedener christlicher Forscher gibt es keinen Beweis dafür, daß es das Grabtuch vor seiner ersten öffentlichen Präsentation im Jahr 1357 vor der kleinen Kirche der französischen Stadt Lirey überhaupt schon gab. Das Leintuch mit dem gut sichtbaren Abbild des gekreuzigten Christus wurde der Kirche von Jeanne de Vergy zur Verfügung gestellt, der Witwe des Geoffroi de

Charney, eines Landadligen, der ein Jahr zuvor im September gestorben war. Die Menschen von Lirey erkannten rasch die Bedeutung dieser großartigen Reliquie, und man prägte bei dieser Gelegenheit eine besondere Medaille, auf der das Wappen von Geoffroi und Jeanne zu sehen war.

Das Leichentuch entpuppte sich als Erfolg und zog viele Pilger an, so daß die zuvor unbekannte Kirche bald in ganz Frankreich ein Begriff war. Viele Monate lang ging alles gut, aber dann fand die öffentliche Präsentation ein abruptes Ende, als sich Henri de Poitiers, der Bischof von Troyes, einschaltete und den Befehl gab, das Tuch zu vernichten. Irgendwie gelang es Jeanne de Vergy, diesen Befehl zu umgehen, und das Leichentuch wurde über dreißig Jahre lang versteckt, bis ein anderes Mitglied der Familie Charney, ebenfalls mit dem Namen Geoffroi, es 1389 wieder öffentlich zeigte.

Dieser Geoffroi de Charney starb 1398, und das Grabtuch ging in den Besitz seiner Tochter Margaret und ihres Gatten Humbert über, des Grafen de la Roche, die die Reliquie sicher im Schloß Montfort aufbewahrten. Fünfundfünfzig Jahre später tauschte die hochbetagte Margaret das Leichentuch mit dem Herzog Louis von Savoyen (dem Sohn von Papst Felix V.) gegen zwei Schlösser. Die Familie Savoyen stellte später die Könige von Italien und hat das Leichentuch seit 1453 ständig in ihrem Besitz gehabt. Noch heute gehört es der Familie Savoyen, die es stets in der Kapelle des heiligen Grabtuches der Kathedrale San Giovanni Battista in Turin aufbewahrt, und das seit über dreihundert Jahren.

Im Jahr 1898 beschloß der junge Staat Italien, das fünfzigjährige Jubiläum des *Statuto*, der Verfassung von Sardinien, der Grundlage der italienischen Verfassung, zu feiern. Für uns war es sehr interessant herauszufinden, daß die Familie Savoyen seit 1720 auch die Könige von Sardinien stellte und intensiv an der Erstellung jener Verfassung beteiligt gewesen war. Wie immer in Italien war jede Stadt im ganzen Land bemüht, die anderen durch das farbigste und beeindruckendste Fest für diese Gelegenheit auszustechen. Als größte Stadt des alten Piemont plante Turin eine Reihe von Festen, wozu auch eine Ausstellung der heiligsten Reliquie der Stadt gehören sollte – des Grabtuches Jesu Christi.

Baron Antonio Manno wurde zum Vorsitzenden des Komitees für kirchliche Kunst ernannt und sollte Ausstellungen von Artefakten koordinieren – wozu eben auch das wundersame Laken gehörte, von dem die Gläubigen dachten, es hätte den Leib Christi im Grab umhüllt. Den Beteiligten kam der Gedanke, es wäre eine gute Gelegenheit, das Leichentuch zu fotografieren, und trotz vieler Widerstände wurde ein Amateurfotograf namens Secondo Pia damit beauftragt, das Leichentuch am 28. Mai 1898 abzulichten.

Pia war begeistert, als er die entwickelten Platten in Augenschein nahm, denn sie zeigten ein klareres Abbild als je zuvor. Später schrieb er über dieses Erlebnis:

> «Als ich so in meiner Dunkelkammer stand und ganz auf meine Arbeit konzentriert war, überwältigten mich starke Gefühle, als ich während der Entwicklung zum ersten Mal das heilige Gesicht auf der Platte erblickte. Es war so deutlich, daß es mich verblüffte. Das war ein unvergeßlicher Augenblick, und das Wunder überwältigte mich.» (Quelle: G. Pia, «The First Photograph of the Holy Shroud», in: *Sindon*, April 1960)

Die beiden Platten, die Pia herstellte, waren Negative, die die Farben umgekehrt angaben, so daß ein «natürliches» Bild entstand, auf dem die erhobenen Körperteile heller waren und eingesunkene Körperteile wie die Augenhöhlen dunkler. Diese neue Ansicht des Leichentuches nahm die Phantasie der ganzen Welt gefangen, und seitdem gibt es erbitterte Debatten darüber, ob es sich nun um das Bild Jesu Christi handelt oder nicht.

Woher stammt das Grabtuch?

Die stoffspezifischen Charakteristika des Grabtuchs sind leicht zu definieren, es ist nie ergründet worden, warum das Abbild darauf ist.

Bei dem Stoff handelt es sich um ein recht kompliziertes Fischgrätmuster aus dreifädigem Twill, der zu Beginn des vierzehnten Jahrhunderts erstmals in Europa hergestellt wurde. Diese späte Datierung war für alle diejenigen ein Problem, die es für eine christliche Reliquie halten. Es ist nicht völlig unmöglich, daß ein solches Laken bereits im ersten Jahrhundert gewebt wurde, aber es ist doch höchst unwahrscheinlich. Selbst Autoren, die behaupten, das Leintuch trage das Bild Christi, geben zu, daß die Webart eine entscheidende Schwachstelle ihrer Theorie darstellt (dazu gehören auch H. Kersten & E.R. Gruber, *Die Jesus-Verschwörung*).

Eine andere Informationsquelle über Herkunft und Geschichte des Grabtuches waren die Spuren von Pflanzenpollen, die man auf den Fasern des Stoffes fand. Dr. Max Frei-Sulzer, ein Schweizer Gerichtsmediziner, hatte die Idee, das Tuch auf Pollenspuren zu untersuchen, um herauszufinden, in welchen Gegenden der Welt der Stoff schon gewesen war (Quelle: Dr. Frei-Sulzer, «Nine years of palnological studies on the Shroud» in: *Shroud Spectrum International* 1(3), 3.–7. Juni 1982). Dr. Frei-Sulzers Analyse zeigte, daß auf dem Leichentuch wirklich jede Menge Pollenspuren zurückgeblieben waren, aber keine davon stammte von Olivenbäumen, was eine Herkunft aus dem Heiligen Land bewiesen hätte, denn in Israel wuchsen von jeher viele Bäume dieser Art. Diese Untersuchung wurde später von israelischen Wissenschaftlern bestätigt.

Viele Jahre lang wurde das wichtigste zur Verfügung stehende Testverfahren den beteiligten Wissenschaftlern verboten, denn es hätte mit sich gebracht, daß ein Teil des Leichentuches zerstört werden mußte. Diese Technik, die den Namen Radiocarbon-Test oder Kohlenstoff-Datierung trägt, war verweigert worden, weil die Stoffmenge, die man dafür hätte entnehmen müssen, zu groß gewesen wäre. Doch die Technik wurde ständig verbessert, und man kam zu dem Punkt, an dem der mögliche Schaden an dem Leichentuch als akzeptabel angesehen wurde. Im Oktober 1986 erschien in der Nummer 323 der Zeitschrift *Nature* ein Artikel von Philip Campbell mit dem Titel: «Shroud to be dated». *Nature* ist eine der angesehensten naturwissenschaftlichen Zeitschriften der Welt, und es wurde darin angekündigt, daß das berühmte Stück Leinen endlich nach wissenschaftlichen Methoden datiert werden sollte:

«Die römisch-katholische Kirche wird an einer ihrer berühmtesten Reliquien folgende Untersuchung durchführen lassen: Stücke des Grabtuches von Turin werden an sieben Labors auf der ganzen Welt gegeben, die einen Radiocarbon-Test durchführen werden. Wenn man die Genauigkeit der heutigen Techniken in Betracht zieht, so können weniger als fünf Milligramm Stoff zu einer genauen Datierung von plus/minus sechzig Jahren führen. Wenn man alle Resultate der Laboruntersuchungen zusammenfaßt, könnte die Genauigkeit noch größer sein (...)»

Diese Datierungsmethode stützt sich auf die Tatsache, daß lebendige Materialien Kohlendioxid absorbieren, ein Gas, das ein Atom Kohlenstoff und zwei Atome Sauerstoff enthält. Die meisten Carbon-Atome enthalten dreizehn Kernteilchen – diese Form nennt man Carbon-13 (C-13) –, aber es gibt auch andere Formen dieses Elements. In den höheren Regionen der Erdatmosphäre werden die Elemente von kosmischen Strahlen getroffen und so eine radioaktive Form mit einem Nucleus von vierzehn Kernteilchen erzeugt. Dieses Carbon-14 (C-14) ist ein instabiles, radioaktives Isotop, das mit der Zeit seine «überzähligen» Kernteilchen verliert und zu «normalem» Kohlenstoff wird. Der Zeitraum, in dem das geschieht, ist seit 1950, als Willard Libby zum ersten Mal vorschlug, diesen Vorgang zu benutzen, um ehemals lebendige Stoffe zu datieren, intensiv erforscht worden.

Alle Grünpflanzen ernähren sich, indem sie das Sonnenlicht in einem Photosynthese genannten Vorgang absorbieren. Bei diesem Prozeß nehmen sie Kohlendioxid auf und verwandeln es in Zucker und Sauerstoff. In dem Kohlendioxid, das sie aufnehmen, sind geringe Mengen des hochaktiven C-14 enthalten, und solange die Pflanze lebt, bleibt die Menge von C-14 konstant. Wenn die Pflanze stirbt, baut sich das C-14 in einem Maß, das man inzwischen kennt, immer weiter ab.

So ist es möglich, festzustellen, wann eine Pflanze aufgehört hat zu leben. Die gleiche Messung kann bei Tieren durchgeführt werden, weil sie durch das Fressen von Grünpflanzen C-14 aufnehmen. Die richtige Datierung kann gefunden werden, wenn Wissenschaftler den Rest von C-14 in dem Objekt messen und dieses Ergebnis mit Standardkurven vergleichen. So kann man den Zeitpunkt errechnen, an dem das Objekt aufgehört hat zu leben, aber um möglichen Irrtümern, die bei der Messung passieren können, vorzubeugen, berücksichtigen die Wissenschaftler immer eine gewisse Abweichung von einigen Jahren vor und nach dem errechneten Datum (Quelle: S. Bowman, *Interpreting the Past, Radiocarbon Dating*).

Nachdem man sich entschlossen hatte, diese Testmethode bei dem Grabtuch anzuwenden, wurde das Britische Museum gebeten, die Abnahme der Proben zu überwachen und die statistische Analyse der Ergebnisse durchzuführen. Schließlich wählte man drei Labors in Oxford, Zürich und Arizona aus, und nach einem Treffen im Britischen Museum im Januar 1988 wurde dem Erzbischof von Turin der Plan für das Experiment vorgelegt, und er gab seine Einwilligung.

In der Runde der Grabtuch-Forscher hegte man erhebliches Mißtrauen bezüglich der Motive des Vatikans, und es kam schließlich sogar zu einem Brief an *Nature.* Geschrieben wurde er von D. Dutton im Namen des US-Komitees für wissenschaftliche Untersuchungen des Paranormalen, und er trägt den Titel «Still shrouded in mystery»:

> «Woher sollen unabhängige Beobachter wissen, ob die Proben für die Testlaboratorien wirklich vom Grabtuch stammen? Müssen wir hier einfach nur auf das Wort des Vatikans vertrauen?»

Die Antwort von Dr. Tites vom Britischen Museum wurde im darauffolgenden Monat in *Nature* veröffentlicht, und er versicherte jedem, die Rolle des Britischen Museums bestünde darin, dafür zu sorgen, daß die Beweiskette nicht unterbrochen würde. Er gab sich eindeutig in der Rolle des unparteiischen Beobachters:

> «(...) ich darf Dutton versichern, daß das Britische Museum sich sofort als unparteiischer Gutachter zurückziehen würde, sollte auch nur der leiseste Verdacht aufkommen, daß die Proben verfälscht wurden.»

Im darauffolgenden Jahr im April veröffentlichte Tites im voraus alle Testreihen, die man im Laufe des Experimentes durchführen würde, und kündigte auch an, daß in angemessener Zeit eine wissenschaftliche Abhandlung in *Nature* erscheinen würde, die über das gesamte Experiment Bericht erstatten würde. Das stellte den Großteil der naturwissenschaftlichen Gemeinde zufrieden, obwohl auch noch vereinzelt spekuliert wurde, daß das Grabtuch, wenn es wirklich Christus eingehüllt hatte, während des heiligen Prozesses der Auferstehung durch Neutronen verstrahlt worden sei – was letztendlich die radioaktiven Teilchen des C-14 unschädlich gemacht haben könnte. Woher allerdings der Vertreter dieser These wußte, daß der überirdische Prozeß der Auferstehung auch die sehr weltliche Emission von Neutronen beinhaltete, wurde nicht näher erklärt.

Am 21. April 1988 wurden in Gegenwart von anerkannten Zeugen Proben des Grabtuches entnommen. Zusammen mit drei Kontrollproben wurden sie den Laboratorien in Zürich, Oxford und Arizona übergeben. Die Herkunft der Kontrollproben war den testenden Labors nicht bekannt, so daß die Genauigkeit ihrer Ergebnisse mit den bekannten Daten verglichen werden konnte. Die benutzten Proben waren:

Probe 1: ein Stück des Grabtuchs von Turin.
Probe 2: ein Stück Leinen aus einem christlichen Grab in Qasr Obrim in Ägypten aus dem elften oder zwölften Jahrhundert.
Probe 3: ein Stück Leinen aus einem Grab in Theben, ungefähr aus dem Jahr 75 stammend.
Probe 4: Fäden aus dem Chormantel des heiligen Ludwig von Anjou aus der Basilika St. Maximin, der bekanntermaßen aus der Mitte des dreizehnten Jahrhunderts stammte.

Die drei Labors willigten ein, ihre Ergebnisse erst dann miteinander zu vergleichen, wenn sie diese dem Britischen Museum übermittelt hatten. Das Grabtuch war großen und unterschiedlichen Verschmutzungen ausgesetzt gewesen, und deshalb benutzten die Laboratorien unterschiedliche mechanische und chemische Reinigungsprozeduren, um soviel wie möglich zu entfernen. Als alle Messungen abgeschlossen waren, wurden die Ergebnisse der insgesamt fünfzig Einzelexperimente, die in allen drei Laboratorien zusammen durchgeführt worden waren, an das Britische Museum weitergereicht, das dann eine statistische Analyse der Beweise vornahm.

Die Schätzungen und die Altersbestimmungskurven wurden in allen Einzelheiten in einem Artikel in *Nature* veröffentlicht, damit Zweifler Methoden und die Genauigkeit der Schätzungen überprüfen konnten. Das Ergebnis war eindeutig und zeigte, daß die Flachspflanzen, aus denen das Grabtuch gewebt worden war, mit fünfundneunzigprozentiger Wahrscheinlichkeit zwischen 1260 und 1390 aufgehört hatten zu leben.

Die Datierung fällt somit genau in die Zeit des Niedergangs der Templer und der Verhaftung von Jacques de Molay.

Die Ergebnisse der Probe aus dem Mantel des heiligen Ludwig ergaben mit fünfundneunzigprozentiger Sicherheit, daß der Mantel zwischen 1263 und 1283 gefertigt worden war, was sehr genau ist, denn der Heilige ist 1270 im Alter von sechsundfünfzig Jahren gestorben. Die Ergebnisse der anderen Proben waren ebenso präzise, wenn man die Radiocarbon-Ergebnisse mit den Daten verglich, die man aus anderen Quellen über die Objekte hatte.

Das Ergebnis ließ keinen Zweifel am Alter des Leinens des Grabtuchs zu. Alle, die die Messungen durchgeführt hatten, meinten:

> «Diese Ergebnisse liefern den schlüssigen Beweis, daß das Leinen des Grabtuchs von Turin aus dem Mittelalter stammt.»

Dieser sichere wissenschaftliche Beweis für die mittelalterliche Herkunft des Grabtuches schuf ein großes Problem für die Sindonologen, wie die Menschen, die sich über die Herkunft des Grabtuches Gedanken machen, sich selbst nennen. Die meisten Arbeiten über das Tuch hatten bisher versucht zu beweisen, daß es sich bei dem Tuch tatsächlich um das Grabtuch Jesu handelte, und es war viel Erfindungsreichtum aufgewendet worden, um andere mögliche Grabtücher als Reliquien auszuschließen. Alle diese Arbeiten waren nun durch die Radiocarbon-Analyse ad absurdum geführt worden, und es gab keine Theorie mehr, die zu den neuen bekannten Fakten paßte.

Die Radiocarbon-Datierung hätte dieser Debatte eigentlich ein Ende setzen müssen, aber diejenigen, die sich verzweifelt wünschten, das

Bild auf dem Grabtuch sei das ihres Erlösers, ließen nicht zu, daß die Naturwissenschaft den Sieg davontrug.

Verschiedene Autoren haben die Datierung kritisiert. Dazu gehören auch Holger Kersten und Elmar Gruber, die in ihrem Buch *Die Jesus-Verschwörung* behaupten, daß die drei Laboratorien, das Britische Museum und die römisch-katholische Kirche sich miteinander verschworen und die Öffentlichkeit vorsätzlich in die Irre geführt hätten, indem sie die Proben aus dem Mantel Ludwigs des Heiligen mit denen aus dem Grabtuch vertauschten. Sie zitieren skurrile Pamphlete aus radikal-katholischen Kreisen, die Dr. Michael Tites vom Britischen Museum schlicht des Betrugs beschuldigen. Ihre Schlußfolgerung scheint zu sein, daß die Kirche unbedingt die Herkunft des Grabtuches verheimlichen will, weil der Abdruck im Tuch nur durch einen lebenden Körper entstehen konnte. Das sehen sie als Beweis dafür, daß Jesus nach der Kreuzigung noch lebte, eine Tatsache, die die katholische Kirche eben verheimlichen wolle. Jedoch bereitete ihnen diese Vorstellung spätestens dann erhebliche Probleme, als sie zu erklären versuchten, warum drei Universitätslaboratorien mit hervorragendem Ruf ebendiesen Ruf durch ein derart unprofessionelles Verhalten aufs Spiel gesetzt haben sollten.

Ein paar Ursprungstheorien

Es sind einige Autoren mit Theorien über das Grabtuch an die Öffentlichkeit getreten, die höchst unwahrscheinlich sind, obwohl sie wissenschaftlich gesehen nicht völlig unmöglich sind. Dr. Nicholas Allen von der Universität Durban-Westville in Südafrika hat im *South African Journal* vom 11. November 1993 einen Artikel publiziert, in dem er eine eingehende Untersuchung dafür anführt, daß das Bild auf dem Grabtuch durch eine Form primitiver Fotografie, bei der man entweder Silbernitrat oder Silbersulfat benutzte, zustande kam. Seine detaillierte chemische Analyse ist sicher genau, und seine praktischen Experimente mit einer Camera obscura zeitigten hervorragende Ergebnisse. Trotzdem – der Prozeß war kompliziert und sehr langsam, erforderte viele Stunden Sonnenlicht, und obwohl es vom wissenschaftlichen

Standpunkt aus keinen Makel gab, machte Dr. Allen keinen Vorschlag, wie und bei welcher Gelegenheit das «Foto» gemacht worden sein könnte. Er versäumte es auch, seine chemischen Thesen mit dem bekannten Oberflächenzustand des Grabtuches zu verbinden. Seine Arbeit faßte er wie folgt zusammen:

> «Deshalb scheint es (...) daß die hypothetische fotografische Technik (...) die einzige plausible Erklärung für die Abbildungen auf dem Grabtuch ist (...) und es weist außerdem darauf hin, daß man Ende des dreizehnten und zu Anfang des vierzehnten Jahrhunderts eine fotografische Technologie kannte, von der man bis vor kurzem nichts wußte.» (Quelle: N.P.L. Allen, «Verification of the Nature and Causes of the Photo-negative Images on the Shroud of Lirey-Chambery-Turin»)

Welch ein Quantensprung der Logik!

Unter Nutzung der wissenschaftlichen Plausibilität von Dr. Allens Fotografie-These veröffentlichte das britische Paar Lynn Picket und Clive Prince das Buch *Turin Shroud,* in dem durch Experimente «bewiesen» wird, daß es Leonardo da Vinci möglich war, das Grabtuch mittels einer fotografischen Technik herzustellen, wobei er ausschließlich Materialien benutzte, die es im fünfzehnten Jahrhundert gab. Diese Herkunftstheorie ist mit besonderen Schwierigkeiten belastet, denn das Grabtuch wurde zum ersten Mal fast hundert Jahre vor Leonardos Geburt gezeigt. Nur weil man heute eine Technik mit alten Materialien rekonstruieren kann, heißt das noch lange nicht, daß man sie früher auch ausführen konnte. Es wurde kein plausibler Grund dafür genannt, warum Leonardo den Wunsch gehabt haben könnte, ein solches Bild herzustellen, und sich dann auch noch die Mühe machte, das echte Grabtuch gegen seine Kopie auszutauschen. Der Austausch wäre auch eine ziemlich schwierige Übung gewesen, denn das Grabtuch wurde an die Familie Savoyen verkauft, als Leonardo gerade ein Jahr alt war, und seine Geschichte ist lückenlos dokumentiert.

Mal ganz abgesehen davon, daß Leonardo das echte Grabtuch unmöglich gegen einen Schnappschuß von sich austauschen konnte, ist ganz leicht zu beweisen, daß das Grabtuch keine Fotografie ist.

Picket und Prince konzentrierten ihre Aufmerksamkeit auf den Kopf des Bildes auf dem Grabtuch, weil dieser lange Haare und einen Bart aufweist... genau wie Leonardo. Wenn sie sich die Stellung des Körpers genauer angeschaut hätten, hätten sie gemerkt, daß es in dem Bild keine perspektivische Verkürzung gibt, wie es bei einer Fotografie unweigerlich der Fall ist – wir werden das später ausführlich erklären.

Die andere Haupttheorie über die Herkunft des Grabtuches verfolgt die Vorstellung, daß es sich um ein Gemälde handelt, das von einem hervorragenden Künstler des Mittelalters geschaffen wurde. Aus drei gewichtigen Gründen kann diese Theorie nicht greifen:

1. Kein Künstler des Mittelalters malte so lebensecht und völlig bar jeglicher Einflüsse der Kunst. Es gibt zwar Verzerrungen auf dem Grabtuch, aber diese sind nicht auf künstlerische Interpretationsfreiheit zurückzuführen.
2. Kein mittelalterlicher Maler hätte jemals ein Negativbild gemalt. Diese Technik kam erst nach der Erfindung der Fotografie auf.
3. Alle bekannten mittelalterlichen Gemälde zeigen Jesus mit durch die Handflächen getriebenen Nägeln, beim Grabtuch sind die Handgelenke durchstoßen.

Die Malerin und Physikerin Isabel Piczek hat eine detaillierte Analyse des Abbildes auf dem Tuch vorgenommen, in der sie feststellt, daß:

> «(...) das Grabtuch unmöglich ein Gemälde sein kann, weil das Grabtuch, obwohl es ein fortlaufendes, nicht unterbrochenes, sichtbares Bild zeigt, keine fortlaufende, unbeschädigte, sichtbare Trägerschicht besitzt.» (Quelle: I. Piczek, *Is the Shroud of Turin a Painting?*, http://www.shroud.com/piczek.htm)

Isabel Piczek ist der Ansicht, daß die Pigmentpartikel, die man auf dem Stoff fand, das Ergebnis der Kopien sind, die bisher von dem Abdruck erstellt wurden – zweiundfünfzig Gemäldekopien wurden im Lauf der Jahrhunderte angefertigt. Sie beweist ihre These durch ein Experiment und fährt fort, die Perspektive des Bildes auf dem Grabtuch zu analysieren, wobei sie zu dem Schluß kommt:

«(...) die genaue Position des Körpers [auf dem Grabtuch] kann man bei einem lebenden Modell nur von oben und aus einer Entfernung von viereinhalb Metern erkennen.»

Ihrer Meinung nach stammt das Bild von einem Körper, der in der Mitte gekrümmt ist, und Piczek beschreibt auch in allen Einzelheiten, wie sie durch Studien am lebenden Objekt zu dieser Schlußfolgerung kam. Sie erläutert nicht, welche Herkunft das Grabtuch haben könnte, stellt aber ganz klar fest, daß es sich nicht um ein Gemälde handeln kann. Ihr Artikel ist gut fundiert und mit detaillierten Fotografien und Zeichnungen illustriert, die ihre These stützen, beleuchtet jedoch in keiner Weise die Frage, wie das Abbild entstanden sein könnte und warum.

Tatsächlich gibt es keine veröffentlichte Theorie, die die physikalisch-chemische Herkunft des Bildes auf dem Grabtuch erklärt und zu den vorhandenen Beweisen paßt. Die Radiocarbon-Datierung hat bewiesen, daß das Grabtuch nicht viel älter sein kann als das Datum seiner ersten öffentlichen Ausstellung im Jahre 1357. Jede Herkunftstheorie muß diese Tatsache berücksichtigen, wenn sie glaubhaft sein soll.

Das seltsame Abbild

Das Bild des Mannes auf dem Grabtuch weist eine Reihe seltsamer Züge auf, die man auf der Suche nach seinen Ursprüngen in Betracht ziehen muß.

Die Gestalt ist nackt, hat einen Vollbart und schulterlange Haare und war zu dem Zeitpunkt, als das Bild entstand, entweder tot oder im Zustand tiefer Bewußtlosigkeit. Die Verletzungen des Opfers sind von der Art, wie sie ein äußerst gewalttätiger und professioneller Folterer zufügen würde.

Seit Jahrhunderten wird das Bild auf der ganzen Welt als das Antlitz Jesu Christi angesehen, und die Gesichtszüge sind von vielen Künstlern kopiert worden, wenn sie in ihren Gemälden den Messias darstellten.

Wir beschlossen, daß wir das Grabtuch nur dann wirklich begreifen würden, wenn wir versuchten, es zu reproduzieren.

Zuerst legten wir ein weißes Leinenlaken auf den Fußboden. Danach strichen wir einen nackten Menschen komplett mit schwarzer Wasserfarbe an, legten ihn darauf und deckten ihn vom Kopf bis zu den Füßen zu. Damit erreichten wir ein sehr grobes Bild, das aber sofort interessante Unterschiede zu dem echten Grabtuch aufwies:

1. Auf unserer rekonstruierten Rückenansicht war zwischen Gesäß und Unterschenkeln kein Abdruck zu sehen.
2. Die Lenden produzierten keinen Abdruck.
3. Die rechte Hand der Person lag zirka fünfzehn Zentimeter höher auf dem Körper als die der Person auf dem Grabtuch.
4. Es gab keinen Abdruck der Fußsohlen außer den der Fersen.
5. Anders als beim Grabtuch waren beide Schultern auf gleicher Höhe.

Vor allem der Rückenabdruck war für uns interessant, denn hier berührt der Körper nur an fünf Hauptpunkten den Stoff: Kopf, Schultern, Gesäß, Unterschenkel, Fersen. Zwischen diesen Punkten gab es keinen Abdruck, obwohl unser Modell von Farbe triefte. Die Flüssigkeit rann den Körper hinunter bis zu den Kontaktpunkten, wo sie sich sammelte.

Obwohl man die Abbildung der Vorderseite des Körpers durch einen von außen aufgetragenen Abdruck erreichen könnte, kann die Abbildung der Rückseite doch nur durch direkten Kontakt erfolgen. Trotz der Bemühungen unserer Versuchsperson, völlig flach und ruhig zu liegen, wurde kein komplettes Abbild des Rückens erreicht.

Diese Entdeckung hat es uns anfangs schwergemacht, den Vorgang zu begreifen und zu erklären, aber als wir darüber nachdachten, schien es nur eine mögliche Schlußfolgerung zu geben. Der Mann, den man in das Grabtuch eingewickelt hatte, lag gar nicht auf einer harten, flachen Fläche … er mußte auf eine weiche Matratze gelegt worden sein, die seinen ganzen Körper stützte.

Nun werden Leichen nicht auf weiche, nachgiebige Betten gelegt, deshalb scheint es sehr wahrscheinlich, daß das Abbild nicht von einem Toten, sondern von einem lebendigen Menschen stammt, der schrecklich gefoltert wurde.

Weil das Opfer in ein Grabtuch gewickelt war, hatten die meisten Forscher schlichtweg angenommen, daß der darauf abgebildete Mensch tot war und man ihn deshalb auf eine flache Bahre gelegt hatte. Viele behaupten, selbst Experimente durchgeführt zu haben, und manche zeigen wie Kersten und Gruber in Zeichnungen, wie das Grabtuch um einen Menschen gewickelt wird, der auf einer völlig ebenen Fläche liegt mit lediglich einem Holzscheit als Kopfstütze. Doch es ist unmöglich, eine Reproduktion der Gliedmaßen, wie sie auf dem Grabtuch vorhanden ist, zu erreichen, wenn man den Körper so hinlegt.

Als wir uns unsere eigenartigen Abdrücke anschauten und das Abbild auf dem Grabtuch mit kundigeren Augen betrachteten, bemerkten wir etwas, was uns vorher völlig entgangen war. Während die Vorderansicht auf dem Grabtuch sehr fein und präzise ist und sehr lebensecht wirkt, ist die Rückenansicht recht grob und weist keinerlei Farbschattierungen auf. Es schien fast so, als hätten zwei unterschiedliche Prozesse die beiden Hälften des Grabtuchs geschaffen!

Uns war bald klar, daß die «Theorie des weichen Bettes» auch die offenbar unmögliche Länge der Arme erklären konnte, die viel zu weit den Körper herunterreichen, als möglich ist, wenn man flach liegt. Forscher der NASA haben gemessen, daß der Projektionswinkel bei dieser Drehung des linken Unterarms sechzehn Grad beträgt. Eine einfache trigonometrische Rechnung zeigt, daß der Höhenunterschied zwischen rechter Hüfte und linker Schulter nicht mehr als vierzehn Zentimeter beträgt, wenn man einen Arm von fünfzig Zentimetern Länge in diesen Winkel legt. Genau das passierte, als man das Opfer auf ein Bett mit Kissen legte, die Kopf und Schultern stützten, so daß der Torso angehoben wurde und die Hände in Richtung Hüfte rutschten.

Um diese «Hypothese des weichen Bettes» zu testen, führten wir ein zweites Experiment durch und legten die Versuchsperson auf eine Matratze, lagerten den Kopf fünfzehn Zentimeter höher als die Hüften und legten ein Polster zwischen die Füße. Die Ergebnisse waren bemerkenswert.

Unsere beiden Experimente hatten Abbilder erzeugt, die recht grob und undeutlich waren, aber es ergaben sich genügend Beweise daraus für eine Reihe von Schlußfolgerungen:

Auf einer flachen Fläche können die Hände nicht so weit gestreckt werden, wie man es auf dem Grabtuch sieht

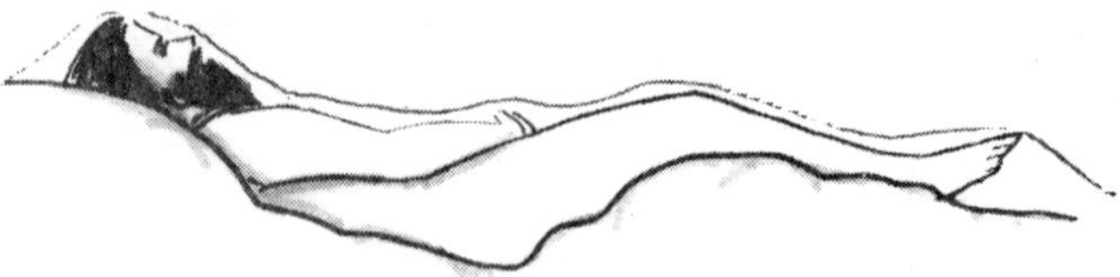

Aber auf einer weichen Fläche liegen die Hände so, wie man es auf dem Grabtuch sieht

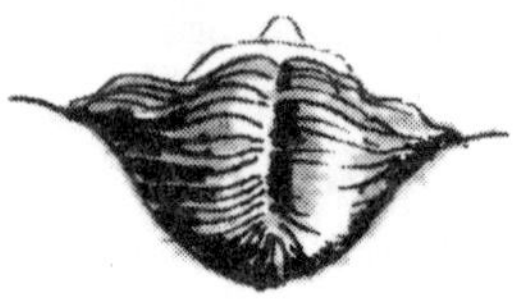

Auf einer weichen Fläche ist das Haar ausgebreitet, wie man es auf dem Grabtuch sieht

1. Auf einer weichen Oberfläche ist ein Abdruck des Rückens in voller Länge zu erreichen.
2. Wenn man die Schultern zirka fünfzehn Zentimeter höher lagert als die Hüften, fallen die Hände in die richtige Lage (aber nur, falls die Oberarme ebenfalls von Kissen gestützt werden).
3. Die Fußsohlen hinterlassen einen Abdruck, wenn die Füße durch ein Polster gestützt werden.
4. Der Winkel des Kopfes in Relation zum Torso ist unwesentlich; weil nämlich das Grabtuch sich den Konturen des Körpers anpaßt, wird das Gesicht auf den Betrachter immer flach wirken. Je mehr der Kopf zurückgebogen wird, desto länger wird der Hals wirken.
5. Während das Haar auf einer flachen Fläche aus dem Gesicht fällt, kann man vernünftigerweise annehmen, daß es das Gesicht umrahmt, wenn der Kopf auf einem weichen Kissen liegt.

Diese Versuche haben gezeigt, daß man alle ungewöhnlichen Züge auf dem Abdruck des Grabtuchs erklären kann, wenn man sich den Körper auf einer weichen Matratze oder vielen Kissen liegend vorstellt. Der einzige logische Schluß daraus ist, daß der Mann, dessen Abbild auf dem Grabtuch zu suchen ist, nicht tot war und auch nicht sterben sollte. Nachdem man ihn vom Kreuz abgenommen hatte, war er auf ein weiches Bett gelegt worden, wobei man Kopf und Schultern durch Kissen stützte, um ihm das Atmen zu erleichtern. Er sollte offenbar von seinen Leiden genesen. Und so drängt sich die Frage auf, warum man wohl einen Mann gegeißelt und gekreuzigt hat, um ihn dann später in ein Leichentuch gehüllt auf ein Bett zu legen.

Eine plausible Antwort darauf wäre, daß das Opfer in einer Parodie der Kreuzigung Jesu schrecklich gefoltert wurde, um aus ihm ein Geständnis über den Bruch eines Kirchendogmas zu erpressen. Gleichzeitig mußte der Mann überleben, da er noch wegen Ketzerei angeklagt werden sollte. Auf keinen Franzosen des frühen vierzehnten Jahrhunderts paßt diese Beschreibung besser als auf Jacques de Molay.

Die Rekonstruktion des Gesichts

Das Gesicht auf dem Grabtuch ist sehr fein gezeichnet, und wir versuchten, ob wir mit einem Stück Tuch durch einen Abdruck eine ähnliche Qualität des Abbilds erreichen konnten. Das Gesicht der Versuchsperson wurde mit grauer Farbe bestrichen, wobei die vorspringenden Punkte des Gesichts, wo sich Schweiß sammeln würde, mit einer Extraschicht dunkelgrauer Farbe versehen wurden. Als die Farbe trocken war, wurde ein Stück Leinen naß gemacht, ausgewrungen und mit leichtem Druck auf das Gesicht gelegt. Die Farbe bildete auf dem feuchten Tuch einen Abdruck.

Das Bild fiel wirklich sehr grob aus, aber als wir es in den Computer einscannten und in ein Negativ umwandelten, wirkte es erstaunlicherweise wie ein Foto. Trotzdem hatte es nicht die Qualität des auf dem Grabtuch abgebildeten Gesichtes. Die Schwere des Stoffes hatte Falten verursacht, so daß ganze Bereiche unbedruckt geblieben waren, und wir bemerkten, daß das Gesicht in die Breite verzerrt war.

Unser Versuch, ein Abbild des Gesichts durch einen Abdruck zu erzielen, ergab deutliche Verzerrungen

Die folgenden Zeichnungen zeigen, warum bei unserem Versuch diese Verzerrungen entstanden. Wenn man ein Abbild mittels eines Widerdrucks erzeugt, ist das Tuch auch über die Seiten des Gesichts gelegt, und wenn man es abnimmt und auf eine Fläche legt, wird das Bild in die Breite verzerrt. Das Grabtuch weist diese Verzerrung nicht auf, und deshalb konnten wir sicher sein, daß das Bild weder durch Widerdruck noch durch Strahleneinwirkung entstanden ist, denn bei beiden Techniken entstünde der aufgezeigte Verzerrungseffekt.

Offenbar war das Bild also durch einen dichten Konvektionsprozeß in vertikaler Richtung zustande gekommen. Nur durch einen solchen Vorgang konnte der Abdruck auf dem Grabtuch entstanden sein, aber wir wußten nicht, welcher chemische Prozeß da abgelaufen war. Keine Naturwissenschaft, in der wir uns auskannten, konnte ein Bild auf diese Art hervorbringen.

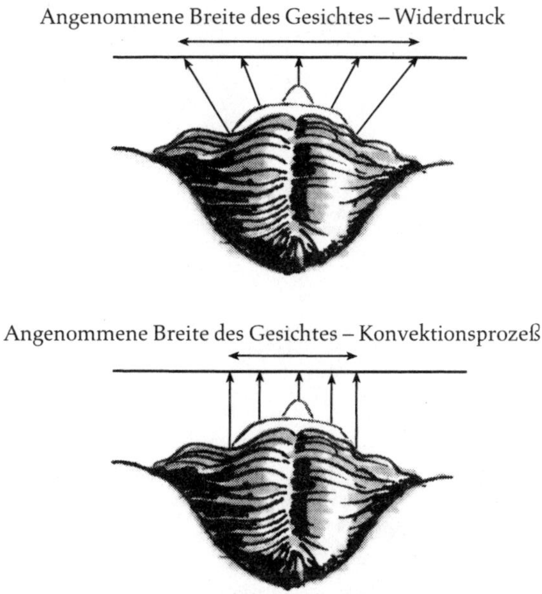

Wenn man das Tuch um die Seiten des Gesichts drückt, geraten Teile ins Bild, die von vorn nicht zu sehen sind, was das Gesicht ungewöhnlich breit wirken läßt, wenn man das Tuch auseinanderfaltet

Obwohl wir, was den chemischen Prozeß anging, unsere Niederlage eingestehen mußten, gelangten wir doch noch zu einer weiteren Schlußfolgerung aus unseren simplen Experimenten – und genau die beweist, daß das Bild auf dem Grabtuch unmöglich das Ergebnis eines fotografischen Prozesses sein konnte.

Ein Bild, das durch einen fotografischen Prozeß entstanden wäre, würde eine Person verkürzt darstellen. Die Gestalt wäre breit, mit Stummelbeinen und einem zu kurzen Oberkörper. Doch der Körper auf dem Grabtuch ist genau in entgegengesetzter Weise verzerrt, denn er hat seltsam lange Arme. Das ist auf die Tatsache zurückzuführen, daß die Gestalt etwas gebeugt liegt, wodurch die Hände auf den Oberschenkeln ruhen. Doch trotzdem scheint die Person flach zu liegen, denn sie ist in voller Größe aufgezeichnet, es fehlen auf dem Abbild keine Körperteile. Das kann nur das Ergebnis eines engen Kontakt-Konvektionstransfers sein, bei dem das Grabtuch sich den Umrissen

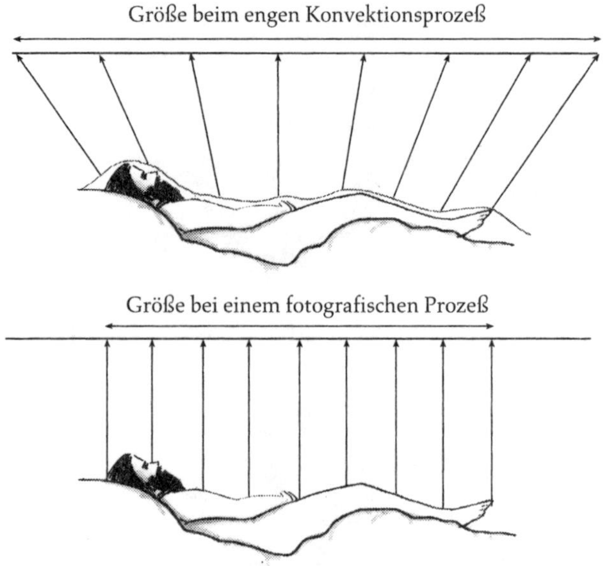

Wenn das Grabtuch abgenommen und ausgebreitet wird, wird das Bild größer

der Person anpaßte. Wenn man das Grabtuch hinterher auf einer ebenen Fläche betrachtet, zeigt es die volle Größe der Person, aber die Verhältnisse der Gliedmaßen zueinander sind die einer gebückten Gestalt. Das ist ein bildnerischer Vorgang, den man bei Fotografen oder Malern nie sieht, und er bringt Proportionen zur Darstellung, die absolut ungewöhnlich sind.

Als wir dieses einfache Prinzip erst einmal verstanden hatten, konnten wir uns nicht vorstellen, wie etwas, das so auf der Hand liegt, uns und jedem anderen Forscher des Grabtuches bisher entgehen konnte.

Der Beweis durch das Blut

Die besonderen Merkmale des Grabtuchs lassen darauf schließen, daß das darin eingewickelte Opfer gegeißelt wurde, aber keiner der früheren Erforscher des Grabtuches hat sich ernsthaft mit diesen Merkmalen beschäftigt. Als wir uns diesem Problem zuwendeten, entdeckten wir, daß es auf dem Tuch kleine Blutansammlungen gab, von denen jede auf eine andere Position des Angreifers hindeutete.

Um zu verstehen, wie es zu diesen Hautverletzungen gekommen war, versuchten wir, sie nachzuvollziehen – und zwar mit einer Peitsche, die unserer verständlicherweise beunruhigten Versuchsperson nicht weh tun sollte. Wir befestigten winzige Bleigewichte an Bindfäden und tauchten sie in schwarze Farbe, um zu prüfen, wie man die Muster erzeugen konnte, die man auf dem Grabtuch findet.

Wir merkten bald, daß die Striemen auf dem Rücken des Opfers von einem Peiniger stammten, der vor dem Opfer gestanden haben muß und nicht hinter ihm, wie man allgemein annimmt. Es gibt keinen Zweifel, daß das Grabtuch das Abbild eines Mannes trägt, der mit einer mehrschwänzigen Peitsche geschlagen wurde, denn es wäre völlig unmöglich, diese Striemen auf eine andere Weise zu erzeugen – übrigens ein weiterer Beweis dafür, daß es sich nicht um das Werk eines mittelalterlichen Malers oder eine Fotografie Leonardo da Vincis handeln kann!

Das Opfer war völlig nackt, und seine Arme waren ausgestreckt, wahrscheinlich in einem Winkel von neunzig Grad vom Oberkörper aus.

Nachdem wir herausgefunden hatten, wie die Auspeitschung vonstatten gegangen war, wandten wir unsere Aufmerksamkeit den Blutgerinnseln auf den Armen zu. Wir hofften, hier mehr darüber zu erfahren, auf welche Art diese Person gekreuzigt wurde, und wir wurden nicht enttäuscht.

Im Jahr 1932 versuchte ein Pariser Chirurg namens Pierre Barbet mit Hilfe der Gliedmaßen von Leichen herauszufinden, was geschah, als das Opfer, das man auf dem Grabtuch abgebildet sieht, gekreuzigt wurde, und er fand Beweise dafür, daß von den Handgelenken aus zwei unterschiedliche Blutspuren verliefen, die ungefähr zehn Grad auseinanderlagen (Quelle: J. Walsh, *The Shroud*).

Wir konnten erkennen, daß das Blut den Arm entlang vom Handgelenk in Richtung Ellbogen gelaufen war. Um herauszubekommen, welche Position die Arme hatten, führten wir ein einfaches Experiment durch, das uns überraschen sollte. Wir nahmen Transparentpapier und kopierten die Arme des Opfers sorgfältig, malten die Blutspuren nach

Wie die Peitschenstriemen auf dem Rücken von vorn zugefügt wurden

Wie die Peitschenstriemen auf Gesäß und Oberschenkeln
von vorn zugefügt wurden

und drehten dann das Blatt um, damit die blutigen Teile gekontert zu sehen waren. Wir drehten und wendeten das Papier, bis die Blutspuren nach unten wiesen. Dieser Vorgang bescherte uns zwei Schlußfolgerungen über die Kreuzigung des Opfers, von denen keine auf die römische Art der Hinrichtung wies, bei der die Arme seitlich ausgestreckt wurden, um das Opfer in Atemnot zu bringen.

Bei beiden Plazierungen der Spuren beträgt die maximale Entfernung zwischen den beiden Nägeln zirka neunzig Zentimeter, aber nur in einem Fall konnte es sich um eine durchführbare Kreuzigungsposition handeln. Wir schlossen daraus, daß der rechte Arm des Opfers hoch über dem Kopf angenagelt worden war und sein linker Arm an der Seite. Das läßt vermuten, daß die Folterer entweder die übliche Technik nicht kannten oder sich einfach nicht darum kümmerten.

Diese Position des Opfers am Kreuz würde auch erklären, warum der rechte Arm des Opfers, wie viele Forscher vermutet haben, ausgerenkt zu sein scheint. Wenn ein Arm vertikal angenagelt wurde, stand das Schultergelenk unter enormer Belastung und wurde höchstwahrscheinlich ausgerenkt.

Alles, was aus der genauen Untersuchung des Grabtuchs und seiner überlieferten Geschichte bekannt war, schien unsere de-Molay-Hypothese zu begünstigen, denn die bereits bekannten Beweise und unsere neuen Informationen paßten sehr gut zusammen. Wir hatten viele Antworten gefunden, aber ein Problem war noch ungelöst: Der chemische Prozeß war uns nach wie vor ein Rätsel.

Zuerst hatten wir geglaubt, daß das stark übersäuerte Blut des Opfers mit Calziumcarbonatweißern reagiert hatte und das Bild auf diese Weise in die Fasern des Stoffes gebrannt worden war, aber unser Experiment hatte gezeigt, daß das Grabtuch nicht durch einen Widerdruck von außen entstanden war.

Diese Experimente waren ziemlich fürchterlich gewesen, aber wir hatten doch davor haltgemacht, Nägel in lebendiges Fleisch zu treiben, so daß unsere Rekonstruktion letztlich nur eine sehr eingeschränkte Imitation des tatsächlichen Vorganges bot. Wir hatten ja schon bei der Reproduktion der Rückenansicht Probleme gehabt, aber die Vorderansicht des Menschen im Grabtuch wies Feinheiten auf, die sich einfach als nicht reproduzierbar erwiesen.

Viele Monate lang mußten wir mit unserer Niederlage leben, aber dann kam die Antwort über den Äther zu uns.

Eines Abends machte Chris auf der Fahrt nach Hause das Radio an. Es war gerade ein Interview zu hören, und die Antwort, die Chris aufschnappte, ließ ihm die Haare zu Berge stehen:

> «Es ist durchaus möglich, daß die Sarazenen einen gefangenen Kreuzfahrer genau wie im Evangelium beschrieben kreuzigten, um sich auf grausame Weise über seinen Glauben lustig zu machen.»

Die Stimme im Radio sprach genau das aus, was wir bereits seit geraumer Zeit vermuteten, aber der Sprecher war aufgrund völlig anderer Beweise zum gleichen Schluß gekommen.

Die Person, die da interviewt wurde, war Dr. Alan Mills, ein Experte für Gesteinsproben vom Mars, der im Institut für Astrophysik an der Universität Leicester arbeitet und sich bereits seit langem sehr dafür interessiert, welcher Vorgang das Abbild auf dem Grabtuch von Turin geschaffen haben könnte. Im Jahre 1995 veröffentlichte er die Ergebnisse seiner Arbeit, worin er eine neue Erklärung für die chemischen Vorgänge während der Entstehung des Bildes bot. In dem BBC-Interview erklärte er kurz, daß er die Literatur über das Grabtuch sehr gründlich durchforstet hatte und dann zu einer Erklärung der abgebildeten Gesichtszüge gekommen war.

Wir nahmen Kontakt zu Dr. Mills auf, der uns seine Arbeit genauer erklärte. Dann schickte er uns eine Kopie seines neuesten Aufsatzes und gab uns freundlicherweise die Erlaubnis, daraus zu zitieren (Dr. A.A. Mills: «Image Formation on the Shroud of Turin» in: *Interdisciplinary Science Reviews*, 1995, Bd. 20, No. 4, S. 319–326).

Die Aspekte des Bildes, die er als erklärungsbedürftig empfand, waren:

1. Der Mangel an groben Verzerrungen, die man bei einem Widerdruck erwarten mußte.
2. Die Dichte des Bildes ist umgekehrt proportional zu der Entfernung des Tuches von der Haut, wobei die Sättigung bei einer Entfernung von vier Zentimetern eintrat.
3. Auf dem Bild sind keine Verwischungen zu erkennen.

4. Daß der Vorgang nur die Fasern der Stoffoberfläche betrifft und den Stoff nicht bis zur Rückseite durchdrungen hat.
5. Daß die Variationen in der Dichte des Bildes durch die unterschiedliche Dichte der vergilbten Fasern pro Stoffeinheit erzeugt werden, nicht durch einen unterschiedlichen Grad der Vergilbung.
6. Daß die Blutflecken das Leinen vor dem Vergilben geschützt haben.

Mit unseren Experimenten hatten wir bewiesen, daß die Vorderansicht des Körpers nicht durch einen Widerdruck zustande gekommen sein konnte, und wir glaubten, daß die Vergilbung durch eine irgendwie geartete Milchsäurereaktion erzeugt worden war.

Dr. Mills waren zwei andere chemische Vorgänge eingefallen, die ähnliche Bilder hervorbringen. Sehr alte botanische Arten, die man getrocknet hat, lassen auf Zellulose schwache gelbbraune Flecken zurück, die auf einem blaugefilterten Negativ wiederum eine erstaunlich detailreiche Ähnlichkeit mit dem Original aufweisen. Er fand dafür hervorragende Beispiele unter den Mengen von Proben, die im Herbarium der Universität Leicester seit 1888 gesammelt werden. Diese Spuren, die man «Volckringer-Muster» nennt, werden durch eine Milchsäurereaktion erzeugt. Dr. Mills meint dazu:

> «Die ‹Pflanzenbilder› sind eine gute Quelle dafür, wie man Fasern mit Bildern weiterhin untersuchen kann. Sie haben keinerlei religiösen Hintergrund, und niemand kommt auf die Idee, sie wären von Menschenhand hergestellt.»

Das andere Phänomen, das ihm auffiel, war eines, das den ersten Herstellern fotografischer Platten viel Kopfzerbrechen bereitet hatte. Man fand damals heraus, daß man in völliger Dunkelheit Bilder produzieren konnte, wenn nur Materialien wie Druckerschwärze, harzhaltiges Holz, Aluminium und Pflanzenöle in der Nähe waren. Dieser sogenannte «Russel-Effekt» entstand, so fand man heraus, durch die Ausstoßung von Wasserstoffperoxid. In den neunziger Jahren des vorigen Jahrhunderts hatten die Hersteller von Filmen dann Emulsionen entwickelt, die von diesem Effekt unbeeinflußt waren, und das Interesse an diesem seltsamen Vorgang, der Bilder erzeugte, aber dafür kein Licht brauchte, erlosch.

Dr. Mills fand klare Beweise dafür, daß ein nackter Mensch bei Windstille einen laminaren (ruhigen) Konvektionsluftfluß bis zu einer Entfernung von achtzig Zentimetern produziert, und daraus errechnete er, daß jedes bildformende Partikel etwa eine Sekunde brauchte, um die vier Zentimeter zwischen Körperoberfläche und Grabtuch zu überwinden. Als Schlüssel zu diesem Vorgang gibt er an:

> «Nur wenn der aktive Bestandteil sehr instabil ist, wird sein vertikaler Transport zu einem modulierten Bild führen.»

Für den Laien verständlich formuliert bedeutet das etwa folgendes:

> «Die Partikel, die zu der Verfärbung der Fasern führten, müssen, während sie sich langsam vom Körper auf das Leinen zubewegten, chemisch sehr instabil gewesen sein, wenn sie ein erkennbares Bild mit unterschiedlichen Farbtönen schaffen sollten.»

Dr. Mills beschreibt hier einen noch kaum erforschten Vorgang, der ein Abbild hervorbringt, das wie ein Foto Schattierungen zwischen Hell und Dunkel aufweist, aber dabei anstelle von Lichtphotonen die Moleküle eines bestimmten anderen Elementes benutzt. Ein mögliches instabiles Partikel, das die Leinenfasern gelb färben konnte, ist eine Art freies Radikal, das man reaktives Sauerstoff-Zwischenprodukt nennt. Eine vollständige Beschreibung dieses Prozesses ist in Anhang 3 zu finden.

Diesen Prozeß nennt man Autooxidation. Es handelt sich um eine sehr langsame Reaktion, die viele Jahre dauert. Danach beginnt das Bild langsam zu verblassen. Dr. Mills nimmt an, daß das Bild auf dem Grabtuch langsam schwächer werden wird, und man sagt, daß das bereits der Fall sei und daß es schließlich völlig verschwinden wird.

Mills' Schlußfolgerungen waren faszinierend:

> «Obwohl Abbildungen dieser Art bei Pflanzen, die man zwischen Papier preßt, nicht ungewöhnlich sind, ist das auf dem Grabtuch von Turin doch einzigartig, weil hier eine höchst unwahrscheinliche

Kombination von Umständen zusammenkommen mußte, die selten zusammentreffen, nämlich:

- ein langes Grabtuch aus feinstem Leinen
- das eilige Umwickeln des kürzlich verstorbenen (ungewaschenen?) Körpers eines gefolterten Mannes an einem versiegelten Ort mit gleichbleibender Temperatur
- die Entfernung des Tuches nach etwa dreißig Stunden
- seine Lagerung an einem trockenen, dunklen Ort über Jahrzehnte oder Jahrhunderte hinweg.»

Wie wir in Kapitel 8 zeigen werden, paßten alle diese Umstände hervorragend zu unserer Hypothese, aber wir glauben, daß sich das Opfer, Jacques de Molay, im Koma befand und nicht tot war. Das hätte den Abbildungsprozeß noch gefördert, denn die Körperwärme wäre während der ganzen Zeit konstant geblieben.

In dem Wissen, daß alle bekannten Beweise genau in unsere Theorie paßten (siehe Anhang 3), mußten wir uns jetzt weiter der Rekonstruktion der Ereignisse vom Oktober 1307 widmen, um zu prüfen, ob Motiv, Gelegenheit und Umstände unsere de-Molay-Hypothese bestätigten.

Die Radiocarbon-Datierung hat bewiesen, daß das Grabtuch von Turin aus der Zeit zwischen 1260 und 1390 stammt – was wir auch erwartet hätten, wenn es sich unserer Theorie gemäß wirklich um das Abbild Jacques de Molays handelte. Es gibt keine andere Theorie, die zu diesen nunmehr wissenschaftlich bewiesenen Fakten paßt. Durch Experimente wissen wir, daß die auf dem Tuch abgebildete Person auf dem Grabtuch auf einem weichen Bett lag, was vermuten läßt, daß das Opfer nicht tot war, sondern genesen würde.

Das Bild auf dem Grabtuch wurde in allen Einzelheiten von Dr. Alan Mills erklärt, der, unabhängig von uns, sehr seltsame Umstände entdeckt hatte, die wir bereits detailliert beschrieben hatten. Er vermutete sogar, daß das Opfer ein Kreuzfahrer gewesen sein könnte.

8
Das Blut und die Flammen

Die Heilige Inquisition

Im Herbst des Jahres 1307 forderte der fast bankrotte Philipp IV. von Frankreich die sechste und letzte Gunst von Papst Klemens V. ein, die er einst von dem zukünftigen Papst als Bedingung dafür verlangt hatte, daß er den ehrgeizigen Prälaten bei seinem Weg auf den Thron Petri unterstützte. Bald würde der Reichtum der Tempelritter den König aller finanzieller Sorgen entheben.

Jacques de Molay muß geglaubt haben, die Schlacht um die Vereinigung von Templern und Johannitern gegen Philipp und Klemens fast gewonnen zu haben. Er hatte dafür gesorgt, daß der verarmte König den Reichtum sah, den er mitgebracht hatte. Das gab ihm das Gefühl, Macht zu besitzen – ähnlich dem Gefühl, das einen Bankleiter beschleicht, wenn ihm ein Mann gegenübersitzt, der um eine Aufstockung seines Dispokredits bittet. Aus der Größe der Delegation, die den Großmeister begleitete, schließen wir, daß de Molay vorhatte, in Frankreich zu bleiben, um zum einen den Einfluß der Templer wiederherzustellen und zum anderen die Fäden bei der unerwünschten Vereinigungsdebatte nicht aus den Händen zu verlieren. Doch zu seinem Pech hatte er nicht erkannt, mit welcher äußersten Rücksichtslosigkeit sein verzweifelter Gegner vorgehen würde – und er bezahlte einen schrecklichen Preis für diese Fehleinschätzung der Situation.

Es gibt kein anderes Bild, das dem auf dem Turiner Grabtuch bildnerisch oder chemisch gesehen vergleichbar ist, und wir wissen aus den Werken von Dr. Mills, daß die Umstände, unter denen es entstand, wirklich sehr ungewöhnlich gewesen sein müssen.

Die Habgier Philipps des Schönen schuf diese einzigartigen Umstände, die Betreiber der Pariser Inquisition lieferten die Technik, und der unglückliche Jacques de Molay wurde zum Modell für ein Bild, das die Welt jahrhundertelang beschäftigen sollte.

Die Inquisition war ein «Gerichtshof», der von der römisch-katholischen Kirche mit dem ausdrücklichen Auftrag ins Leben gerufen worden war, alle Interpretationen der Heiligen Schrift, die von der offiziellen Lehrmeinung des Vatikans abwichen, auszulöschen. Das wurde normalerweise dadurch erreicht, daß jeder, der verdächtig war, solche Ansichten zu pflegen, verstümmelt und umgebracht wurde. Im Jahre 382 hatte die Kirche ein Dekret erlassen, in dem stand, daß jeder, der als Ketzer galt, hingerichtet werden sollte. Doch als die Kirche immer fester Fuß faßte und ihre Gegner, vor allem die Gnostiker, zum Schweigen gebracht worden waren, wurden diejenigen, die die Schrift nicht in der «offiziellen» Art und Weise auslegten, weniger heftig verfolgt. Eine Zeitlang gab sich die Kirche damit zufrieden, Ketzer lediglich zu exkommunizieren, aber das führte dazu, daß Intellektuelle die das Übernatürliche betreffenden Dogmen der Kirche hinterfragten, so daß härtere Maßnahmen nötig schienen, um diesem unerfreulichen Zustand ein Ende zu setzen. Um dafür zu sorgen, daß die Angeklagten ihre unerlaubten Ansichten auch gestanden, wurde der Inquisition gestattet, den Verdächtigen grenzenlose körperliche Schmerzen zu bereiten. Diese Praktik wurde im Jahre 1252 offiziell von Papst Innozenz IV. gebilligt – der seinen Namen (Innozenz = der Unschuldige, Anm. d. Ü.) entschieden zu Unrecht trug.

In der Morgendämmerung des 13. Oktober 1307 – es war ein Freitag – fielen die Seneschalle Frankreichs über fünfzehntausend Tempelritter her, die am Abend zuvor als hochgeachtete Mitglieder eines heiligen Ordens zu Bett gegangen waren, um als angeklagte Ketzer aufzuwachen.

In der Hauptstadt sah Philipp IV. aus sicherer Entfernung zu, wie seine Offiziere den Pariser Temple und alles, was er beherbergte, in Besitz nahmen und auch die Präzeptoren Aquitaniens, den Prior der Normandie und den Großmeister, Jacques de Molay, verhafteten. Die Tempelritter leisteten keinen Widerstand, obwohl ihr Temple als Festung gebaut war. Philipp hielt dieses Gebäude, das über den Stadtmauern von Paris thronte, für so bedeutend, daß er ihm nach der Einnahme selbst einen Besuch abstattete (Quellen: M. Barbour, *The Trial of the Templars* und *The New Knighthood*; E. Burman, *Supremely Abominable Crimes*).

Bemerkenswert ist, daß die Leitung des Ordens nicht vor dem Zuschnappen dieser Falle gewarnt wurde. Wenn man bedenkt, wie viele kleine Beamte und Schreiber die vielen Kopien, die von diesem Befehl gemacht wurden, gesehen hatten, müssen sie entweder dem König gegenüber absolut loyal gewesen sein oder aus Angst vor Strafe nicht gehandelt haben. Die Anklage der Ketzerei wird ihr übriges getan haben, sie schweigen zu lassen, denn angeklagte Häretiker zu unterstützen hätte nicht nur die Aufmerksamkeit von Philipps Soldaten erregt, sondern auch die der Priester der französischen Inquisition, die mit der Befragung des Ordens befaßt waren.

Trotzdem verlief nicht alles so, wie Philipp es gewünscht hatte.

In La Rochelle muß es ein Informationsleck gegeben haben, denn eine große Zahl der kämpfenden Truppe des Ordens und die gesamte Flotte waren verschwunden, als die Seneschalle des Königs im Hafen eintrafen. Sie hatten im Schutz der Dunkelheit Anker gelichtet und wurden nie wieder gesehen.

Wie wir in unserem Buch *Unter den Tempeln Jerusalems* bereits beschrieben haben, kann es keinen Zweifel darüber geben, daß die meisten Flüchtlinge sich nach Schottland unter den Schutz des bereits exkommunizierten Königs Robert I. Bruce begaben, während einige Richtung Westen in ein Land segelten, das ihnen unter dem Namen *la Merica* bekannt war.

Guillaume Imbert, der Großinquisitor Frankreichs (auch Guillaume von Paris genannt), war der persönliche Beichtvater Philipps des Schönen, und man sagte, er sei «sehr versiert in allen inquisitorischen Künsten und Praktiken» gewesen. Er wurde vom König mit der Aufgabe betraut, Jacques de Molay mit allen Mitteln, die er für angemessen hielt, ein sofortiges Geständnis abzuringen.

Ein Templer namens John von Foligny wurde unter dem Eindruck der Inquisition bald dazu gebracht zuzugeben, daß in der Sakristei der kleinen Kapelle des Pariser Temple private Templer-Zeremonien stattfanden. Diese Kapelle befand sich im Hauptturm, in dem sich auch die

Schatzkammer befand. Foligny beschrieb sie als «geheimen Ort» (Quelle: *Der Untergang des Templer-Ordens*, II, 35), und wir glauben, daß es sich um einen fensterlosen Raum handelte, der im großen und ganzen einem modernen Freimaurertempel glich. Eine Beschreibung der Ausstattung dieses «geheimen Raumes» konnten wir nirgendwo finden, aber mit ziemlicher Sicherheit wird er einen Fußboden aus schwarz-weißen Fliesen im Schachbrettmuster, nichtchristliche Symbole an den Wänden und einen Sternenhimmel an der Decke mit einem «G» in der Mitte gehabt haben.

In diesem inneren Tempel, möglicherweise in einer Holztruhe, befanden sich vier Gegenstände: ein Totenschädel, zwei Oberschenkelknochen und ein weißes Grabtuch – genau diese Dinge würde man heutzutage auch in einem Freimaurertempel zu finden erwarten. Wie die Jerusalemer Urgemeinde vor ihnen und die Freimaurer nach ihnen verwendeten auch die Templer ein Grabtuch aus Leinen, um ihre Kandidaten für höhere Ränge einzuhüllen, während diese einen ritualisierten Tod starben, um zu einem neuen Leben als vollwertige Brüder der Gemeinschaft wiederaufzuerstehen.

Von den zehn Anklagepunkten, die man gegen die Templer vorbrachte, muß einer die Inquisition besonders erzürnt haben:

> «(...) muß jeder Novize das Kreuz anspucken und es mit Füßen treten.»

Das Kreuz als mystisches Symbol der Auferstehung des toten Christus war – und ist immer noch – das Kernstück des christlichen Glaubens, und jeder Versuch, seine Bedeutung zu schmälern oder sich darüber lustig zu machen, mußte den heiligen Zorn der Pariser Inquisition erregen. Als sie zu der Überzeugung gelangt waren, daß der Meister eines ehemals so heldenhaften christlichen Ordens das Kreuz angespuckt hatte, kannte ihre Wut keine Grenzen mehr. Imbert verlangte, daß dieser fürchterliche Verrat an Jesus Christus und seiner heiligen Kirche auf die härteste Weise gerächt würde. Er hatte die Erlaubnis des Papstes, alle Ketzer, wann und wo er sie auch entdecken mochte, zu foltern. Es gab nur wenige Ausnahmen von dieser Regel – aber der Orden der Tempelritter gehörte dazu.

Jacques de Molay und seine Gefolgsleute mußten nur dem Papst Rede und Antwort stehen, und Imbert wußte das. Ohne direkte päpstliche Anweisung durfte er den Großmeister der Templer nicht der «Befragung» unterwerfen. Doch Philipp hatte Imbert versichert, daß er als König von Frankreich berechtigt sei, den Befehl zu geben, die Anführer der Templer zu foltern, denn der Papst hatte allen christlichen Fürsten befohlen, «dem heiligen Amt der Inquisition jede nur mögliche Unterstützung angedeihen zu lassen» – so führt es P.A. Limborch in *The History of the Inquisition* aus. Imbert war glücklich darüber, daß er durch die Rückendeckung des Königs imstande war, Jacques de Molay, diesen ungeheuerlichsten aller Ketzer, mit jeglichen Mitteln zu einem Geständnis zu bewegen.

Ein Gefangener, der in die Hände eines erfahrenen Folterers fällt, wird fast immer alles das gestehen, was der Folterer hören will – selbst dann, wenn der Gefolterte weiß, daß das Geständnis zu seiner Hinrichtung führen wird. In solchen Fällen mag der Tod zum einzigen Wunsch werden, den die unglücklichen Verdächtigen noch haben.

Die Befragung im Temple

Gleich nach der Einnahme des Temple begann Imbert mit der «Befragung» des Großmeisters.

Der Pariser Temple war das Finanzzentrum der Stadt, und deshalb befand sich in seinen Kellern keine Folterkammer, so daß die üblichen Folterinstrumente wie Streckbett und Flaschenzug nicht zur Verfügung standen. Aber Imbert war ein einfallsreicher Mann, und er hatte die nötigen Materialien wie Seile, Peitschen und ein paar große Nägel mitgebracht.

Wir werden jetzt beschreiben, was Jacques de Molay unserer Meinung nach widerfuhr, nachdem er in die Hände der Inquisition geraten war. Später werden wir erläutern, wie wir zu dieser Ansicht gelangten.

Weil Imbert so aufgebracht darüber war, daß die Templer eine Auferstehungszeremonie benutzten, was seiner Meinung nach die «wahre» Auferstehung Christi lächerlich machte, glauben wir, daß Imbert die Absicht hatte, de Molay mit der gleichen Folter zu quälen, die auch Jesus erlitten hatte. Das fand höchstwahrscheinlich in dem «geheimen Raum» statt, wo die Templer ihre «obszönen» Zeremonien abgehalten hatten und wo Imbert auf die Truhe mit dem Grabtuch, dem Schädel und den Oberschenkelknochen gestoßen war, die die Templer bei der Auferstehungszeremonie gebrauchten. Er wußte, wozu diese Gegenstände dienten, denn seine Informanten hatten ihm bereits von einer Zeremonie berichtet, bei der der Kandidat in der Darstellung eines Mordes die Rolle des Opfers übernahm, um dann aus einem rituellen «Grab» wiederaufzuerstehen.

Entsetzt und abgestoßen beschloß Imbert, daß er de Molay einer Folter unterziehen würde, die es ihn bedauern lassen würde, das Kreuz jemals verleugnet und Mißbrauch mit diesen heidnischen Dingen getrieben zu haben.

Vor der Folter durch die Inquisition wurde das Opfer gewöhnlich völlig nackt ausgezogen, wie ein Zeitgenosse berichtet:

> «Das Ausziehen findet ohne jede Rücksicht auf Menschlichkeit oder Ehre statt (...) Denn man zieht sie aus bis zu den Hosen, die sie später dann auch herunterziehen und so – verzeiht den Ausdruck – die Scham entblößen.» (Quelle: P. A. Limborch, *The History of the Inquisition*)

Um de Molays Handgelenke wurden zwei Stricke gebunden, und Imbert begann damit, sein Opfer mit einer Peitsche schlagen zu lassen, deren Enden möglicherweise mit Knochenstückchen beschwert waren.

Eine Krone aus scharfen Objekten wurde brutal auf den Kopf des Großmeisters gedrückt, was auf Kopfhaut und Stirn Schnitte verursachte.

Man weiß aus Berichten, daß die Inquisition bei der Folter Menschen oft an Pfähle oder andere passende Objekte nagelte (Quelle: G.R. Scott, *A History of Torture*), und genau das geschah unserer Meinung nach an jenem Tag im Pariser Temple. Nur drei Nägel versahen de Molays Inquisitoren mit einem sehr wirkungsvollen Mittel, um ein Geständnis zu erpressen.

De Molay wurde zum nächsten passenden Objekt gezerrt. Das war vielleicht die Holztäfelung oder höchstwahrscheinlich eine dicke Holztür. Er mußte sich auf einen Schemel oder etwas Vergleichbares stellen, und sein rechter Arm wurde fast vertikal über seinen Kopf hochgezogen und dann zwischen Elle und Speiche am Handgelenk angenagelt, wobei man sorgfältig darauf achtete, die Venen nicht zu verletzen. Als der Nagel eingeschlagen wurde, war der Schock auf die Armsehnen so stark, daß de Molays Daumen auf die Handfläche schnellte, woraufhin das Gelenk riß und der Daumennagel sich in die Handfläche bohrte.

Dann wurde sein linker Arm seitlich nach oben gebogen und niedriger als der rechte an die Tür genagelt. Jetzt wurde der Schemel weggestoßen, und man trieb einen weiteren Nagel zwischen dem zweiten und dritten Mittelfußknochen durch den rechten Fuß (Quelle: R. Bucklin, «The Medical Aspects of the Crucifixion of Christ» in: *Sindon,* Dezember 1961). Als die Spitze des Nagels auf der anderen Seite des Fußes zu sehen war, wurde der rechte auf den linken Fuß gelegt, so daß man beide Füße mit einem Nagel befestigen konnte. De Molay wurde nicht symmetrisch aufgehängt, sondern in fast gerader Linie vom rechten Handgelenk zu den Füßen, wobei der linke Arm seitlich gestreckt war. Sein rechtes Schultergelenk wurde dadurch sofort ausgekugelt.

Der Blutverlust war minimal, und der Gefolterte blieb bei vollem Bewußtsein, obwohl er fürchterliche Schmerzen gelitten haben muß.

Die Priester der Inquisition beherrschten ihr Handwerk, und sie gefielen sich darin, ihr unglückliches Opfer völlig unter Kontrolle zu haben. Das Streckbett war ein beliebtes Utensil, denn damit konnte man den Schmerz gezielt steigern, aber die drei Nägel verwehrten ihnen diesen Grad an Finesse. Doch es war eine gute Wahl gewesen, eine Tür zum Annageln zu nehmen, diese konnte ihnen gut dazu dienen, ihre Überzeugungskraft zu steigern. Die Tür zu öffnen, sie leicht hin- und herzuschwingen, um sie dann zuzuschmettern, muß beim Opfer, das vor Schmerz ohnehin schon halb wahnsinnig war, schreckliche Traumata hervorgerufen haben.

Bis zu diesem Punkt stimmt unsere Beschreibung der Ereignisse mit dem Befund des ausgerenkten Daumens und der ausgekugelten rechten Schulter überein, der von medizinischen Fachleuten, die das Grabtuch untersuchten, erkannt wurde. So läßt sich auch die Richtung des

Die Position de Molays bei der Kreuzigung, wie es der Verlauf der Blutspuren vermuten läßt

Verlaufs der Blutspuren, die man auf den Unterarmen des Bildes vom Grabtuch erkennen kann, erklären.

Der dreiundsechzigjährige Templer war sein Leben lang hoch geachtet und geehrt gewesen, und jetzt wurde er entwürdigt und nahezu vernichtet. Es hätte einen sehr starken Menschen erfordert, dem Inquisitor jetzt nicht alles zu sagen, was er hören wollte.

Das Trauma, das man de Molays Körper zufügte, führte zu einer starken Übersäuerung seines Blutes durch Milchsäure, was zu einer sogenannten Stoffwechsel-Azidose führte, ein Zustand, den man häufig bei Sportlern feststellen kann, die am Rande der Erschöpfung stehen (Quelle: J.F. Zilva & P.R. Pannall, *Clinical Chemistry in Diagnosis and Treatment*). In diesem Zustand leidet man unter schweren Krämpfen, die noch durch den Aufbau von Kohlendioxid verstärkt werden. Dazu kam es, als de Molay nicht mehr richtig ausatmen konnte, was zu einer Vergiftung des Blutes führte. Als sein Kampf ums Überleben einen grausamen Höhepunkt erreichte, stieg die Körpertemperatur an, Schweiß brach ihm aus allen Poren, seine Muskeln wurden durch einen Dauerkrampf steif, sein Blutdruck sank, und sein Herz schlug wie wild – aber Imbert wollte ihn nicht sterben lassen. Gerade als der Großmeister glaubte zu sterben, befahl Imbert, ihn abzunehmen.

Jetzt war der Augenblick gekommen, um de Molay zu zeigen, daß die Heilige Inquisition wußte, zu welch lächerlichem Zweck er das Grabtuch benutzt hatte. Nachdem man ihn heruntergenommen hatte, legten ihn seine Folterer mit dem Gesicht nach oben auf den Stoff, und das Tuch wurde darüber gelegt, um die Vorderseite seines glühenden Körpers zu bedecken.

Danach wurde de Molay auf das gleiche weiche Bett gelegt, aus dem man ihn ein paar Stunden zuvor gezerrt hatte. Sein Kopf und seine Schultern wurden mit Kissen gestützt, um ihm das Atmen zu erleichtern, und Schweiß und Blut mit hohem Milchsäuregehalt flossen in großer Menge über seinen Körper.

Das Grabtuch klebte vollständig am Rücken des Gequälten, so daß Blut und Schweiß ein grobes Bild auf dem Tuch hinterließen. Auf der Vorderseite seines Körpers legte sich das Tuch über die herausstehenden Punkte, und der ausströmende Schweiß stieg nach oben in das Grabtuch. Das weiche Bett und die Kissen sorgten dafür, daß der Kopf erhöht war. De Molays Rückgrat und seine Knie waren gebeugt, so daß die Hände auf den Oberschenkeln ruhten.

Imbert hatte den strikten Befehl erhalten, den Großmeister der Templer nicht zu töten, aber er hatte nicht die Absicht, den geständigen Ketzer eigenhändig gesundzupflegen. De Molay hatte in Paris keine Familie, die sich um ihn hätte kümmern können, aber seine rechte Hand, der Präzeptor der Normandie, der zur gleichen Zeit im Pariser Temple «befragt» wurde, hatte Verwandte in der Stadt. Wir meinen, daß man nach Geoffroi de Charneys Bruder Jean schickte und ihm befahl, sich um beide Männer zu kümmern, deren Schicksal es sein sollte, sieben Jahre später gemeinsam auf dem Scheiterhaufen zu sterben, um für ihren «Rückfall» in die Häresie zu büßen.

Die Familie Charney entfernte das Grabtuch und verband die Wunden. Es muß Wochen gedauert haben, ehe de Molay wieder einigermaßen gesund gepflegt war, aber seine Wunden heilten nie ganz aus, denn zwei Jahre später zog er vor päpstlichen Gesandten sein Hemd aus, um zu beweisen, wie hart man ihn gefoltert hatte. Das Grabtuch war steif von Blut, aber da es ein brauchbares Wäschestück war, wurde es wahrscheinlich gewaschen und nicht weggeworfen. Das saubere Laken wurde danach gefaltet und einfach im Wäscheschrank der Familie deponiert.

Das Geständnis des Jacques de Molay

In vielen Büchern über die Templer steht ganz beiläufig zu lesen, daß Jacques de Molay kurz nach seiner Verhaftung, als man ihm die Folter androhte, ein volles Geständnis ablegte. Der Eindruck, den die meisten Menschen hieraus gewinnen, ist der, daß de Molay, um Zeit für sich zu gewinnen, ein «Scheingeständnis» ablegte, in dem er seinen Orden an Philipp verriet. Wie wir herausfanden, gibt es jedoch detailliertere Berichte über dieses Geständnis, die diese Sache in einem ganz anderen Licht erscheinen lassen.

Nachdem es dem Großmeister wieder etwas besser ging, ließ er sein «Geständnis» in einem Brief niederschreiben, der an jeden Tempelritter geschickt wurde. Er drängte seine Ordensbrüder in diesem Brief dazu, ebenfalls zu gestehen, und stellte fest, daß sie sich «von einem uralten Irrweg täuschen ließen».

Doch obwohl er eingestand, Christus verleugnet zu haben, weigerte er sich, das zuzugeben, was er als «Erlaubnis abnormaler Praktiken» bezeichnete (Quelle: F.W. Bussell, *Religious Thought and Heresy in the Middle Ages*).

Das war angesichts der Lage eine sehr seltsame Reaktion für den Anführer eines mächtigen christlichen Ritterordens. Er bekannte sich zur Ketzerei, wofür man ihn, damit er auf ewige Zeiten in der Hölle verdammt sein sollte, auf den Scheiterhaufen bringen würde – aber er leugnete die homosexuellen Akte, die, wie wir wissen, laut Papst Bonifaz VIII. nicht mehr waren, «als wenn man die Hände aneinanderreibt».

Man könnte erwarten, daß selbst Priester mit starkem Willen unter der Folter etwas so Triviales wie einen Akt sexueller Abweichung gestanden hätten, selbst wenn sie zu Unrecht verdächtigt worden wären, aber sie würden bestimmt eher unter Schmerzen sterben, als zu gestehen, daß sie Jesus Christus geleugnet hätten. Andererseits wird bei einem Mann, der weiß, daß Jesus zwar ein jüdischer Messias, aber kein Gott war, diese Aussage kaum verwundern. Dies stimmt auch mit dem überein, was der englische Templer John de Stoke berichtete, nämlich daß de Molay zu ihm gesagt habe, er solle an den einen allmächtigen Gott glauben, der Himmel und Erde geschaffen habe, nicht aber an die Kreuzigung (Quelle: M. Baigent & R. Leigh, *Der Tempel und die Loge*).

Unter der Folter gestand der Großmeister die Hälfte der Anschuldigungen, die seinen sicheren Tod zur Folge haben würden, und es ist deshalb sehr wahrscheinlich, daß er die Wahrheit sagte. Die Templer praktizierten keine Homosexualität, also gestand er es auch nicht. Aber er gab zu, daß er weder Jesus noch irgendeinen anderen Menschen für einen Gott hielt, denn es gab nur einen Gott – und ja, er lehnte das Kreuz als Symbol ab.

In *Secret Societies of the Middle Ages* heißt es, daß de Molay sein erstes Geständnis am Sonntag, dem 15. Oktober, vor der Universität von Paris ablegte. Das war nur zwei Tage nach seiner Verhaftung, und wenn dieses Datum stimmt, dann muß Imbert ihn sehr schnell zu einem Geständnis gebracht haben – wahrscheinlich schon am Tag seiner Verhaftung –, denn sonst hätte er sich noch nicht soweit von der Folter erholt gehabt, daß er hätte sprechen können. Zehn Tage später legte de Molay sein Geständnis, in dem er zugab, Christus und das Kreuz verleugnet zu haben, aber vehement die Anklage homosexueller Aktivitäten bestritt, schriftlich nieder (Quelle: F.W. Bussell, *Religious Thought and Heresy in the Middle Ages*). Als nächstes wurden de Molay und die Großpriore der Normandie und Aquitaniens Anfang des darauffolgenden Jahres zu einer Audienz mit Papst Klemens gebracht. Dort gestanden sie erneut, Christus und das Kreuz verleugnet zu haben. Klemens erwähnt dieses Treffen in einem Brief an Philipp vom 30. Dezember 1308, denn zu diesem Zeitpunkt hielt er den König ständig über das päpstliche Vorgehen gegen die Templer auf dem laufenden.

Klemens erfüllte die Verpflichtungen, die ihm die «sechste Bedingung» von Philipp auferlegte, und gab öffentlich bekannt, daß der französische König völlig legal gehandelt habe, als er die päpstlichen Direktive, die Fürsten sollten «dem heiligen Amt der Inquisition jede nur mögliche Hilfe leisten», gegen die Templer richtete. Dennoch geschah der Angriff auf den Templerorden gegen die Interessen von Klemens, und so erfuhr die ganze Welt, daß Philipp nicht das Einverständnis des Papstes brauchte, um gegen einen Orden vorzugehen, der direkt unter päpstlichem Schutz stand. Zweifellos hatte dieser erfindungsreiche König den Papst auf irgendeine Weise erpreßt, um zu erreichen, daß er auch die geheime «sechste Bedingung» erfüllte.

Um seine Position zu festigen, hielt Philipp 1308 in Tours eine Staatsversammlung ab, in der sein königliches Recht, notorische Ketzer ohne Zustimmung des Papstes zu bestrafen, dargelegt wurde (Quelle: P.A. Limborch, *The History of the Inquisition*). Anscheinend hat Klemens durchaus versucht, gegen die Verhaftung der Templer durch Philipp vorzugehen, denn man weiß, daß er über Bordeaux nach Rom fliehen wollte, aber leider wurden sein Gepäck, seine Schätze und auch noch seine heilige Person auf Befehl des Königs aufgehalten, und von da an war Klemens der Gefangene des Königs.

Klemens mußte eine päpstliche Kommission einsetzen, die die Schuld des Ordens untersuchen sollte, und am Mittwoch, dem 26. November 1309, wurde de Molay dieser Kommission in Vienne vorgeführt. Ihm wurden Schriften vorgetragen, in denen festgestellt wurde, daß er sich bereits in allen Anklagepunkten schuldig bekannt habe. Der Großmeister bekam einen Wutanfall und stritt vehement ab, jemals homosexuelle Praktiken gestanden zu haben. De Molays Reaktion war so aggressiv, daß die Bischöfe der Kommission ihm befehlen mußten, seinen Ton zu mäßigen. Doch sein Geständnis, daß er Christus als Gott in Menschengestalt ablehne, leugnete er nicht.

Als er am folgenden Tag die Fassung wiedergewonnen hatte, gab de Molay vor der Kommission die folgende Erklärung ab:

> «Falls ich oder andere Ritter vor dem Bischof von Paris oder an anderen Orten Geständnisse gemacht haben, so haben wir gegen die Wahrheit gehandelt – wir haben der Angst, der Gefahr, der Gewalt nachgegeben. Wir wurden von unseren Feinden gefoltert.»

Er zog sein Hemd aus, um den versammelten Bischöfen die Narben zu zeigen, die die Folter auf seinem Körper hinterlassen hatte.

Am 28. März 1310 verlangten Hunderte von Templern nach einer öffentlichen Anklage in Paris, dem Papst vorgeführt zu werden, aber Philipp lehnte diese Audienz ab.

Der Papst formulierte nun eine Anklageschrift gegen die Templer, in der behauptet wurde, daß man beim Eintritt in den Orden die jungfräuliche Geburt leugnen und schwören mußte, daß Christus nicht der wahre Gott, sondern nur ein Prophet war, der wegen seiner Verbrechen gekreuzigt wurde und nicht, um die Sünden der Welt auf sich zu nehmen. Es wurde auch erwähnt, daß die Templer das Kreuz anspuckten und es mit Füßen traten – besonders an Karfreitag (Quelle: M. Barbour, *The Trial of the Templars*).

Nun konnte Klemens den Prozeß nicht weiter mit der Entschuldigung hinauszögern, daß er weitere Beweise sammeln müsse, und so rief er das Generalkonzil nach Vienne. Am 1. Oktober 1311 trafen sich Papst Klemens und einhundertvierzehn seiner Bischöfe, um über das Schicksal der Templer zu entscheiden. Die Bischöfe, von denen die Mehrheit nicht aus Frankreich stammte, weigerten sich, die Mitglieder des Ordens schuldig zu sprechen, und deshalb beendete Klemens das Konzil und tat weiterhin nichts. Vier Monate später besuchte der König Klemens und führte mit ihm ein «Gespräch unter vier Augen». Das hatte zur Folge, daß Klemens am 22. März 1313 den Orden kraft seiner Autorität auflöste, ohne über Schuld oder Unschuld zu entscheiden. Das Generalkonzil trat am 3. April wieder zusammen, und in Anwesenheit des Königs und seiner Garde verlas der Papst die Auflösungsbulle. Am 2. Mai wurde die Bulle veröffentlicht, und der Orden der Tempelritter hörte offiziell auf zu existieren.

Klemens gestattete es Philipp, dem Orden die Ausgaben in Rechnung zu stellen, die ihm durch seine Untersuchung und die Inhaftierung der Verdächtigen entstanden waren. Diese «belegten Ausgaben» verschlangen rasch den gesamten Besitz der Templer in Frankreich.

Philipp der Schöne unternahm nie den Versuch, die Templer einem fairen Gerichtsverfahren zu unterstellen. Im Jahre 1308 veranlaßte er Klemens dazu, am 12. August eine päpstliche Bulle zu veröffentlichen, in der bereits die Ergebnisse der Verhöre und die Geständnisse einiger Templer zu lesen waren, die erst am 17. August verhört wurden! Im Jahr 1310 dann rief Klemens dazu auf, sich zu verteidigen und seine Unschuld zu beweisen. Es heißt, daß sich fünfhundertsechsunddreißig Ritter im Vertrauen auf Philipps Versprechen, daß ihnen nichts geschehen würde, nach Frankreich wagten.

Als sie vor der päpstlichen Kommission in Paris auftraten, berichteten sie, wie schrecklich man sie gefoltert hatte. Ein Ritter namens Bernard de Vardo zeigte den Mitgliedern der Kommission eine Kiste mit den schwarzen Knochen, die sich aus seinen Füßen gelöst hatten, als man sie über einer Kohlenpfanne röstete.

Nachdem er die Templer auf diese Weise an einem Ort zusammengebracht hatte, brach der König sein Versprechen und ließ alle verhaften. Viele hatten bereits unter der Folter ein Geständnis abgelegt, und ihr Versuch, sich vor der päpstlichen Kommission zu verteidigen, wurde als Rückfall in die Häresie ausgelegt – die Strafe dafür war der Scheiterhaufen. Die Templer wurden verurteilt, weil sie behaupteten, unschuldig zu sein. Der König ließ sie in Gruppen verbrennen. Als bei einer dieser Massenverbrennungen vierundfünfzig Ritter unter den Augen des Erzbischofs von Sens, Philippe de Marigny, in den Flammen starben, sollen die Opfer zwar in Todesqualen geschrien haben, aber keiner gestand eine Schuld.

Philipps Haß auf die Templer kannte keine Grenzen, aber er übertraf sich selbst, als er befahl, daß die sterblichen Überreste des ehemaligen Schatzmeisters des Ordens ausgegraben und verbrannt werden sollten, weil er sich vor über einem Jahrhundert geweigert hatte, das Lösegeld für Philipps Großvater zu bezahlen. Die endgültige Liste von Anklagepunkten gegen die Templer war viel detaillierter als die erste:

1. Das Leugnen Christi und die Ablehnung des Kreuzes
2. Anbetung eines Götzen

3. Austeilen eines pervertierten Sakramentes
4. Rituelle Morde
5. Tragen einer Kordel von ketzerischer Bedeutung
6. Der rituelle Kuß
7. Änderungen in der Liturgie der Messe und eine unorthodoxe Form der Absolution
8. Unmoral
9. Verrat an anderen christlichen Mächten

(Quelle: J.S.M. Ward, *Freemasonry and the Ancient Gods*)

Nach Aussage des Templer-Historikers Bothwell Gosse hatten sich die Mitglieder des Ordens der Anklagepunkte 1, 5, 6 und 7 durchaus schuldig gemacht. Er meint, daß ein Körnchen Wahrheit auch in Punkt 8 stecken könnte, aber daß sie völlig unschuldig waren, was die Punkte 2, 4 und 9 anging (Punkt 3 erwähnt er nicht).

Die Anschuldigung, eine Kordel mit ketzerischer Bedeutung zu tragen, ließ uns sofort an die Henkerschlinge denken, die jeder Freimaurerkandidat bei seiner Initiation trägt. In Rosslyn hatten wir die Darstellung eines bärtigen Templers gefunden, der einen Kandidaten an einer solchen Schlinge führt. Die Anklage bezüglich der rituellen Morde könnte ebenfalls zutreffen, wenn man die Betonung auf das Wort «rituell» legt, und wir nehmen das als Bezug auf den symbolischen Mord an jedem Templer- oder Freimaurerkandidaten vor seiner «Auferstehung» in die Bruderschaft.

Der Großmeister Jacques de Molay, der Präzeptor der Normandie Geoffroi de Charney, Hugo de Pairaud und Guy d'Auvergne blieben im Gefängnis, bis Klemens eine päpstliche Kommission unter dem Bischof von Alba und zwei anderen Kardinälen einberief. Hier sollten die Gefangenen nicht gehört, sondern nur ihre Urteile verkündet werden, da man ihre Schuld für erwiesen hielt. Philipp wollte die größtmögliche Publicity für diese Urteilverkündung, und er ordnete eine öffentliche Verhandlung an. Der Erzbischof von Sens und die drei päpstlichen Abgesandten nahmen am 18. März 1314 auf einer speziell zu diesem Zweck errichteten Bühne Platz, vor der eine große Menschenmenge stand, um vom Schicksal der vier Templer zu erfahren. Auf dem Platz herrschte Totenstille, als die ehrwürdigen Gefangenen aus ihren Verliesen auf die Plattform gebracht wurden. Der Bischof von Alba verlas ihre Geständnisse und verkündete lebenslange Haftstrafen, aber als er gerade zur Erläuterung ihrer Schuld kommen wollte, wurde er vom Großmeister unterbrochen, der darauf bestand, zu der versammelten Menge zu sprechen. Es ist durchaus möglich, daß de Molay dem Bischof sagte, er wolle aufstehen und seine Sünden persönlich vor der Menge bekennen. Man erlaubte ihm zu sprechen:

> «An einem so schrecklichen Tag und in den letzten Augenblicken meines Lebens möchte ich die schändliche Falschheit entlarven und der Wahrheit zum Sieg verhelfen. Daher erkläre ich angesichts des Himmels und der Erde zu meiner ewigen Schande, daß ich das größte aller Verbrechen begangen habe, nämlich ...»

Zweifellos machte de Molay hier eine Pause, um die Wirkung seiner Worte zu erhöhen, bevor er die Rede gegen seine Verfolger richtete.

> «... die Verbrechen zu gestehen, die dem Orden fälschlicherweise zur Last gelegt wurden.
> Ich bezeuge – und die Wahrheit verpflichtet mich, es zu tun –, daß der Orden unschuldig ist!
> Ich habe das Gegenteil nur behauptet, um den unerträglichen Schmerzen der Folter zu entgehen und um diejenigen zufriedenzustellen, die mir die Qualen zufügten.
> Ich kenne die Strafe, die über all die Ritter verhängt worden ist, die den Mut hatten, ein ähnliches Geständnis zu widerrufen. Aber das widerliche Spektakel hier wird mich nicht dazu bringen, eine Lüge nach der anderen zu verkünden.
> Ein Leben, das mir zu solch schändlichen Bedingungen angeboten wird, verlasse ich ohne Bedauern.» (Quelle: Anonymus, *Secret Societies of the Middle Ages*)

Damals standen natürlich noch keine Journalisten in der Menge, und es wurde bestimmt auch kein Protokoll geführt, und deshalb müssen wir einfach davon ausgehen, daß diese Worte von einigen etwas beleseneren Teilnehmern aus der Erinnerung so aufgeschrieben wurden.

Obwohl die Einzelheiten vielleicht nicht ganz genau wiedergegeben sind, kann man aber annehmen, daß die Schlüsselworte so lauteten und die allgemeine Aussage stimmt.

De Molay scheint seine Folterer in die Irre geführt zu haben, als er seine Rede begann, als wolle er ihre Anklagen bestätigen, um mit einer lebenslangen Gefängnisstrafe davonzukommen, dann aber sein scheinbares Geständnis in ein Leugnen jeglicher Schuld wendete. Am interessantesten an seiner Rede ist allerdings das, was er nicht sagte!

Der Großmeister erklärt, daß die Wahrheit ihn zu der Aussage verpflichte, daß die Templer unschuldig seien. Die Templer waren wirklich ein guter und gottesfürchtiger Orden, aber kein christlicher, denn nirgendwo in dieser Abschiedsrede erwähnt de Molay Jesus Christus. Man sollte eigentlich annehmen, daß der priesterliche Anführer dieser offenbar christlichen Organisation die Gelegenheit wahrnähme, seine Liebe zu Christus zu beteuern. Schließlich versuchte er zu beweisen, daß er seinen Messias nicht geleugnet habe. Warum sagte er nicht zum Beispiel: «Der Orden ist unschuldig, und ich drücke hiermit meine Liebe und Ergebenheit zu Jesus Christus, dem Erlöser der Welt, aus»?

Als letzter Hoherpriester Jahwes erklärte de Molay, daß der Orden «unschuldig» sei, was er seiner Ansicht nach ja auch war ... aber er ging nicht auf die Hauptanklage gegen die Templer ein und verkündete: «Der Orden hat Christus nie verleugnet.»

Dieser Rex-Deus-Großmeister und seine Gefolgsleute sprachen oft von Gott, aber wir kennen keine Aussagen, in denen sie sich auf Jesus Christus beziehen – selbst in dieser Abschiedsrede ist nicht die Rede davon. Aus de Molays Wortwahl entnehmen wir, daß man ihn – nachdem er offen zugegeben hatte, daß der Orden Christus als Sohn Gottes ablehnte – gezwungen hatte, sein schändliches Verhalten und die Tatsache, daß alle Templer Sünder seien, zu bekennen. Vor der Menschenmenge, die sich auf dem Platz vor Notre-Dame drängte, rückte er jetzt alles wieder gerade. Die Templer waren keine Sünder, sondern im Besitz einer größeren Wahrheit. Jesus Christus als «der Sohn Gottes» gehörte allerdings nicht dazu.

De Molay verursachte einen Aufruhr, und Geoffroi de Charney stand ihm bei. Die Kommission unterbrach die Veranstaltung, um

Philipp von der dramatischen Veränderung der Lage zu berichten. Dieser reagierte augenblicklich. Ohne erst die päpstliche Erlaubnis abzuwarten, verurteilte er die beiden Templer auf der Stelle zum Tod auf dem Scheiterhaufen. Am nächsten Tag wurden die beiden Templer auf einer kleinen Insel in der Seine – der Ile des Javiaux – einer nach dem anderen verbrannt. In den Quellen steht, daß Jacques de Molay und Geoffroi de Charney langsam auf einem heißen, rauchlosen Feuer gebraten wurden. Die Hitze wurde mit großer Sorgfalt angewendet – zuerst an ihre Füße und dann an ihre Genitalien, damit ihr Leiden so lange wie möglich dauerte. Während sein Fleisch schwarz wurde und langsam kochte, verfluchte de Molay Klemens und Philipp und befahl sie innerhalb eines Jahres vor den Thron des Obersten Richters (Gott). Als der Tod ihn schließlich erlöste, sollen laut *Secret Societies of the Middle Ages* viele Zuschauer wegen der Tapferkeit der beiden Templer Tränen vergossen haben, und in der Nacht wurde ihre Asche heimlich eingesammelt und wie eine Reliquie gehütet.

Der Tod von de Molay und de Charney wurde in einer populären Verschronik des Geoffroi de Paris aufgezeichnet, die man bei E. Burman, *Supremely Abominable Crimes* findet. Darin steht, daß de Molay darauf bestand, daß seine Hände nicht gefesselt würden, damit er sie benutzen konnte, um in den letzten Augenblicken seines Lebens zu beten. Die letzten Worte de Molays an seine Ankläger sollen gewesen sein:

> «Möge das Böse bald die, die uns zu Unrecht verdammten, überfallen – Gott wird unseren Tod rächen.»

Die Worte de Charneys, die er geäußert haben soll, während de Molays Körper brannte, verbreiteten sich schnell in ganz Frankreich:

> «Ich werde meinem Meister folgen, den ihr als Märtyrer getötet habt. Ihr habt das getan, ohne zu wissen, was ihr tut. So Gott will, werde ich heute wie er im Orden sterben.»

Wir haben bereits häufig aus einem Buch zitiert, das sehr detailliert auf bestimmte historische Aspekte der Templer eingeht. Es ist schwer zu verstehen, warum ein Mensch ein Buch wie *Secret Societies of the*

Middle Ages schreibt, um dann anonym zu bleiben. Dieser Mensch ist vielleicht sehr bekannt gewesen, vielleicht war er ein Politiker oder Kirchenmann, aber nach allem, was wir bisher wissen, war er sehr gut informiert. Denn Informationen, die nachprüfbar sind, haben sich als sehr akkurat erwiesen, und wir nehmen deshalb seine Worte sehr ernst. Dieser unbekannte Autor fügte in seinen Text über die Templer eine letzte Behauptung ein, die wir nicht ignorieren konnten. Hier seine Worte:

> «Wir wollen nicht leugnen, daß zu der Zeit der Unterdrückung des Ordens der Templer eine geheime Lehre existierte, die zum Ziel hatte, die päpstliche Macht mit ihrer Abgötterei, ihrem Aberglauben und ihrer Unfrömmigkeit zu überwinden, und daß die Freimaurerei vielleicht diese Lehre unter einem anderen Namen verkörpert.»

Leider wird der Autor, der ganz sicher kein Freimaurer war, an diesem Punkt nicht deutlicher. Unsere Forschungen haben gezeigt, daß die Freimaurer von denjenigen Templern abstammen, die nach Schottland flohen, und es kann keinen Zweifel daran geben, daß die presbyterianische und die spätere episkopale Form der Freimaurerei gegen die Macht der katholischen Kirche in Großbritannien opponierte. Seit der Vereinigung der englischen Freimaurerei im Jahr 1813 haben die Vereinigte Großloge von England und andere Großlogen sich tunlichst jeder religiösen oder politischen Meinungsäußerung enthalten.

Jacques de Molay wurde am frühen Morgen des 13. Oktober 1307 im Pariser Temple verhaftet, während König Philipp IV. aus sicherer Entfernung zusah. Die Templer leisteten keinen Widerstand, und der Großmeister wurde gefoltert, damit er ein Geständnis ablegte. Er bekannte, daß der Orden Christus verleugnete, weigerte sich aber standhaft zuzugeben, daß die Templer homosexuellen Praktiken huldigten.

Unsere Theorie, daß Jacques de Molay gekreuzigt wurde und daß das Grabtuch sein Bild trägt, wurde durch die folgenden bekannten Tatsachen gestützt:

1. Das Datum seiner Folterung paßt zu der Kohlenstoff-Datierung des Stoffes, aus dem das Grabtuch ist.
2. Wir haben die Erklärung, warum ein Grabtuch greifbar war, denn es wurde im Pariser Temple für die Auferstehungsrituale benutzt. Die Freimaurer verwenden solche Grabtücher bis heute.
3. Wir haben zwei Motive für die Kreuzigung: Die Inquisition mußte eine Form der Folter benutzen, die keine besonderen Gerätschaften erforderte, und Imbert wußte, daß die Templer Christus geleugnet hatten und sich über seine Auferstehung mit ihren ketzerischen Zeremonien «lustig» machten, weshalb er de Molay das erleiden lassen wollte, was Christus widerfahren war.
4. Wir wußten, daß die Opfer der Inquisition immer nackt ausgezogen wurden und daß die Inquisitoren dafür bekannt waren, daß sie Menschen an geeignete Objekte nagelten.
5. Wir wissen aus den Beweisen, die uns das Abbild auf dem Tuch bietet, daß das Opfer mit großer Sicherheit noch am Leben war, als es in dem Tuch lag, denn es wurde auf ein Bett, nicht auf eine Steinbank gelegt.
6. Wir wissen, daß de Molay zu einem späteren Zeitpunkt seine Wunden zeigte.

Es sah also sehr gut aus für unsere Hypothese, aber wir brauchten noch mehr Beweise, ehe wir sicher sein konnten.

Jacques de Molay starb in den Flammen des Scheiterhaufens, nachdem er sein Geständnis, der Orden habe gesündigt, widerrufen hatte. Seltsamerweise widerrief er nicht sein Geständnis, daß die Templer geleugnet hätten, Christus sei der Sohn Gottes.

9

Der Kult des zweiten Messias

Eine Zeit der Prophezeiungen

Im frühen zwölften Jahrhundert befand sich das Judentum als Religion im Niedergang. Das treibende Konzept dieser Religion war die Idee eines erwählten Volkes und des Messias, der dieses Volk seinem Schicksal entgegenführen würde.

Die Juden glaubten, daß das Kommen des Messias durch die Rückkehr des Propheten Elias vorbereitet würde, wenn die letzten Tage der alten Ordnung gekommen wären und Elias' Geist in Gestalt eines jüdischen Lehrers erscheinen und den neuen König verkünden würde. Diese Lehren ermutigten jüdische Gelehrte, nach «Zeichen der Zeit» Ausschau zu halten und zu versuchen, das «Ende der Tage» vorherzusehen (Quelle: H. Schonfield, *The Passover Plot*).

Sieben Jahre nachdem die Templer ihren neuen Orden gegründet hatten, wurde in Córdoba ein jüdisches Kind namens Moses ben Maimon geboren. Córdoba gehörte damals zum maurischen Teil Spaniens und war einer der wenigen Orte, wo man die Juden achtete und ihre Fähigkeiten begrüßte. Die Geburt von Moses fiel auf den Jahrestag des Todes Jesu – der Abend des Passahfestes des Jahres 4895, was nach christlicher Zeitrechnung den 30. März 1135 bedeutete.

Obwohl er unter dem Namen Maimon geboren wurde, kannte man ihn später nur unter dem Namen Moses Maimonides. Er wuchs in einer maurisch-islamischen Umgebung auf, die sich auf dem Höhepunkt ihrer Blüte befand und wo man – anders als im christlichen Europa – die Ausbildung des Geistes ermutigte und bewunderte. Seine religiöse Erziehung inspirierte ihn dazu, das ganze Erbe des jüdischen Volkes zu studieren, das natürlich viel mehr ist als nur eine Religion, denn das Gesetz enthält Regeln für jede Situation des Alltags.

In einem Brief an einen anderen Rabbi sagte er:

> «Obwohl mir die Thora seit meiner Kindheit angetraut war und mir als die Gemahlin meiner Jugend, in deren Liebe ich dauernde Freude finde, weiter am Herzen liegt, sind fremde Frauen, die ich anfangs als ihre Handlanger in mein Haus nahm, ihre Rivalinnen geworden und nehmen viel von meiner Zeit in Anspruch.» (Quelle: I. Kobez & H. Friedenwald, *The Jews in Medicine*)

Diese Rivalinnen um seine Gunst waren die Naturwissenschaften im allgemeinen und die Medizin im besonderen, und er wurde zu einem geachteten Heiler, der bald Arzt am Hofe von Saladin wurde. Er war ein brillanter Mediziner, und seine Bücher zu diesem Thema machten ihn unter den Gelehrten zu einer sehr bekannten Gestalt. Diese Bücher waren für die Allgemeinheit bestimmt, sie enthielten nichts Religiöses, beleidigten weder Christen noch Moslems und wurden so von vielen Menschen gelesen. Christliche Mönche übersetzten sie sogar ins Lateinische.

Das Interesse an Maimonides' medizinischen Werken führte oft dazu, daß seine Leser auch wissen wollten, wie er über andere Fragen dachte, und er wurde einer der geachtetsten und bekanntesten Rabbis des Mittelalters. Er schrieb in mehreren Sprachen, und in einem arabischen Werk namens *Führer der Umherirrenden* brachte er Glauben und Vernunft zusammen, indem er die Säulen des rabbinischen Judentums mit dem Rationalismus der aristotelischen Philosophie verband. Hier rang er mit so komplexen Themen wie dem Wesen Gottes und der Schöpfung, dem freien Willen und dem Problem der Definition von Gut und Böse. Sein weises, klares Denken sollte führende christliche Philosophen wie Thomas von Aquin und Albertus Magnus beeinflussen.

Wenn die Juden des Jemen ein ernstes religiöses Problem bewegte, pflegten sie sich ratsuchend an Maimonides zu wenden. Der Rabbi teilte ihnen mit, daß die Kraft der Prophezeiung im Jahre 1210 wieder nach Israel zurückkehren würde – danach würde der Messias erscheinen. Natürlich riet er ihnen auch, diese Information für sich zu behalten (Quelle: G.W. Buchanan, *Jesus – The King and His Kingdom*).

Im Jahr 1170 verlangte der Herrscher des Jemen, der schiitische Mahdi, plötzlich, daß alle Juden, die dort seit der Vertreibung aus Israel lebten, entweder zum Islam konvertieren oder getötet werden sollten. Zu dieser Zeit war im Jemen der jüdische Messiasglaube gerade wieder aufgelebt und verbreitete sich auch in andere Länder. Man glaubte, daß die versprochene Ankunft des Messias kurz bevorstehe. Viele fromme Juden begannen damit, aus Buße für ihre Sünden ihren Besitz an die Armen zu verschenken. Die messianische Bewegung schien die Lage der Juden im Jemen noch zu verschlechtern, und deshalb wandte sich Jakob al Fayumi ratsuchend an Maimonides, den Weisen von Fostat (Quelle: J.S. Minkin, *The Teachings of Maimonides*). Maimonides' Antwort ist der berühmte Brief an die Juden des Jemen, den man *Iggert Teman* nennt.

In diesem Brief, der in europäischen Wissenszentren sehr bekannt wurde, macht er auch Bemerkungen über das bevorstehende Kommen des jüdischen Messias, und zwar auf der Grundlage seines umfangreichen Studiums jüdischer Literatur, in der es heißt, daß der Messias sich im großen Meer Roms verbergen würde.

Diese Weissagung stellte ganz klar fest, daß der neue Messias zwar als Mitglied der römisch-katholischen Kirche auftreten, in Wahrheit aber der neue Messias Jahwes sein würde!

Als er an die Juden des Jemen schrieb, faßte Maimonides diese volkstümliche Version des Messiasglaubens zusammen und versah sie mit einer zeitgenössischen Bedeutung:

> «Der König Messias wird kommen und das Königreich Davids neu errichten (...) Der Messias wird ein sterblicher Mensch sein, der sterben wird, und seine Erben werden ihm nachfolgen und nach ihm herrschen (...) Dann wird der Herr, euer Gott, eure Gefangenschaft enden, zurückkehren und euch sammeln.» (Quelle: B. Cohen, *Maimonides' Letter to Yemen*)

Wir fanden Maimonides' Wortwahl sehr interessant. Er kombinierte das Wort «Messias» mit dem Wort «König», was darauf hindeutet, daß er sehr wohl um die Existenz eines zweiten, priesterlichen Messias wußte. Er weist auch explizit darauf hin, daß der König Messias das Geschlecht Davids neu erstehen lassen würde: mehr eine königliche Dynastie als einen Menschengott, an den die Christen glaubten.

Diese Weissagung, die vom größten jüdischen Gelehrten des Mittelalters ausging, wurde von christlichen Gelehrten in ganz Europa studiert. Sie erwies sich als sehr bedeutungsvoll für die römisch-katholische Kirche, die natürlich kein Interesse am Auftauchen eines zweiten Messias hatte, denn ein solcher Gedanke könnte die Autorität, die sie von ihrem ersten Messias bezog, in Frage stellen. Viele belesene Leute wußten jetzt, daß einer der bedeutendsten jüdischen Lehrer aller Zeiten die unmittelbar bevorstehende Ankunft eines Messias vorhergesagt hatte, der auch noch mit der römischen Kirche in Verbindung stehen würde.

Ein anderer Mann, der wie Maimonides im Jahr 1135 geboren wurde, trug ebenfalls viel zur Entstehung eines neuen messianischen Glaubens bei. Er hieß Joachim von Fiore, ein kalabrischer Abt mit einer apokalyptischen Zukunftsvision, die auf einem seltsamen, aber hochentwickelten numerischen System biblischer Analyse basierte. Wie die großen und die kleinen Arkana des Tarots durch eine numerische Methode Karten der inneren Welt mit denen der äußeren Welt verbinden, verknüpfte Joachims Zahlensystem Ereignisse des Alten Testaments mit denen des Neuen.

Er glaubte, daß «das Zeitalter des Sohnes» zu Ende gehe und daß «das Zeitalter des Geistes» bald herannahen würde. Seiner Berechnung nach hatten zwischen Adam und Jesus zweiundvierzig Generationen gelegen, und er folgerte daraus, daß das neue Zeitalter zweiundvierzig Generationen nach Jesus beginnen würde, was, wie er schrieb, um 1260 der Fall sein dürfte. Der Abt warnte, daß dieser Übergang nicht sanft erfolgen würde, sondern daß erst eine langwierige Schlacht mit dem Antichristen zu kämpfen und zu gewinnen sei, ehe das wundervolle neue Zeitalter beginnen würde.

Nach seinem Tod wurden Joachims Ideen Allgemeingut und bald von anderen Denkern auf unterschiedliche Weise weiterentwickelt. Eine Gruppe, die im Schicksalsjahr 1260 eine Gemeinschaft gründete, nannte sich Apostolische Brüder, und sie führte einen bewaffneten Aufstand gegen die römisch-katholische Kirche. Sie glaubten, daß Gott dem Papst und seinem gesamten Klerus die Autorität entzogen habe. Sie würden sämtlich in der bevorstehenden Schlacht, die das «Zeitalter des Geistes» einleiten sollte, getötet werden. Im Jahre 1304 zogen sich die Apostolischen Brüder in ein paar Alpentäler zurück, um auf das Ende der Welt zu warten, das für sie – wie für die Templer – im Jahr 1307 kam, als sie von kirchlichen Streitkräften am Monte Rebello abgeschlachtet wurden (Quelle: D. Thompson, *The End of Time*).

Für die Menschen in Europa war der Beginn des vierzehnten Jahrhunderts eine beängstigende Zeit. Die Kirche ließ ihre Gläubigen allein, und der erwartete Messias war immer noch nicht gekommen. Die apokalyptische Vision des Joachim sollte bald bittere Realität werden, als der Schwarze Tod sich seinen Weg durch die gesamte christliche Welt bahnte.

Christentum in Not

Als Jacques de Molay auf dem Scheiterhaufen stand, verfluchte er Philipp IV. und Papst Klemens. Innerhalb von drei Monaten waren beide tot.

Philipp, der immer die Jagd geliebt hatte, stürzte während eines Jagdausflugs vom Pferd und war sofort tot. Klemens starb an einem Fieber, das angeblich durch vergifteten Meßwein hervorgerufen wurde, der ihm von einem seiner eigenen Priester gereicht worden sein soll, aber es ist wahrscheinlicher, daß er dem Darmkrebs erlag, der ihn schon in den zwei Jahren davor zu einem kranken Mann gemacht hatte.

Als ein noch deutlicheres Zeichen nahm die abergläubische Bevölkerung, was mit der Leiche von Klemens nach dessen Tod geschah. Der Leichnam war aufgebahrt worden, als des Nachts ein Gewitter aufkam. Ein Blitz traf die Kirche, die sogleich lichterloh in Flammen stand. Als das Feuer gelöscht war, war der Leichnam von Klemens schon fast völlig zu Asche verbrannt.

Vielen erschien es, als habe der höchste Richter auf diese Weise sein Urteil über die wahren Schuldigen vollstreckt.

Ein anderer Templer auf dem Scheiterhaufen hatte den obersten Gefolgsmann des Königs, Guillaume de Nogaret, eingeladen, innerhalb von acht Tagen mit ihm gemeinsam vor Gottes Thron zu treten. Es scheint, als hätte man de Nogaret dabei «geholfen», diese Verabredung einzuhalten, denn binnen einer Woche war auch er tot.

Die Geschichte vom Tod der Feinde des Großmeisters verbreitete sich wie ein Lauffeuer in Frankreich und führte rasch zu dem Glauben, die Seele von de Molay lebe weiter und habe die Macht, Gottes Zorn auf seine Verfolger herabzurufen. Die Legende wuchs, und selbst noch zur Zeit der Französischen Revolution soll einer der Zuschauer bei der Enthauptung Ludwigs XVI. seine Hand in das Blut des Königs getaucht, es über die Menge gespritzt und gerufen haben: «Jacques de Molay, du bist gerächt!» (Quelle: R.F. Gould, *History of Freemasonry*)

Wenn man als großer kultureller Held gefeiert sein will, ist es unabdingbar, tot zu sein. Von Jesus Christus bis hin zu modernen Ikonen wie Che Guevara, James Dean oder Buddy Holly übertrifft die Legende nach ihrem Tod bei weitem den Ruhm, den sie zu Lebzeiten erfuhren. Wenn die Umstände ihres Ablebens ungewöhnlich oder bemerkenswert waren – um so besser. Jacques de Molay starb einen sehr schrecklichen und öffentlich demonstrierten Tod, der nicht nur den Niedergang eines ehemals großen Kreuzfahrerordens anzeigte, sondern auch den Abschied von einer glorreichen Periode abendländischen Stolzes, in der Ritter in der Schlacht fast magische Kräfte zu besitzen schienen, um das Licht über die Finsternis siegen zu lassen. Um die Mitte des vierzehnten Jahrhunderts war die Kirche an einem Tiefpunkt angelangt, und es standen Ereignisse bevor, die ihr ernsthaften Schaden würden zufügen können.

Noch über dreiundvierzig Jahre nach dem Tod de Molays besaßen die Erinnerungen und Legenden, die sich um ihn rankten, alle notwendigen Eigenschaften, um ihn zur Gründerfigur eines für die Kirche sehr bedrohlichen Kults werden zu lassen. Die Erwartung eines zweiten Messias lag, dank der oft publizierten Weissagungen des Maimonides, überall in der Luft, und die Menschen glaubten, die Pest und andere Katastrophen seien der Beginn der Apokalypse, die den Messias ankündigte. Daß die beiden größten Feinde von de Molay rasch unter seltsamen Umständen gestorben waren, hatte ihn zu einer großartigen Figur gemacht, und seine Asche und seine verkohlten Knochen wurden, wie wir wissen, fast wie heilige Reliquien behandelt.

Eine Generation nach de Molays Tod wurde Europa von einer Reihe von Katastrophen heimgesucht. Im Jahre 1345 gab es in Rom eine große Überschwemmung. Zwei Jahre später gab es einen Aufstand, und noch einmal zwei Jahre später beschädigte ein starkes Erdbeben alle großen Basiliken. Doch dann schlug die entsetzlichste Plage aller Zeiten zu.

Der Schwarze Tod, eine Form der Beulenpest, wird durch die Bakterie *Yersinia pestis* hervorgerufen und durch infizierte Flöhe und Ratten auf Menschen übertragen. Die Krankheit beginnt mit Fieber, dann schwellen die Lymphknoten schmerzhaft an, und es kommt zu Blutungen, die schwarz werden – daher der volkstümliche Name dieser schrecklichen Krankheit. Sie wird durch Tröpfcheninfektion beim Husten oder Niesen von Kranken übertragen.

Man nimmt an, daß der Schwarze Tod als Epidemie in den zwanziger Jahren des vierzehnten Jahrhunderts in der Wüste Gobi zuerst auftrat und dann auf China übergriff, wo ein Drittel der Bevölkerung der Pest zum Opfer fiel, so daß nur knapp fünfunddreißig Millionen Menschen überlebten. Dann gelangte sie über die Handelsrouten nach Indien, dem Nahen Osten und Europa. Um 1349 hatte die Pest bereits ein Drittel der Bevölkerung der islamischen Welt umgebracht. Zwei Jahre zuvor hatten die Kipchaken, ein Nomadenvolk der eurasischen Steppe, vorsätzlich eine europäische Siedlung mit der Krankheit angesteckt, indem sie in einen belagerten genuesischen Handelsposten auf der Krim infizierte Leichen katapultierten. Von der Krim brachten die Genueser, ohne es zu wissen, die Seuche auf einem Schiff, auf dem sich infizierte Ratten befanden, nach Sizilien, und im Jahr 1347 raste der Schwarze Tod durch Sizilien, Nordafrika, Italien, Frankreich und Spanien. Um 1349 hatte die Pest Ungarn, Österreich, die Schweiz, Britannien, Deutschland, Holland, Belgien und Dänemark heimgesucht, und im Jahre 1350 erreichte sie Schweden und Norwegen, wo sie mehr Menschen umbrachte als verschonte.

Die Skandinavier brachten die Seuche ins entfernte Island und dann nach Grönland, wo sie wahrscheinlich den Untergang der Wikingersiedlungen beschleunigte. Nach Meinung des norwegischen Reeders Fred Olsen, der seit vielen Jahren eng mit dem Forscher Thor Heyerdahl befreundet ist, kann man annehmen, daß die Seuche schon vor Kolumbus durch europäische Händler in Teile Amerikas gebracht wurde, wo sie die Stadtstaaten im heutigen Süden der USA vernichtete und die gesamte Zivilisation der Tolteken zerstörte, so daß ihre verwaisten Städte von einem Apachenstamm besiedelt werden konnten, den wir Azteken nennen.

Mindestens fünfundzwanzig Millionen Europäer starben während der ersten Pestwelle. Doch die Pest kehrte noch fünfmal zurück: 1361–63, 1369–71, 1374–75, 1390 und 1400. Insgesamt hat der Schwarze Tod mehr von der Weltbevölkerung umgebracht als jede andere Katastrophe vorher oder nachher.

Die gesamte gesellschaftliche Kultur der Christenheit wurde durch die Seuche verwandelt, der in den vier Jahren zwischen 1347 und 1351 fast ein Drittel der christlichen Bevölkerung zum Opfer gefallen sein soll. Diese apokalyptischen Ereignisse führten zu seltsamen religiösen Praktiken. Eine Gruppe davon waren die Flagellanten, die versuchten, den Zorn Gottes zu besänftigen, indem sie Kruzifixe trugen und sich, wo sie auch gingen, geißelten. Wie immer suchten viele Gesellschaften nach Sündenböcken, und in Straßburg und Brüssel wurden Tausende von Juden abgeschlachtet.

Auch die Kirche wurde für die Katastrophe verantwortlich gemacht, und das trotz der Tatsache, daß unzählige Priester und Mönche bei dem Versuch umgekommen waren, den Kranken zu helfen. Im Jahr 1351 war der Klerus durch die Seuche stark dezimiert, die wirtschaftliche Lage Europas mehr als schlecht, und die Überlebenden rebellierten offen gegen Kirche und Staat.

Wie wir zeigen werden, erwarteten auch die übriggebliebenen Templer und ihre vielen Anhänger die Ankunft des zweiten Messias. Jacques de Molay wurde rasch zum großen Helden stilisiert, und man fragte sich, ob er vielleicht der Messias gewesen sei, den man wieder getötet hatte. Diejenigen, die wußten, daß der Großmeister gekreuzigt worden war, waren davon überzeugt, und das Gerücht muß sich zum Entsetzen der Kirche rasch verbreitet haben. Nach der Kreuzigung Jesu war das Heilige Land heimgesucht und die Bevölkerung fast völlig ausgerottet worden. Jetzt wiederholte sich dieses Geschehen.

Das letzte, was die Kirche in dieser Situation gebrauchen konnte, war das Auftauchen eines wundersamen Abbildes des gekreuzigten Jacques de Molay – aber genau das sollte kurz darauf erscheinen!

Die Schlacht des heiligen Abbilds

Im Juni 1353 gestattete König Johann II., genannt «der Gute», Geoffroi de Charney die Errichtung einer Stiftskirche in der Stadt Lirey. Wir glauben, daß dieser Geoffroi de Charney der Enkel von Jean de Charney war, dem Bruder des Templer-Präzeptors der Normandie, der zusammen mit Jacques de Molay auf dem Scheiterhaufen gestorben war. Er war ein begabter und ehrgeiziger Ritter, dem es gelang, das Vertrauen des Königs zu erwerben. Im Jahr 1355 wurde Geoffroi zum Standartenträger König Johanns ernannt, und es sah ganz so aus, als würde er es bei Hofe noch weit bringen.

Am 28. Mai 1356 weihte Henri von Poitiers, der Bischof von Troyes, Geoffrois neue Kirche in Lirey, zu deren Besitztümern, für uns auffälligerweise, kein Grabtuch gehörte.

Vier Monate später, am 19. September 1356, kämpfte Geoffroi an der Seite König Johanns in der Schlacht von Poitiers, als das Blatt sich zu Ungunsten der Franzosen wendete. Als die Engländer näher rückten, versuchte Geoffroi verzweifelt seinen König zu verteidigen und fiel dabei. Der König wurde von Edward, dem Schwarzen Prinzen, als Geisel genommen, der ihn in England gefangensetzte und für seine Freilassung die riesige Summe von drei Millionen Kronen forderte.

Geoffrois junge Witwe Jeanne de Vergy sah sich nach dem Tod ihres Mannes in einer schwierigen finanziellen Situation, weil auch kein König da war, der ihr eine Pension hätte garantieren können. Ein paar Wochen nach dem Empfang der Todesnachricht mußte sie sich an den nachfolgenden Regenten, Johanns Sohn Charles, wenden und um Hilfe bitten. Sie hatte einen kleinen Sohn, der auch den Namen Geoffroi de Charney trug, und nur wenig Geld, aber Charles hatte selbst finanzielle Probleme und konnte ihr nicht viel helfen.

Wie man es normalerweise unter solchen Umständen tut, fertigte auch Jeanne eine Aufstellung von Geoffrois Besitztümern. Unter den Stücken, die sie herauszog, befand sich ein großes Leinenlaken, das ziemlich alt war und Stockflecken aufwies. Es wurde auseinandergefaltet, um seinen Wert besser schätzen zu können, und zu Jeannes Überraschung konnte sie inmitten der Stockflecken auf dem Stoff ein Gesicht erkennen. Nachdem es ganz auseinandergefaltet war, erkannte sie zwei vollständige Abbildungen eines Mannes – die Vorderansicht und die Rückenansicht. Dieses seltsame Bild sollte auf alle Welt wie das Bild Jesu Christi nach der Kreuzigung wirken.

Zuerst waren wir nicht sicher, ob man in der Familie weitererzählt hatte, was zwei Generationen zuvor mit Jacques de Molay geschehen war. Fünfzig Jahre sind eine sehr lange Zeit, aber die Beweise sagten uns, daß Jeanne eine sehr intelligente Frau war, und wir glauben, daß sie wahrscheinlich wußte, daß das Laken einmal den letzten Großmeister der Templer umhüllt hatte, nachdem er von der Inquisition gekreuzigt worden war. Nachdem wir uns genau angeschaut hatten, was sie dann machte, waren wir sicher, daß sie genau wußte, was sie da in Händen hielt.

Jeanne de Vergy sah in diesem fleckigen Laken einen Weg aus ihrer finanziellen Misere. Sie überredete die Geistlichen der neuen Kirche von Lirey, das Tuch als heilige Reliquie auszustellen, und sie war so geschäftstüchtig, daß sie sogar einen Teil ihrer mageren finanziellen Rücklagen darein investierte, eine Gedächtnismünze für die Besucher prägen zu lassen, die dann auch einigen Gewinn brachte.

Die Pilger kamen in Scharen nach Lirey. Das Geschäft mit heiligen Reliquien war im vierzehnten Jahrhundert immer lukrativ, und die Kirche tendierte gewöhnlich dazu, so etwas zu fördern, denn es steigerte den Aberglauben der Menschen auf eine Weise, die die Autorität der Kirche stärkte. Bischof Henri von Poitiers kam bald etwas über den stetig wachsenden Pilgerstrom zu Ohren, und als er das Grabtuch sah, begann er, dessen Herkunft zu untersuchen.

Wir glauben, daß Henri von Poitiers auf Menschen traf, die wußten, daß de Molay unter der Folter gekreuzigt worden war, und er hörte, daß die Familie Charney das Grabtuch erhalten hatte, das den berühmten Templer umhüllte. Das muß den Bischof alarmiert haben, denn de Molays Tod hatte diesen zu einem Märtyrer von hohem Ansehen gemacht, und wenn bekannt wurde, daß er auf Befehl König Philipps gekreuzigt worden war und eine Dornenkrone getragen hatte, dann würde die Phantasie der Menschen keine Grenzen mehr kennen.

Ein neuer Messias wurde erwartet, und hier war eine Geschichte, die die ganze Christenheit in Brand setzen konnte, falls sie bekannt wurde. Die Tatsache, daß de Molay das Bild seines Leidens wunderbarerweise auf dem Grabtuch hinterlassen hatte, versetzte den Bischof in Angst und Schrecken. Und zwar nicht so sehr deshalb, weil er die Macht des toten Großmeisters fürchtete, sondern wegen der Massenhysterie, die ein solcher neuer Kult auslösen würde. Wahrscheinlich hat sich die Kirche vor dieser seltsamen Reliquie mehr gefürchtet als vor allen Moslemhorden im Heiligen Land zusammengenommen.

Die Templer galten im Volk ohnehin schon als die wahren Hüter des Grals, weil sie die Templerversion der Gralslegende, den *Perlesvaus*, gepflegt hatten. Das Interesse an der messianischen Gestalt des König Artus und die Wiederbelebung alter ritterlicher Werte war seit dem Sturz des Ordens, dessen Mitglieder sich als die Nachfolger des Erlöserkönigs ausgegeben hatten, stetig gewachsen. In England gründete genau zu dieser Zeit König Edward III. gerade eine neue Tafelrunde in Winchester, womit er auf lange Sicht einen den Templern ähnlichen Ritterorden ins Leben rufen wollte (Quelle: G. Phillips & M. Keatman, *King Arthur: The True Story*). Jedes Wunder, das de Molay zugeschrieben wurde, wie zum Beispiel sein Erscheinen als Christus in diesem Abbild, konnte leicht das Gleichgewicht zu Ungunsten der Kirche beeinträchtigen und überlebende Anhänger der Templer zu Jüngern des zweiten Messias machen.

Die Ähnlichkeiten zwischen dem Tod Jesu und dem de Molays waren bereits aufgefallen. Der zeitgenössische Dichter Dante hatte ein Gedicht geschrieben, in dem Philipp der Schöne als der «Pontius Pilatus» der Templer beschrieben wurde. Wenn das Grabtuch in der Kirche von Lirey jemals als das erkannt wurde, was es war, dann hätte die Welt ihren zweiten Messias.

Das Grabtuch mußte zerstört werden, ehe es die Kirche zerstörte.

Henri von Poitiers reagierte schnell, indem er behauptete, er habe den Mann gefunden, der das Abbild geschaffen habe, und befahl, das

Grabtuch zu zerstören – eine Anweisung, die in den Archiven der Diözese Troyes nachzulesen ist. Doch er gab nicht an, wer dieser «Mann» war, wie man es bei einer simplen Fälschung doch erwartet hätte.

Das Grabtuch wurde ab sofort nicht mehr öffentlich ausgestellt, aber Jeanne versteckte es, anstatt es zu vernichten. Sie muß die Bedeutung der Lage gespürt haben, denn ihr restliches Leben scheint sich darum gedreht zu haben, das Grabtuch wieder öffentlich auszustellen. Es ist wahrscheinlich, daß man Henri mitteilte, das Grabtuch sei zerstört worden, weil er bis zu seinem Tod hervorragende Beziehungen zur Familie Charney pflegte.

Jeanne war noch immer jung, und sie heiratete den reichen Adligen Aymon von Genevainto. Dieser gehörte einer Familie an, deren Einfluß in der Kirche so groß war, daß im Jahre 1378 der angeheiratete Neffe von Jeanne der neue Papst Klemens VII. wurde.

Es scheint äußerst bemerkenswert, daß die Witwe eines obskuren Ritters in eine so einflußreiche Position gelangte, und das kann kaum Zufall sein. Eine weitere interessante Entwicklung in diesem Stück ist die Tatsache, daß Jeannes Sohn, Geoffroi, die Nichte des Bischofs Henri von Poitiers heiratete, also des Mannes, der befohlen hatte, das Grabtuch zu zerstören.

Jeanne und ihr Sohn hatten ganz andere Pläne mit dem Tuch, sie wollten Geld damit verdienen, es wieder als heilige Reliquie in Lirey zu zeigen. Die Ausstellung des Grabtuches wurde im Jahre 1389 wieder aufgenommen.

Die Bedeutung der kleinen Kirche in Lirey wuchs rasch, als sie immer mehr Pilger anzog, aber dieser Erfolg erregte auch die Aufmerksamkeit des damaligen Bischofs, eines Kirchenanwalts namens Pierre d'Arcis. Er hörte Berichte über den ständig größer werdenden Kult um das Grabtuch von Lirey, und wie Henri von Poitiers zweiunddreißig Jahre zuvor beschloß er, die Herkunft selbst zu klären. Als er sich Henris Aufzeichnungen ansah, fand er schnell heraus, was die letzte Untersuchung ergeben hatte, und war entsetzt. Henri hatte niedergeschrieben, daß das Grabtuch zwar nicht das Bild Christi trage, es aber viel zu gefährlich sei, sein schreckliches Geheimnis für die Nachwelt aufzulösen. Statt dessen schrieb er, das Tuch sei eine Fälschung und der «Urheber» sei ihm bekannt. Er nannte nicht den Namen

Imbert, der ja der Inquisitor de Molays gewesen war, aber weil er sich weigerte, den Schöpfer des Grabtuchs mit Namen zu nennen oder zu offenbaren, was er wußte, glauben wir, daß er sich auf den Inquisitor bezog.

Durch das Wiederaufleben dieser «Fälschung» alarmiert, befahl der Bischof dem Dechanten von Lirey, die öffentliche Ausstellung sofort abzubrechen, aber die Antwort, die er darauf erhielt, versetzte ihn sicher in Erstaunen. Der Dechant sagte, er besäße eine Erlaubnis von höherer Stelle, die es ihm erlaube, das Grabtuch auszustellen, und die Reliquie stünde unter dem Schutz der Krone. Außerdem informierte man d'Arcis, daß der gegenwärtige Patron, Geoffroi de Charney, das Grabtuch wieder in seinen Besitz genommen und die Erlaubnis vom König erwirkt habe, das Tuch durch eine Ehrenwache zu schützen, die verhindern solle, daß der Bischof es mit Gewalt an sich riß. Pierre d'Arcis war aufgebracht, daß man ihn so ausgespielt hatte, und er verlegte sich auf die Diplomatie, letzte Möglichkeit der Zuflucht eines Kirchenmannes.

Mit soviel Demut, wie er aufbringen konnte, richtete d'Arcis eine Petition an Geoffroi, in der er darum bat, die Ausstellung wenigstens solange auszusetzen, bis man eine päpstliche Anweisung habe, damit den Seelen einfacher Pilger kein großer Schaden zugefügt wurde. Doch Geoffroi wich keinen Millimeter zurück. Die lukrative Ausstellung wurde fortgesetzt, als habe es keine Petition gegeben.

Bischof d'Arcis war ausgebildeter Anwalt und brachte schnell eine Klage vor den König. Das Gesetz veranlaßte diesen, der vernünftigen Forderung des Bischofs nach einer Aussetzung der Ausstellung bis zu einer Entscheidung durch den Papst zu entsprechen. Das tat er, indem er befahl, das Grabtuch an d'Arcis zu übergeben, und er autorisierte den Büttel von Troyes, es zu konfiszieren – aber dieser kam mit leeren Händen zurück, denn Geoffroi weigerte sich einfach, das Grabtuch herauszugeben.

Diese Kraftprobe dauerte bis zum Sommer 1389 an, als sich das Problem auf höchst unerwartete Weise löste. Geoffroi de Charney organisierte ein Treffen mit dem Papst in dessen Palast in Avignon, und Papst Klemens entschied, ohne Rücksprache mit d'Arcis zu halten, daß die Ausstellung fortgesetzt werden dürfe. Doch er stellte dabei eine Bedingung, die den aufgebrachten Bischof beschwichtigen sollte. Er befahl, daß die Priester von Lirey klar und deutlich versichern mußten, es handle sich um «eine Kopie oder Wiedergabe» des Grabtuches Christi. Sie durften nicht behaupten, es sei echt.

Bischof d'Arcis glaubte, daß der Papst keine solche Entscheidung gefällt hätte, wenn ihm nicht bestimmte Fakten vorenthalten worden wären. Er muß wirklich geglaubt haben, daß der Dechant von Lirey und Geoffroi de Charney «in betrügerischer Absicht und aus reiner Gewinngier» handelten. Die Seelen seiner Gläubigen waren d'Arcis wichtiger als ein päpstliches Sprechverbot, und deshalb beschloß er, einen detaillierten Bericht für Klemens VII. zusammenzustellen, in dem er alles aufführte, was er über die Herkunft des Grabtuches wußte, um den Papst zu überreden, seine Entscheidung rückgängig zu machen.

Der Bericht, den Bischof d'Arcis an Papst Klemens VII. im Jahr 1389 schrieb, ist in der Bibliothèque Nationale in Paris in der *Collection Champagne* v154, Folio 138 unter den Papieren von Pierre d'Arcis zu finden.

Wenn man diesen Bericht liest, kann man nicht an der Aufrichtigkeit und der Überzeugung d'Arcis' zweifeln. Er war der Ansicht, daß hier ein großes Unrecht geschah, indem man einfachen Pilgern das Geld aus der Tasche zog, und suchte das mittels seiner Autorität zu verhindern. Er glaubte, daß der Papst die schreckliche Wahrheit nicht kenne, und war entschlossen, ihm zu sagen:

> «Es wundert wirklich alle, die die Fakten dieses Falles kennen, daß man mich von seiten der Kirche an einem rechten Vorgehen hindert, wo ich doch von dort große Unterstützung erfahren sollte und Strafe hätte erwarten können, wenn ich mich nachlässig gezeigt hätte (...)»

Über die erste Untersuchung durch Henri von Poitiers sagte der Bischof:

> «(...) nach sorgfältigen Ermittlungen entdeckte er schließlich den Betrug und wie der besagte Stoff kunstvoll von Hand gefertigt wurde, was von dem Handwerksmeister, der ihn schuf, bestätigt

wurde. Dies ist der Beweis, daß es sich um ein Werk von Menschenhand handelt und nicht durch ein Wunder entstand (...)»

(...) ich bin überzeugt, daß ich in meinen schriftlichen Aufzeichnungen nicht auszudrücken vermag, wie schrecklich dieser Skandal ist, welche Verachtung die Kirche und ihre Rechtsprechung erfahren wird und in welche Gefahren es die Seelen stürzt.» (Quelle: «The Holy Shroud and the Verdict of History», übers. H. Thurston, *The Month*, Bd. CI, 1903)

Klemens führte keine eigene Untersuchung durch und beriet sich auch nicht weiter mit d'Arcis, sondern brachte am 6. Januar 1390 drei Dokumente heraus, die den Streit beendeten – aber auf eine Art, die d'Arcis weder zufriedenstellen konnte noch eine der Klagen beseitigte, die er in seinem Bericht geführt hatte.

An Geoffroi de Charney, seinen Stiefvetter, schickte er einen Brief, in dem er seine frühere Entscheidung bestätigte und noch einmal die Bedingung stellte, daß das Grabtuch bei öffentlicher Ausstellung klar als «Nachahmung» bezeichnet werden müsse.

An Bischof Pierre d'Arcis schickte er einen Brief, der sämtliche Ergebnisse aus dem Memorandum des Bischofs ignorierte und diesem einen Schweigebann auferlegte, mit der Drohung, man würde ihn exkommunizieren, sollte er jemals wieder zu dieser Frage seine Meinung äußern.

An die Geistlichkeit der Bezirke Lirey und Troyes schrieb er, daß man seine Anweisungen gefälligst buchstabengetreu zu befolgen habe. Mit diesen drei Briefen endete die Intervention des Bischofs d'Arcis. Pierre d'Arcis starb fünf Jahre später, ohne die Sache je noch einmal zu erwähnen.

Henri von Poitiers hatte das Grabtuch untersucht, und er muß schnell die Verbindung zum letzten Großmeister der Templer festgestellt haben. Tatsächlich entdeckte er, wer der Urheber war: Imbert, der Mann, der de Molay gekreuzigt und ihn in das Grabtuch hatte wickeln lassen. Zu der Zeit war Imbert über siebzig, aber hätte man ihn gefragt, so wäre er in der Lage gewesen, dem entsetzten Bischof alle Einzelheiten zu schildern. Unglücklicherweise verschwanden die Aufzeichnungen, die d'Arcis noch in seinem Bericht an den Papst erwähnt, kurz danach.

Wir wußten, daß das Grabtuch 1453 von der Familie Charney auf die Familie Savoyen kam, als es von Louis, dem zweiten Herzog, gekauft wurde. So beschlossen wir, uns diese Familie einmal genauer anzuschauen, um nachzuprüfen, ob wir einen besonderen Grund dafür würden entdecken können, daß diese Familie bereit war, zwei Schlösser für dieses besondere Laken hinzugeben.

Das Haus Savoyen ist eine der ältesten Dynastien Europas, die seit der Einigung 1861 bis zur Republikgründung 1946 über Italien herrschte. Die Dynastie soll von einem burgundischen Adligen mit dem kuriosen Namen «Humbert, der Weißhändige», der um 1048 starb, begründet worden sein. Humberts Sohn Oddone wurde der zweite Graf von Savoyen, und er vergrößerte seinen Besitz entscheidend, als er Adelaide, die Erbin von Turin in der Region Piemont, heiratete. (An diesem Punkt erinnerten wir uns daran, daß Jacques de Molay dem burgundischen Landadel entstammte, was vielleicht purer Zufall war – oder auch nicht.)

In den folgenden drei Jahrhunderten wuchsen Besitz und Einfluß der Familie in Frankreich, Italien und der Schweiz stetig, und im Jahr 1416 wurde Graf Amadeus III. von Savoyen zum ersten Herzog von Savoyen ernannt. Das war der Dank für Dienste, die er Kaiser Sigismund erwiesen hatte. Fasziniert lasen wir, daß Amadeus im Alter von einundfünfzig Jahren seinen Titel plötzlich an seinen Sohn Louis weitergab und am Ufer des Genfer Sees einen Laienorden gründete, wo er als Eremit lebte. Fünf Jahre später wurde er vom Konzil in Basel zum Nachfolger des abgesetzten Papstes Eugenius IV. ernannt und im Jahr 1440 zu Papst Felix V. gekrönt. Ein paar europäische Monarchen betrachteten weiterhin Eugenius als wahren Papst, und im Jahr 1449 dankte Amadeus freiwillig ab und überließ die Papstwürde Nikolaus V. Danach nahm er aber den Titel eines päpstlichen Generalvikars des Hauses Savoyen an und wurde bald darauf Kardinal.

Das Leben des Amadeus war ereignisreich, und als er 1451 starb, hatte er eine mächtige Dynastie begründet, die schließlich alle Könige Italiens stellen sollte. Zwei Jahre nach seinem Tod kaufte Louis der Tochter von Geoffroi de Charney das Grabtuch ab.

Es hatte uns stutzig gemacht, daß Geoffroi de Charneys Mutter Jeanne in die Familie des Gegenpapstes Klemens VII. einheiratete. Jeanne stammte keineswegs aus einer reichen Familie, und nachdem ihr erster Mann auf dem Schlachtfeld gestorben war, hatte sie praktisch ohne einen Pfennig dagestanden. Sie kann deshalb für einen reichen und einflußreichen Mann wie Aymon de Genevainto nicht unbedingt eine gute Partie gewesen sein.

Hatte er sie vielleicht nur geheiratet, weil sie im Besitz des Grabtuches war?

Als das Tuch ein Jahrhundert später den Besitzer wechselte, war es der Sohn eines anderen Gegenpapstes – der Nachkomme einer burgundischen Familie, die im elften Jahrhundert aufgestiegen war und deren Mitglieder höchstwahrscheinlich am ersten Kreuzzug teilgenommen hatten –, der es erwarb.

Es ist sehr wahrscheinlich, daß der Familie Savoyen das Geheimnis des Grabtuchs bekannt war, und uns kam sofort die Frage in den Sinn, ob die Familie Savoyen eine Rex-Deus-Familie ist.

Die Tempelritter leben weiter

Als Philipp der Schöne am 13. Oktober 1307 die Templer verhaften ließ, entkam die Flotte der Templer, und viele Mitglieder des verfolgten Ordens flohen nach Schottland, wo der exkommunizierte Robert I. Bruce ihnen Zuflucht gewährte. Diese vertriebenen Templer waren den Rex-Deus-Familien in Schottland, wie zum Beispiel den St. Clairs, willkommen, und ihre Glaubenssätze formten die Grundlage von dem, was wir heute als Freimaurerei kennen. Die Kapelle von Rosslyn ist das Bindeglied zwischen den beiden Ordenstraditionen.

Allerdings war der Templerorden in drei Klassen aufgeteilt, die Ritter, die Priester und die dienenden Brüder, und ausschließlich die Ritter wurden verfolgt. Die dienenden Brüder wiederum bestanden aus zwei Gruppen: die Waffenträger und die Handwerker. Und da die Templer große Baumeister von Präzeptorien, Kirchen und herrlichen Kathedralen waren, ist es nicht verwunderlich, daß die Steinmetzen die größte Gruppe unter den Handwerkern darstellten. Es ist deshalb sehr wahrscheinlich, daß Elemente oder Anklänge bestimmter Rituale der Templer ihren Weg in die Steinmetzgilden auf dem Kontinent gefunden haben, bis hin in die weniger formellen Maurervereine Englands.

Nicht alle französischen Ritter flohen nach Schottland. Viele starben in den Händen der Inquisition, aber einige überlebten auch, und ein wichtiges Beweisstück verrät uns, daß der Orden der Tempelritter in Frankreich bis mindestens 1804 im Untergrund weiterhin existierte. Ein Dokument mit dem Namen *Charta Transmissionis* enthält eine Liste mit den Namen aller Großmeister der Templer seit Jacques de Molay.

Dieses Dokument wurde von einem gewissen Johannes Marcus Larmenius begonnen, der von de Molay kurz vor dessen Hinrichtung zu seinem Nachfolger ernannt wurde. Als Larmenius alt wurde, übergab er sein Amt an einen Mann namens Theobald, und dieser und die folgenden Großmeister bekräftigten stets ihre Amtsübernahme in diesem Dokument bis hin zum letzten Inhaber dieser hohen Position, Bernard Raymond, im Jahre 1804.

Die Charta war in verschlüsseltem Latein geschrieben, und zwar in zwei Spalten auf schwerem Pergament, das mit Steinmetzsymbolen verziert ist. Der Code sieht folgendermaßen aus:

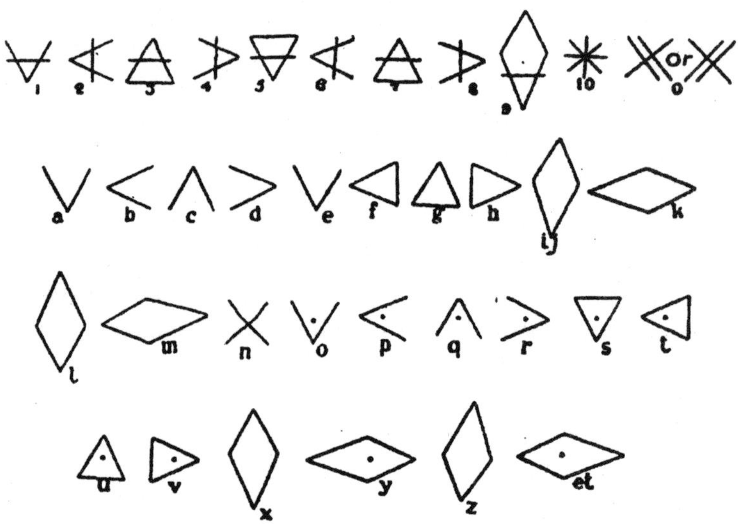

Eine volle Transkription dieser Charta, die zuerst aus dem verschlüsselten Latein ins Lateinische und dann ins Englische übersetzt werden mußte, ist in Anhang 2 zu finden.

Besonders interessant ist, wie unterwürfig und ergeben Larmenius über de Molay spricht. Er beginnt so:

> «Ich, Bruder Johannes Marcus Larmenius von Jerusalem, durch die Gnade Gottes und durch den höchst geheimen Erlaß des *verehrungswürdigsten und heiligsten Märtyrers, des höchsten Meisters der Ritterschaft des Tempels (ihm sei Ehre und Ruhm)*, bestätigt durch den Rat der Brüder mit der höchsten Meisterschaft über den ganzen Orden des Tempels ausgezeichnet, [wünsche] allen, die diesen Erlaß sehen, Gesundheit, Gesundheit, Gesundheit.»

Weiter unten erwähnt Larmenius wieder de Molay und unterbricht seine Erklärungen, um ihn wie folgt zu beschreiben:

> «(...) der Allerheiligste, unser oben erwähnter ehrwürdigster und gesegnetster Meister, der Märtyrer, ihm sei Ehre und Ruhm. Amen.»

Diese Worte scheinen jemanden zu beschreiben, der viel heiliger ist, als es ein verstorbener Großmeister sein kann – auf uns wirkt es eher wie die Anrede für eine messianische Gestalt.

Ein anderer interessanter Aspekt ist der Haß, den Larmenius nicht nur gegen den Johanniterorden hegt, sondern auch gegen die Templer, die nach Schottland flohen und ihren Großmeister in den Händen Philipps des Schönen zurückließen:

> «Als letztes sage und befehle ich durch Erlaß der Generalversammlung und durch die allerhöchste Autorität, die mir gegeben wurde, daß die schottischen Deserteure des Ordens der Templer mit einem Anathema belegt werden sollen und daß sie und die Brüder des St. Johannes von Jerusalem, die Besitz und Vermögen der Ritterschaft geplündert haben (denen Gott gnädig sein möge), jetzt und für alle Zukunft aus dem Kreis des Tempels ausgeschlossen sein sollen.»

Falls dieses Dokument echt ist, und viele Wissenschaftler glauben das, dann muß es zwei Templer-Traditionen gegeben haben, die wahrscheinlich von Chevalier Ramsay wieder zusammengeführt wurden, als er den Alten Schottischen Ritus nach Paris brachte, wo Bonnie Prince Charlie im Exil weilte.

Wir waren jetzt davon überzeugt, daß die letzten offiziellen Templer Jacques de Molay anbeteten und daß jeder Kult, der daraus entstand, auch die Freimaurer gehören dazu, um diese Abkunft von dem gekreuzigten Großmeister wissen mußte. Nun mußten wir jede auffindbare Quelle über die frühen Rituale der Freimaurerei finden, um nachzuprüfen, ob wir die Geschichten um Rex Deus, die Templer und den gemarterten de Molay miteinander verbinden konnten.

Alle Beweise ließen den Schluß zu, daß Jacques de Molay in weiten Bevölkerungskreisen als heiliger Märtyrer angesehen wurde, von manchen sogar als zweiter Messias verehrt, der ein zweites Mal durch römische Machthaber ermordet wurde (diesmal von der Kirche und nicht von der Armee des Imperiums). Die Katastrophen, die nach de Molays Tod über die gesamte Christenheit hereinbrachen, wurden wie die Zerstörung Jerusalems nach Christus' Tod als Rache Gottes angesehen. Wie die Jerusalemer Urgemeinde waren auch die Anhänger de Molays verfolgt worden, und man hatte die Wahrheit ins Ausland schaffen müssen, wo sie sicher aufbewahrt wurde.

Als der Schwarze Tod die Christenheit heimsuchte, befürchtete die Kirche, daß das wundersame Abbild Jacques de Molays, das auf dem Grabtuch aufgetaucht war, das schreckliche Geheimnis enthüllen könnte, daß auch er gekreuzigt worden war. Die wahre Identität des Abgebildeten mußte verheimlicht werden, wenn die Kirche nicht durch den neuen Kult um de Molay abgelöst werden wollte. Das Problem wurde schließlich dadurch gelöst, daß man eine öffentliche Ausstellung des Grabtuches akzeptierte und die Menschen ermutigte zu glauben, es handle sich um das Abbild Christi, wenngleich das zunächst abgestritten worden war.

Das geheime Wissen tauchte unter.

Alles weist darauf hin, daß die Templer in Frankreich und Schottland weiterbestanden und daß beide Stränge de Molay verehrten. Larmenius, der Nachfolger de Molays als französischer Großmeister, kann nichts von dem Grabtuch gewußt haben, denn es wurde erst lange nach seinem Tod zum ersten Mal ausgestellt. Doch spätere Nachkommen der Templer müssen die Bedeutung des Abbildes erkannt haben.

Die gegenwärtigen Inhaber des Grabtuches, die Familie Savoyen, besitzen es seit dem fünfzehnten Jahrhundert, und es ist durchaus möglich, daß auch sie stets seine wahre Herkunft kannten.

Unsere Theorie, daß es sich um das Abbild von Jacques de Molay handelt, wird weiter durch die Tatsache gestützt, daß die Reliquie das erste Mal von einem Nachkommen Geoffroi de Charneys öffentlich ausgestellt wurde – des Templerpräzeptors der Normandie, der zusammen mit Jacques de Molay verhaftet wurde und auch mit ihm starb.

10

Das große Geheimnis der Freimaurer

Eine Religion des Rex Deus

Als die Großloge von London im Jahr 1717 gegründet wurde, entledigten sich die Mitglieder ihrer schottischen Ursprünge, denn die Riten waren viel zu jakobitisch für die vom Haus Hannover geprägte Politik jener Tage. Fast ein Jahrhundert später entstand die Vereinigte Großloge von England, und die Rituale der dreiunddreißig Grade des Alten Schottischen Ritus wurden vom neuen Großmeister, dem Herzog von Sussex, abgelehnt. Er veränderte sie einfach oder ließ sie ganz fallen.

Aus den Schriften von Forschern, die sich der Freimaurerei vor 1717 widmeten, und aus Erfahrung am eigenen Leib wußten wir, daß die Vereinigte Großloge von England Forschungsarbeiten, die sich mit der Herkunft der Freimaurerei befassen, gern behindert. Das ließ in uns den Gedanken reifen, daß man irgend etwas verbarg – sogar vor Freimaurern.

Unsere Aufgabe bestand jetzt darin zu versuchen, die Stücke der fehlenden Grade zusammenzusetzen, um so das verlorene Geheimnis der Freimaurer zu finden, das unserer Meinung nach ganz sicher die Glaubenssätze des Rex Deus und das Martyrium des Jacques de Molay miteinander verband. Der Anfang war nicht leicht zu finden, und deshalb kämmten wir jedes alte Buch über die Rituale der Freimaurer durch, das wir auftreiben konnten. Keines schien sich mit den verfemten Bruchstücken zu befassen, und wir begannen zu fürchten, daß die Zensoren gründlicher vorgegangen waren, als wir gehofft hatten.

Während wir gerade unterschiedliche Bücher über die Freimaurerei durcharbeiteten, rief Tim Wallace-Murphy an, um uns mitzuteilen, daß sein Rex-Deus-Informant sich wieder gemeldet hätte. Im Verlauf des Gesprächs hatte Tim ihm von unserer Forschungsarbeit erzählt, und er war sehr interessiert und hatte ein paar unserer Gedanken weitergesponnen.

Tim hatte den Franzosen gefragt, ob er jemals von einem Bauwerk namens Rosslyn gehört hätte. Das hatte er nicht, also fragte Tim weiter, ob er eine mittelalterliche Rekonstruktion des herodianischen Tempels kennen würde, die man in Europa gebaut hätte. Er erwiderte, daß es höchstwahrscheinlich ein solches Bauwerk gäbe, und ergänzte spontan, daß wir uns, falls wir ein solches Bauwerk finden würden, besonders der Westmauer widmen sollten. Als Tim nicht lockerließ und nachfragte, warum die Westmauer so bedeutend sei, entgegnete der Mann, daß er den Grund nicht kenne, aber sich daran erinnere, daß sein Vater betont habe: «Die Westmauer ist der Schlüssel.»

Wenn das ein Zufall war, dann schon ein sehr seltsamer, denn die Westmauer von Rosslyn ist, was uns von mehreren Seiten bestätigt wurde, eine Replik der herodianischen Ruine in Jerusalem!

Tim fragte dann seinen Informanten, ob er jemals von einem Rex-Deus-Ring gehört hätte (wie der, von dem uns ja Russell Barnes erzählt hatte). Er antwortete, man habe ihm von zwei Ringen erzählt – einem mit zwei Säulen und einem mit einer Säule, um die sich eine Art Schlange wand.

Tim hatte seinem Informanten nicht erzählt, wie wichtig die beiden Säulen für unsere Geschichte waren, und deshalb war es sehr bedeutungsvoll, daß der Mann von sich aus davon berichtete. Die einzelne Säule mit der Schlange erinnerte uns stark an die Säule Boas in Rosslyn, um die sich eine Weinrebe windet. Wir nehmen an, daß der Ring mit der einzelnen Säule das Haus David symbolisiert, also das Königshaus, und der Ring mit beiden Säulen den Messias.

Der Rex-Deus-Nachfahre gab weitere interessante Informationen preis:

- Die Farben des königlichen Hauses David sind Grün und Gold.
- Die Dynastie der Stuarts gehörte dem Rex Deus an.
- William I. von England (Wilhelm der Bastard) stammte aus einer Rex-Deus-Familie, und sein Sohn, William II., wurde ermordet, als

er plante, den römischen Katholizismus als offizielle Religion Englands durch die Glaubenssätze des Rex Deus zu ersetzen.

An diesem Punkt fragte Tim, was denn mit «Glaubenssätze des Rex Deus» gemeint sei. Diese Glaubenssätze ähneln offenbar denen der keltischen Kirche. Genau das hatten wir erwartet, denn wir wußten ja bereits, daß die keltische Kirche jüdisch-christliche Glaubenssätze vertrat – wozu auch gehörte, daß sie Jesus nicht als Gott betrachtete. Andere Quellenforschungen festigten übrigens bei uns die Ansicht, daß die Begründer der Kirche in Irland und Schottland – St. Patrick und St. Columba – ebenfalls Juden waren.

Falls William II. wirklich in England eine Religion auf der Grundlage des Rex-Deus-Glaubens etablieren wollte, dann wäre das katastrophal für die Mission in Jerusalem gewesen, denn der Vatikan hätte jeden, der verdächtig gewesen wäre, mit dieser Ketzerei zu sympathisieren, erbarmungslos verfolgt. William wurde am 2. August 1100 während eines Jagdausflugs im New Forest in Hampshire getötet, und es ist schon viel darüber gemutmaßt worden, ob er aus unbekanntem Grund ermordet wurde. Es ist auffällig, daß drei Männer – William II., Papst Urban II., der Initiator des ersten Kreuzzuges, und Gottfried von Bouillon, der Sieger des ersten Kreuzzuges – innerhalb von wenigen Monaten starben. Könnte es eine Art «Todesschwadron» gegeben haben, die zusammengestellt worden war, um dafür zu sorgen, daß nichts die Mission in Jerusalem gefährdete?

Daß die Stuarts eine Rex-Deus-Familie gewesen sein sollen, überraschte uns nicht, denn als James VI. von Schottland, ein Stuart, nach London ging, um König James I. von England zu werden, brachte er die Freimaurerei mit, die eine Form des Rex-Deus-Glaubens darstellt und vom Wiederaufbau des heiligen Tempels erzählt. Die anglikanische Bibel ist die «King-James-Version», in der das letzte Buch des Alten Testaments, das Buch der Makkabäer, nicht enthalten ist, weil es antinasoräisch ist! James Stuart sprach auch bemerkenswert offen über seinen Abscheu gegenüber der römisch-katholischen Kirche, wie man seiner Wortwahl in der Einleitung zu seiner Bibelversion entnehmen kann:

> «(...) so daß wir einerseits von Papisten daheim oder im Ausland geschmäht werden, die uns Böses wollen, weil wir nur armselige Werkzeuge sind, um Gottes heilige Wahrheit dem Volk zugänglich zu machen, während es sie danach verlangt, das Volk in Unwissenheit und Dunkelheit zu belassen (...)»

Tims Kontaktperson schien sehr gut informiert zu sein, denn die Anmerkungen des Franzosen deckten sich mit uns bekannten Fakten, von denen er nichts wissen konnte.

Die fehlenden Rituale

Als wir ein paar Aufsätze lasen, die möglicherweise von Interesse sein könnten, stießen wir auf eine seltsame, aber faszinierende Behauptung, die aus einer im Mai 1940 gehaltenen Vorlesung stammte, die den Titel «Freimaurerei und Katholizismus» trug:

> «Christus verriet das geheime Wort der Freimaurerei (...) an das Volk, und er verkündete es in Jerusalem, aber er war seiner Zeit voraus, als er die Lehre dem Volk mitteilte (...) Die Freimaurer sollten Christus wieder in Gnaden aufnehmen (...) Die Freimaurerei war in den letzten zweitausend Jahren die wahre Form des Christentums.» (Quelle: D. Mitrinovic, *Freemasonry and Catholicism in the New Order, Lectures 1926–1950*)

Das waren starke Worte, und wir halten sie auch für richtig. Als königlicher Messias aus dem Haus Davids war Jesus in den höchsten Orden der nasoräischen Bewegung eingeführt worden, zu dem auch ein Ritual gehörte, in dem der Kandidat einen figurativen Tod starb, um dann zu einem neuen Leben im Orden aufzuerstehen. Jesus wußte, daß er nur wenig Zeit hatte, und deshalb verwandelte er «Wasser in Wein», machte also unreine zu reinen Menschen, indem er taufte, und wir glauben außerdem, daß er seinen Jüngern das Geheimnis der lebendigen Auferstehung offenbarte, das heute noch von Freimaurern benutzt wird.

Der Name des Professors sagte uns nichts, und wir versuchten, mehr über ihn herauszubekommen.

Der Mann, der diese Vorlesung gehalten hatte, hieß Dimitrij Mitrinovic und war ein Gelehrter aus Bosnien-Herzegowina, der in der Zeit des Ersten Weltkriegs nach London kam. Er wurde einer der Führer der «Bloomsbury-Gruppe», eines Kollektivs aus meist englischen Intellektuellen. Die Gruppe erhielt ihren Namen nach einem Bezirk in der Innenstadt von London, in der Nähe des Britischen Museums, in dem die meisten Mitglieder wohnten. Sie wurde von prominenten Denkern begründet, die meist Künstler oder Sozialwissenschaftler waren. Zu ihren Mitgliedern gehörten unter anderen Virginia Woolf und ihr Mann Leonard, der Wirtschaftswissenschaftler John Maynard Keynes und der Autor E.M. Forster.

Wir hatten sieben Jahre lang auf allen möglichen Gebieten geforscht, um so weit zu kommen – wie war Mitrinovic zu diesem Schluß gekommen? Wir konnten nichts anderes finden, das Mitrinovic geschrieben hatte, und wir wollten schon aufgeben, als wir auf den Hinweis stießen, daß er eine ansehnliche persönliche Bibliothek besessen habe, die vielleicht noch existierte.

Wir fragten an allen möglichen Stellen nach, konnten aber keine Spur dieser Sammlung finden, die vielleicht genau die Information enthielt, die wir brauchten. Anruf um Anruf blieb ohne Ergebnis, aber unser Durchhaltevermögen zahlte sich schließlich aus.

Ein Anruf bei einer Universität, die ganz unten auf unserer Liste stand, brachte zuerst die für uns gewohnte Antwort:

«Tut mir leid», sagte die Dame freundlich, «unter diesem Namen haben wir nichts.»

Gerade als wir ihr dafür danken wollten, daß sie uns ihre Zeit geopfert hatte, und den nächsten auf der Liste anwählen wollten, ließ der Klang ihrer Stimme Hoffnung aufkeimen:

«Ach, warten Sie einen Augenblick, ich möchte noch meine Kollegin fragen. Da ist eine Sammlung, die noch nicht katalogisiert wurde. Ich glaube mich zu erinnern, daß der Name irgendwie osteuropäisch klang.»

Der Hörer wurde auf den Schreibtisch gelegt, und dann warteten wir ein paar Minuten, ehe die Dame wiederkam.

«Sie sagten doch, daß der Name Mitrinovic wäre, nicht wahr? Buchstabiert sich das M-I-T-R-I-N-O-V-I-C? Nun, dann haben Sie Glück – die Sammlung ist hier, aber noch nicht katalogisiert.»

Endlich hatten wir Mitrinovics persönliche Bibliothek aufgespürt, und jetzt mußten wir nur noch herausfinden, ob er Bücher gesammelt hatte, die das enthalten konnten, was wir suchten.

Wir bekamen schnell die Erlaubnis, die Sammlung durchzusehen, und fanden heraus, daß Mitrinovic wirklich ein paar sehr seltene und bedeutende Bücher über die Freimaurer besessen hatte. Dazu gehörten auch ein paar, die sich mit den älteren, noch nicht verfälschten Ritualen der meisten Grade befaßten. Während wir über den zahlreichen Bänden brüteten, wurden wir für unsere Mühe belohnt. Dimitrij Mitrinovics großartige Sammlung von Büchern über die Erforschung der Freimaurerei Ende des neunzehnten und Anfang des zwanzigsten Jahrhunderts ermöglichte es uns, die Hauptpunkte der Rituale dieser «verlorenen» höheren Grade der Freimaurerei zu einem erhellenden Bild zusammenzusetzen.

Was wir fanden, war einfach verblüffend.

Wir benutzten mehrere Bücher, um die Schlüsselstellen der verunstalteten Grade zu rekonstruieren. Das bedeutendste ist das Buch von J.S.M. Ward, *Freemasonry and the Ancient Gods* aus dem Jahre 1921. Anders als die meisten Freimaurerforscher und Autoren jener Zeit schreibt Ward fesselnd und undogmatisch. Er war Fellow mehrerer Royal Societies, unter anderem auch der Royal Anthropological Society, ein Preisträger von Trinity Hall, Cambridge, und ein hochrangiger Freimaurer. Das Buch, das da in unsere Hände gelangt war, stellte das Ergebnis vierzehnjähriger Forschungsarbeit dar, die Ward aufgrund derselben Zweifel durchgeführt hatte, die auch uns plagten, wenn wir uns die offizielle Geschichte der Freimaurerei anschauten.

Ward war ein klardenkender, gewissenhafter Gelehrter, der die Werke früherer Forscher genau analysierte, auf ihre Irrtümer hinwies und manchmal ihre Beweise akzeptierte, obwohl er vielleicht ihre Schlußfolgerungen ablehnte. Wir hätten diesen Mann bestimmt gemocht und sind dankbar, daß es zu seiner Zeit Freimaurer gab, die es ihm ermöglichten, seine Forschungsergebnisse in gedruckter Form herauszubringen. Er beweist höflich, daß anerkannte Größen der Freimaurergeschichte wie zum Beispiel Gould ernsthafte Irrtümer begingen, als sie versuchten, nur eine Denkrichtung zu verfolgen, weil sie davon ausgingen, daß das offizielle Dogma korrekt sei und nur näher beleuchtet werden müsse.

Manche der verlorenen oder teilweise abgeschafften Grade wirken ziemlich gewöhnlich, aber andere erzählen eine Geschichte, bei der uns fast die Augen aus dem Kopf fielen, denn wir erkannten sie nur zu gut wieder.

Der vierte Grad heißt «Geheimer Meister» und befaßt sich mit der Trauer um jemanden, der nicht näher benannt wird. Der Logenraum wird schwarz ausgekleidet und von einundachtzig Kerzen erleuchtet. Das Abzeichen des Grades trägt den Buchstaben «Z», was angeblich von «Zadok» herrührt.

Während dieses Rituals wird die Bedeutung der Schätze des Tempels, wie der Räucheraltar, der goldene Kerzenleuchter und der Tisch der Schaubrote, aufgeführt und erklärt. Der Kandidat wird ermahnt, nichts zu begehren, das ihm nicht zusteht, und daß er dem Ruf der «Pflicht, die so unausweichlich ist wie das Schicksal», gehorchen muß. Das Ritual des Grades spielt in einer Zeit, in der alle Arbeit im Tempel aufgrund einer bestimmten Tragödie ruhte. Die Lektionen des Grades sollen den Kandidaten an die Bedeutung von «Pflicht» und «Geheimhaltung» erinnern.

Die Beschreibung dieses Rituals ließ bei uns alle Alarmglocken schrillen. Wir hatten bewiesen, daß die Tempelritter unter den Ruinen des herodianischen Tempels Ausgrabungen durchgeführt hatten – höchstwahrscheinlich, weil sie nach den Schätzen suchten, die ihre Vorfahren dort kurz vor dem Fall Jerusalems im Jahre 70 versteckt hatten. Nach der jüdischen Legende war Zadok der erste Hohepriester von Jerusalem. Er machte Salomo zum König und war damit der Begründer des Rex Deus. Unter den Schriftrollen vom Toten Meer, die man 1947 in Qumran fand, ist die wichtigste die Kupferrolle, die alle Listen und Verstecke der Schätze und Schriftrollen enthält, die unter dem herodianischen Tempel und in der Umgegend versteckt wurden. In dieser Schriftrolle steht auch, daß ein Duplikat mit sogar noch mehr Informationen unter dem Tempel verborgen wurde. Bei J.M. Allegro in *The Treasure of the Copper Scroll* steht die Übersetzung von Eintrag 52:

«Unter der Südecke des Portikos, im Grab von Zadok, unter der Plattform der Exedra: Gefäße für den Zehnten und darin geprägte Münzen.»

Dieser Portiko ist eine doppelte Arkade, die am äußersten östlichen Teil des Tempels verläuft, und die Südecke davon ist die Spitze, von der Jakobus, der Bruder Jesu, heruntergestoßen wurde. Außerdem glaubte John Allegro, der, was die Kupferrolle angeht, Experte ist, nicht, daß dieses Grab das des ersten Hohenpriesters gewesen sein konnte, denn das hätte außerhalb der Mauern gelegen. Er sagt, daß es sich hierbei um einen Hinweis auf das Grab von Jesu Bruder, Jakobus des Gerechten, handeln könne, denn das weist eine Fassade mit zwei Säulen vor einem verdeckten Tor oder «Exedra» auf.

Jakobus wurde «der Gerechte» genannt (auf hebräisch heißt «gerecht» *zadik* oder *zadok*) oder «Lehrer der Rechtschaffenheit» (auf hebräisch *moreh-zedok*). Nachdem er von der Spitze des Tempels gestoßen worden war, steinigte man ihn, um ihn schließlich an der Stelle, wo jetzt sein Grab liegt, mit dem Schlag eines Knüttels an die Schläfe zu töten. Das geschah im Jahr 62, kurz vor Vollendung des Tempels, und ganz sicher haben die jüdischen Arbeiter aus Achtung für ihren geistlichen Führer in der Arbeit innegehalten.

Das hebräische Wort *zadok* entspricht genau dem Wort «Zedeq», dem Namen der priesterlichen Säule, dem Gegenpart der königlichen Säule «Mischpat».

Die Schriftrollen vom Toten Meer und ein anderes altes Dokument, das Anfang des zwanzigsten Jahrhunderts gefunden wurde, berichten von einer Gruppe namens «Söhne des Zadok», aus der später die Gemeinschaft von Qumran entstand, in der die Schriftrollen vom Toten Meer verfaßt wurden (Quelle: H.H. Rowley, «Apocalyptic Literature» in *Peake's Commentary on the Bible*). Das würde bedeuten, daß «Söhne des Zadok» der hebräisch-aramäische Titel für die Nachkommen der priesterlichen Linie, die später nach dem Fall des Tempels im Jahre 70 als Rex Deus in Erscheinung traten, war.

Der Begriff «Söhne des Zadok» wird in den Schriftrollen vom Toten Meer ständig wiederholt, und dieser Gruppe werden auch noch andere Bezeichnungen gegeben, wie zum Beispiel «rechtschaffene Saat» und «die Söhne der Morgenröte». Das weist auf ihre ererbte Heiligkeit und die Tatsache hin, daß seit der Zeit der alten ägyptischen Könige die Auferstehung stets in der Dämmerung beim Erscheinen des Morgensterns stattfand. Die Freimaurer von heute werden stets unter dem Licht des Morgensterns rituell wiedererweckt.

Der nächste Grad mit dem Namen «Vollkommener Meister» befaßt sich mit der Entdeckung und der Umbettung des Leichnams von Hiram Abif, einem Menschen, der kurz vor Vollendung des ersten Tempels durch einen Schlag auf die Schläfe getötet wurde.

An dieser Stelle muß unbedingt die Technik des «Pescher» erläutert werden, die für die Menschen von Jerusalem im ersten Jahrhundert nach Christus ungeheure Bedeutung hatte und die uns heute durch die Schriftrollen vom Toten Meer bekannt ist. Die Technik ging so, daß man sich Ereignisse der jüdischen Geschichte ansah, die lange her waren, und dann sagte: «Der Pescher von diesem hier ist ...» Danach wurden dann gegenwärtige Ereignisse so beschrieben, als ob sie schon in uralter Zeit heiligen Menschen so geschehen wären.

Die Ermordung von Jakobus dem Gerechten könnte sehr gut als ein Pescher der Ermordung des Mannes, den die Freimaurer von heute unter dem Namen Hiram Abif («der König, der verlorenging») kennen, angesehen worden sein. Hiram Abif wurde durch einen Schlag auf den Kopf getötet, weil er ein Geheimnis, das ihm anvertraut war, nicht preisgeben wollte. Das geschah kurz vor Vollendung des salomonischen Tempels, fast genau eintausend Jahre bevor Jakobus der Gerechte kurz vor der Vollendung des herodianischen Tempels durch einen Schlag auf den Kopf getötet wurde, weil er sich weigerte, eine Frage nach einem Geheimnis zu beantworten. Deshalb ist der Pescher der Geschichte von Hiram Abif der Tod des Jakobus, des zweifachen Messias der Juden.

Bei dem Ritual zu diesem Grad wird der Logenraum grün ausgekleidet und von sechzehn Kerzen erleuchtet, vier für jede Himmelsrichtung. Es wird die Geschichte erzählt, daß Salomo nach dem Tod des Hiram Abif seinem Freund Achtung erweisen wollte und Adoniram befahl, ein Grabmal für den Leichnam zu erbauen. Innerhalb von neun Tagen wurde ein prächtiges Grabmal geschaffen, zu dem auch ein Obelisk aus schwarzweißem Marmor gehörte. Genau wie beim Grabmal des Jakobus wurde der Eingang von zwei Säulen flankiert, die einen Stein abstützten, auf dem der Buchstabe «J» eingraviert war.

Die Rituale des sechsten bis zwölften Grades des Alten Schottischen Ritus enthalten ein paar interessante Hinweise, aber nichts, was für unsere Forschungsarbeit direkt relevant gewesen wäre. Der dreizehnte Grad ist das «Königliche Gewölbe (des Enoch)» oder «der Meister des neunten Gewölbes», und sein Ritual spielt zur Bauzeit des salomonischen Tempels, also vor dreitausend Jahren. Er ist der Pescher des Grades vom heiligen Königlichen Gewölbe, in dem die Geschichte erzählt wird, wie die Templer einen Stein an den Ruinen des herodianischen Tempels lösten und sich in einen unterirdischen Gang herunterließen, in dem sie eine alte Schriftrolle fanden (wir haben das ausführlich in unserem Buch *Unter den Tempeln Jerusalems* beschrieben).

Im Ritual zu diesem Grad nun wird erzählt, daß Enoch in uralter Zeit, lange vor Moses und Abraham, vorhersieht, daß die Welt von einer apokalyptischen Katastrophe in Form eines Brandes oder einer Flut bedroht ist. Er ist entschlossen, zumindest ein wenig vom derzeitigen Wissen der Menschheit zu retten, damit die Überlebenden es nutzen können. Er graviert deshalb die großen Geheimnisse der Naturwissenschaften und der Baukunst in Hieroglyphen auf zwei Säulen. Eine ist aus Ton, die andere aus Stein.

Die Freimaurerlegende erzählt weiter, wie diese Säulen fast gänzlich zerstört wurden, daß aber Teile davon die Flut überstanden und später entdeckt wurden – einer von den Juden, der andere von den Ägyptern –, so daß man mittels der Geheimnisse, die darauf eingraviert waren, wieder eine Zivilisation aufbauen konnte. Während der Aushebung für die Fundamente des Tempels des Königs Salomo wurden von Arbeitern Fragmente der einen Säule gefunden. Man entdeckte einen Gang, in den einer der Steinmetzen hinabgelassen wurde und dort die Relikte einer der großen Säulen des Wissens fand.

Das klingt nach einer alten jüdischen Legende, wie man sie über Generationen hinweg bei den «Söhnen des Zadok» oder – um ihren heutigen Namen zu benutzen – bei den Rex-Deus-Familien tradiert erwarten würde. Wir meinen, daß es sich um einen Erklärungsversuch dafür handelte, wie die Juden in den Besitz von Geheimnissen kamen, die auch schon den alten Ägyptern bekannt waren.

Das Ritual zum nächsten Grad, «der Schottische Ritter der Vollkommenheit», spielt sich in einem Raum ab, in dessen Mitte die zusammengefügten Teile der mit Hieroglyphen versehenen Enochsäule liegen. Es wird behauptet, daß König Salomo eine «Vollkommene Loge» schuf, die über die dreizehn niedrigeren Grade herrschte, und daß ihre Mitglieder ihr erstes geheimes Treffen in dem heiligen Gang des Enoch unter dem im Bau befindlichen salomonischen Tempel abhielten.

So könnte auch die Gründung des Rex Deus beschrieben werden. Die Legende behauptet, daß Salomos Tempel aus der Kenntnis alten Wissens gebaut wurde, das den Juden von einer früheren Zivilisation, die bei der Sintflut vernichtet wurde, überliefert worden war. Bei der Arbeit an unserem vorigen Buch *Unter den Tempeln Jerusalems* entdeckten wir, daß die Geschichte der beiden Säulen wirklich älter war als die Sintflut, und zwar aus Sumer, der ältesten bekannten Zivilisation, stammte und über Ägypten nach Israel gekommen war.

Auf dem Podest dieses Grades stehen drei Dinge: Brot, Wein und ein Goldring für den neu aufgenommenen Bruder! Plötzlich stießen wir in der Beschreibung des Grades, der anscheinend von der Gründung des Rex Deus erzählt, auf einen Ring, der von allen Initiierten getragen wurde. Konnte das etwa unserer Vorstellung von einem Rex-Deus-Ring entsprechen?

Das Ritual geht weiter mit der Erinnerung daran, wie andere Meister den Mitgliedern der Vollkommenen Loge die ihnen entgegengebrachte Ehre neiden, und verlangen, ebenso geehrt zu werden. König Salomo weigert sich, die Geheimnisse an sie weiterzugeben, und teilt ihnen mit, daß die, die zum Grad der Vollkommenheit aufgestiegen sind, «sich mit der gefährlichen und schwierigen Arbeit an den alten Ruinen abgequält haben, in die Tiefen der Erde hinabgestiegen sind und Schätze gehoben haben, die nun den Tempel schmücken». Die unzufriedenen Meister versuchen daraufhin, auf eigene Faust in den heiligen Gang einzudringen, und werden dabei alle getötet, ohne daß es noch eine Spur von ihnen gäbe.

Die überlieferte Geschichte dieses Grades berichtet weiter, wie Salomo später Jahwe verriet, als der König als alter Mann Tempel zu Ehren anderer Götter errichtete, um seinen vielen Frauen zu gefallen. Die Vollkommenen Maurer waren sehr betrübt deswegen, konnten aber, obwohl sie ihren Glauben rein hielten, den Zorn Gottes nicht abwenden, was dann letztendlich zur Zerstörung des Tempels führte.

Das Ritual nimmt dann eine besonders interessante Wendung:

Es sagt, daß zu einem späteren Zeitpunkt Nachkommen dieser Vollkommenen Maurer die christlichen Fürsten auf ihren Kreuzzügen ins Heilige Land begleiteten und daß von dieser Zeit an die Nachkommen der salomonischen Priesterschaft ihr eigenes Oberhaupt wählten. Ihre Tapferkeit brachte ihnen die Bewunderung aller christlichen Fürsten von Jerusalem ein, und manche davon, die glaubten, daß ihre geheimnisvollen Riten ihnen Mut und Tapferkeit bescherten, baten darum, eingeführt zu werden. Ihrer Bitte wurde entsprochen, und schließlich wurden ihre Geheimnisse unter den Adligen Europas unter dem Namen der Freimaurerei verbreitet.

Hier im vierzehnten Grad des Alten Schottischen Ritus der Freimaurer ist unleugbar bestätigt, daß es anerkannterweise innerhalb der Streitkräfte des ersten Kreuzzuges eine Gruppe von Nachkommen der Juden gab, die nach 70 aus Jerusalem flohen. Die Vorstellung, daß sie bald Nichtmitglieder in diesen Orden einführten, entspricht vielleicht der Wahrheit oder ist eine Umschreibung dafür, wie sie sich später zu einer größeren Organisation ausweiteten und den Namen Freimaurer annahmen.

Der Rex-Deus-Informant von Tim Wallace-Murphy hatte diese Abstammung für sich beansprucht, und hier entdeckten wir ein geheimes Ritual des Schottischen Ritus, das ein solches Bindeglied bestätigte! Außerdem scheint es uns zu sagen, daß den Tempelrittern durch den neuen christlichen Fürsten von Jerusalem, Balduin, als Belohnung gestattet wurde, ihr eigenes Oberhaupt (den Großmeister) zu wählen, und daß die christlichen Fürsten schließlich angeregt wurden, dem Orden beizutreten, der dann später in die Freimaurerei überging.

Dieser eine Grad der Freimaurerei hat den gesamten Aufbau unserer Hypothese untermauert: Seit der Zeit Salomos gab es in Jerusalem eine alte, erbliche Priesterkaste. Diese Priester kamen nach Europa, und ihre Nachfahren kehrten mit den Kreuzfahrerarmeen zurück, um ihre verlorene Stadt zurückzuerobern. Sie setzten die alten Rituale wieder ein und erlaubten Fremden, in ihren Orden einzutreten. Diese

Rituale, die in Jerusalem Tausende von Jahren bis zur Zerstörung des Tempels im Jahre 70 angewendet wurden, überlebten als Freimaurerei.

Der fünfzehnte Grad, «Ritter des Schwertes oder des Ostens», ist der erste Teil des freimaurerischen Grades des Ritters vom Roten Kreuz von Babylon, den wir bereits in allen Einzelheiten im zweiten Kapitel dieses Buches beschrieben haben, weil er in den Steingravuren von Rosslyn in dem Zitat vorkommt, wo die Kraft der Wahrheit mit der der Frauen, der Könige und des Weines verglichen wird. Das Ritual des Grades handelt vom Wiederaufbau des Tempels unter Serubbabel nach der Babylonischen Gefangenschaft der Juden, und der Saal wird von siebzig Kerzen erleuchtet, je eine in Erinnerung eines jeden Jahres der Gefangenschaft. Die dazugehörige Geschichte berichtet von der Rückkehr der exilierten Juden nach Jerusalem, und zwar in allen Einzelheiten, die über Generationen hinweg in den Rex-Deus-Familien überliefert worden sein müssen. Die Farben, die in dieser Zeremonie getragen werden, sind passenderweise die des Hauses David: Grün und Gold.

Der nächste Grad stellt die Fortsetzung des vorherigen Grades des Ritters des roten Kreuzes von Babylon dar. Die beiden Schlüsselpersonen heißen «Höchst gerechter souveräner Meisterfürst» und «Hoher Priester», und einer der geringeren Beamten heißt «Tapferer Bewahrer der Siegel und Archive». Darauf folgt der Grad des «Ritters des Ostens und des Westens», der die Grade des Ritters vom roten Kreuz von Babylon abschließt.

Während sich alle vorherigen Grade auf das Alte Testament bezogen, wird hier ein Sprung zur Offenbarung des Johannes gemacht. Es werden die «sieben Siegel» erwähnt und der «Zorn des Lammes». Bis jetzt war schon alles sehr interessant, aber als wir uns dem nächsten Absatz zuwandten, blieb uns die Luft weg!

Im Ritual wird behauptet, daß der Grad von Rittern begründet wurde, die im Jahr 1118 in den Kreuzzügen kämpften. Elf Ritter schworen sich vor dem Patriarchen von Jerusalem Geheimhaltung, Freundschaft und Verschwiegenheit.

Das ist unbestreitbar ein Hinweis auf die Tempelritter, deren Orden im Jahre 1118 gegründet wurde!

Es ist unglaublich, daß viele Forscher, die sich als Kenner der Freimaurergeschichte ausgeben, nichts von diesen Graden wissen – andere wiederum haben sich gefragt, warum in diesem Grad elf Ritter genannt sind und nicht die neun, die als Gründer des Templerordens verzeichnet sind. Manche Autoren haben seltsamerweise diese unterschiedlichen Zahlen als Hinweis auf eine sonst unbekannte Gruppe von Rittern gesehen, die vielleicht ebenfalls im Jahre 1118 in Jerusalem einen Orden gegründet hätten.

In Wirklichkeit ist es ganz einfach. Wir kennen bereits die Namen der Männer, die sich zusammenfanden, um Ausgrabungen unter dem herodianischen Tempel vorzunehmen:

1. Hugues de Payen
2. Geoffroi de St. Omer
3. André de Montbard
4. Payen de Montdidier
5. Achambaud de St. Amand
6. Gondemare
7. Rosal
8. Godefroy
9. Geoffroi Bisol

Das waren die ursprünglichen neun Ritter. Dann traten noch in den Orden ein:

10. Fulko von Anjou
11. Hugo von Champagne

Der vorsitzende Beamte wird «Höchst gerechter souveräner Meisterfürst» genannt und vom «Hohenpriester» unterstützt. Uns kam plötzlich der Gedanke, daß der Hohepriester der Großmeister des Ordens der Tempelritter gewesen sein könnte, ein Amt, das von Hugues de Payen bis zu Jacques de Molay ausgeübt wurde, und daß der Meisterfürst wahrscheinlich der Repräsentant des Rex Deus war, dem die Tempelritter Gehorsam schworen – möglicherweise wurde dieses Amt seit Balduin II. von den Königen von Jerusalem wahrgenommen.

Der Raum wird mit rotem Stoff ausgekleidet, auf dem goldene

Sterne glänzen. Im Osten steht unter einem Baldachin auf sieben Stufen ein Thron, der von vier Löwen und vier Adlern (einer davon hat sechs Flügel) getragen wird. An einer Seite des Thrones steht eine brennende Lampe, die die Sonne auf ihrem höchsten Stand verkörpern soll, und an der anderen ist eine Abbildung des Mondes zu sehen. Im Osten gibt es zwei Vasen, eine für Parfüm und eine für Wasser (wir wissen aus unseren Forschungen über die Auferstehungspraktiken der alten Ägypter, daß am Grab jedes Königs zwei leere Vasen gefunden wurden, und niemand weiß bis heute, was sie enthielten).

Auf einem Podest im Osten liegt eine große Bibel, von der sieben Siegel herabhängen. Auf dem Boden ist ein Heptagon innerhalb eines Kreises zu sehen, in dessen Winkeln bestimmte Buchstaben stehen. In der Mitte steht die Abbildung eines Mannes mit weißem Bart. Er ist weiß gekleidet und trägt einen goldenen Gürtel. In seinen ausgestreckten Händen hält er sieben Sterne, die die Charaktereigenschaften verkörpern, die einen Bruder von anderen Menschen unterscheiden sollen: Freundschaft, Eintracht, Demut, Verschwiegenheit, Treue, Weisheit und Mäßigkeit. Diese Darstellung wird durch einen Heiligenschein, den er um den Kopf trägt, ein zweischneidiges Schwert, das aus seinem Mund ragt, und sieben Kerzen rundherum vervollständigt.

Zu diesem Zeitpunkt hatten wir das Gefühl, daß dieses eindeutige Bindeglied zu den Templern den Beweis für all das liefern würde, was wir bisher bereits aus anderen Beweisen rekonstruiert hatten, aber wir fanden noch viel mehr.

Der zwanzigste Grad mit dem Namen «Ehrwürdiger Großmeister» dreht sich um den Bau des vierten, rein geistigen Tempels. Der historische Vortrag in diesem Ritual erzählt von der Zerstörung des dritten Tempels durch die Römer unter Titus im Jahr 70 und wie sehr die Brüder, die in jener schrecklichen Zeit in Palästina waren, über den Verlust trauerten. Sie verließen das Heilige Land und beschlossen, einen vierten Tempel zu errichten, der jedoch ein spirituelles Bauwerk sein sollte. Dann wird uns berichtet, daß diese Menschen, denen es irgendwie gelang, dem Massaker in Jerusalem zu entkommen, sich in eine Reihe von Logen aufteilten, die sich über ganz Europa ausbreiteten.

Eine deutlichere Nacherzählung der Rex-Deus-Geschichte als diese kann es nicht geben! In diesem Grad, der wahrscheinlich aus dem Mittelalter stammt, liegt der Beweis dafür, daß die Überlebenden der Schlacht um Jerusalem im Jahr 70 sich wirklich über ganz Europa zerstreuten – genau wie es unser Rex-Deus-Informant behauptet hatte!

Das Ritual berichtet weiter, daß eine von diesen Gruppen schließlich nach Schottland kam und eine Loge in Kilwinning gründete. «Schließlich» deshalb, weil die St. Clairs sich nicht vor Ende des elften Jahrhunderts in Schottland niederließen.

Danach wird uns erzählt, daß diese Leute in Kilwinning die Aufzeichnungen ihres Ordens in einer Abtei aufbewahrten, die im Jahr 1140 erbaut wurde. Der Freimaurerforscher J.S.M. Ward stellt fest, daß hier ein Problem auftaucht, denn er bemerkt:

> «Eine Gruppe kam nach Schottland und gründete eine Loge in Kilwinning. Dort wurden die Aufzeichnungen des Ordens in einer Abtei deponiert, die die Mitglieder dort bauten. An diesem Punkt hat man das erste historische Problem, denn die Abtei wurde nicht vor 1140 erbaut, und die Legende verrät nicht, wo sich die Templer in der Zeit zwischen den Jahren 70 und 1140 befanden.»

Diese Tatsache bereitete Ward im Jahre 1921 ziemliches Kopfzerbrechen, aber für uns war jetzt alles klar. Wir wissen genau, wo sich die Templer in diesem Zeitraum aufhielten – die Aufzeichnungen waren unter den Ruinen des herodianischen Tempels versteckt und wurden zwischen 1118 und 1128 von den Tempelrittern wieder ans Tageslicht geholt! Wir glauben auch aus gutem Grund fest daran, daß diese alten Dokumente im Jahr 1140 in Rosslyn erneut versteckt wurden.

Die Existenz dieses Grades ist von großer Bedeutung für alles, was wir bis heute herausgefunden haben. Beschrieben als «Großmeister aller symbolischer Logen», gestattet dieses Ritual einen Rückblick auf den Sturz der Nasoräer im Jahre 70 und darauf, wie die Vorläufer der Freimaurer damals Jerusalem verließen und sich in Europa verbreiteten, ganz so, wie es unser Rex-Deus-Informant behauptete! Eine Gruppe soll den Weg nach Schottland gefunden und dort eine Loge in Kilwinning gegründet haben – und das ist eine der frühen Niederlassungen der Familie St. Clair!

Das Ritual des einundzwanzigsten Grades geht noch weiter zurück und berichtet vom Turmbau zu Babel und von dessen Architekten Peleg. Peleg wurde von Gott mit Stummheit bestraft, weil er versuchte, einen Turm bis zum Himmel zu bauen, und er wanderte dann durch Europa und ließ sich schließlich in den Wäldern Preußens nieder, wo er ein dreieckiges Haus baute. Hier beklagte er seinen früheren Stolz und verbrachte seine Tage damit, zum Allmächtigen zu beten, der ihm schließlich vergibt und ihm die Sprache wiedergibt.

Die besondere Lektion dieses Grades ist Demut. Peleg soll angeblich ein Nachfahre Noahs sein und über Noahs Enkel Ham von ihm abstammen (in der Bibel heißt es auch, er sei ein Ahnherr Jesu Christi gewesen). Die Legende berichtet weiter, daß Ham der erste König von Ägypten gewesen sein soll, der später den Titel «Osiris» annahm – was wörtlich übersetzt angeblich «der Fürst, der von den Toten auferstanden ist», bedeuten soll.

In unserem Buch *Unter den Tempeln Jerusalems* haben wir das vergessene Krönungsritual des alten Ägypten rekonstruiert und den Weg des Auferstehungsritus von Theben nach Jerusalem verfolgt. Wir sind dabei zu dem Schluß gekommen, daß das geheime Ritual, welches Jesus offenbarte, sich um Horus und Osiris drehte und daß Jesus «der Fürst, der von den Toten auferstanden ist», war, denn er hatte die Auferstehungszeremonie bereits absolviert.

Nun fanden wir heraus, daß im nächsten Grad, «Prinz von Libanon», jeder ein Schwert trägt und der Kandidat zu einem Mitglied der Tafelrunde gemacht wird. Bei diesem Ritual gibt es zwei Räume, und die Handwerker führen ihre Arbeit in dem kleineren, tiefer gelegenen Raum durch – genau wie es Mitte des fünfzehnten Jahrhunderts auch in Rosslyn war. Es gibt noch eine andere interessante Verbindung zwischen der Tafelrunde und Rosslyn, und zwar die Tatsache, daß die Ritter der Artussage in voller Rüstung beerdigt wurden, damit sie in Zeiten der Not sofort ihr Land verteidigen konnten. Man sagt, daß die St. Clairs unter Rosslyn in voller Rüstung begraben wurden, um zurückzukehren, wenn eine Glocke geläutet wird, um sie zu versammeln.

Der Grad «Oberhaupt des Tabernakels» kommt als nächstes und erklärt, wie der Orden der Priesterschaft von Aaron und seinen Söhnen Eleasar und Ithamar gegründet wurde. Die Mitglieder dieses Grades werden nach dem alten jüdischen Priestergeschlecht Leviten genannt, und sie tragen weiße Kleidung mit roten Borten. Der Kandidat wird zum Priester gemacht und betritt eine innere Kammer, die schwarz ausgeschlagen ist und einen Altar und einen Stuhl enthält, auf dem drei Totenschädel und ein vollständiges Skelett liegen. In der Kammer ist eine Inschrift zu lesen. Sie lautet: «Wenn du Angst hast, dann mache dich davon; das Betreten ist Männern nicht gestattet, die ihre Tugend verlieren, wenn sie sich der Gefahr stellen müssen.» In diesem Grad gibt es zwei Hohepriester und einen sogenannten «Souveränen Großopferer», der eine goldene Mitra trägt – das ist der Kopfschmuck des thebanischen Schöpfergottes Amon-Re und der des Jakobus, des ersten Bischofs von Jerusalem. Wir sind sicher, daß der Hohepriester Jahwes schon immer diesen Kopfschmuck trug, und zwar von der Zeit des Mose an, denn es steht in den Quellen, daß Jakobus, der Bruder Jesu, die Brustplatte und die Mitra des Hohenpriesters getragen habe, als er den Tempel betrat.

Als nächstes stießen wir auf einen Grad, der berichtet, wie Moses von Gott angewiesen wurde, den Tabernakel oder das heilige Zelt als Aufbewahrungsort für die Bundeslade zu errichten. Unter dem Namen «Prinz des Tabernakels» wird erklärt, wie Moses auf diese Weise das Königshaus der Juden begründete.

Der Kandidat wird in diesem Grad zum Hohenpriester gemacht, und man sagt ihm, daß es ihm jetzt gestattet sei, den Allerhöchsten unter dem Namen Jehova (eine andere Transkription des Namens Jahwe) anzubeten, was angeblich bessere Wirkung habe, als wenn man den Namen Adonai anriefe. Man sagt ihm, daß er durch seinen Aufstieg jetzt die freimaurerische Wissenschaft mitgeteilt bekommen habe, wie sie von König Salomo begründet und von den Tempelrittern wieder belebt worden sei.

Wir trauten unseren Augen kaum! Hier gab es einen besonderen Hinweis darauf, daß die Tempelritter diejenigen waren, die das vergessene Wissen der Juden wieder ans Tageslicht gebracht hatten.

Alles, was wir bei unserem Quellenstudium entdeckt hatten, wurde hier in alten und geheimen Freimaurerritualen dargelegt. Die Rituale der Freimaurerei enthalten wirklich das, was wir aus unseren Quellen rekonstruiert hatten – von den Tarotkarten bis zur Artussage. Die Tempelritter hatten sich also wirklich als neue Priesterschaft Jahwes betrachtet, doch sie mußten Abkömmlinge der alten Priester gewesen sein, um das tun zu können. Unser anonymer Freund vom Rex Deus hatte also recht.

Das Ritual geht dann so weiter, daß der neue Hohepriester die Geschichte der Königskunst der Maurerei erfährt, die sich von der Schöpfung über Noah, Abraham, Moses, Salomo und andere wichtige historische Persönlichkeiten bis zu Hugues de Payen, dem Gründer der Tempelritter, und weiter zu der tragischen Gestalt Jacques de Molays, ihrem letzten Großmeister, erstreckt. Das macht deutlich, daß alle Großmeister der Templer als Hohepriester Jahwes angesehen wurden.

Nachdem er zum Hohenpriester gemacht wurde, wird ihm das «Gewaltige Wort» offenbart, und man erzählt ihm, daß es von den Tempelrittern in Jerusalem entdeckt worden sei. Bis jetzt ist es uns nicht gelungen, dieses «Gewaltige Wort» zu finden, denn es scheint nie aufgeschrieben worden zu sein. Aus dem Kontext ergibt sich, daß es sich um einen anderen Namen Gottes handeln muß, aber die Zerstörung des alten Rituals durch den Herzog von Sussex verwehrt uns das Wissen, das die Kenntnis dieses Wortes vielleicht beinhaltet haben könnte. Die Legende berichtet, daß die Templer, als sie am Berg Moria an der Stelle, wo das Allerheiligste stand, gruben, drei Steine entdeckten und daß dieses Wort auf einem davon eingraviert war. Als sie Palästina verließen, nahmen sie diese Steine als Reliquien mit und benutzten sie als Grundsteine ihrer ersten Loge in Schottland, die am Tag des heiligen Andreas gegründet wurde. Das Geheimnis des «Gewaltigen Wortes» ist seitdem an ihre Nachfolger weitergegeben worden, die den Titel eines Hohenpriesters von Jehova tragen. Vielleicht aber hat der Herzog von Sussex doch die Wahrheit nicht zerstören können, denn möglicherweise gehört dieser Stein auch zu den Reliquien, die unter Rosslyn versteckt wurden.

Der Freimaurerhistoriker Arthur Waite stellte fest, daß Jesus nach der freimaurerischen Überlieferung ein besonderes Wissen zuteil wurde und daß er seine Apostel und Jünger in dieses Wissen einführte und sie in unterschiedliche Orden aufteilte, über die er als Oberhaupt Johannes stellte. Diese von Christus übermittelte Lehre, die das Wissen um die mystischen und hierarchischen Initiationszeremonien Ägyptens enthielt, gelangte 1118 in den Besitz von Hugues de Payen, dem ersten Meister des neuen Tempels, der so mit apostolischer und patriarchalischer Macht ausgestattet zum rechtmäßigen Erben der originalen johannitischen Christenheit wurde.

Diese Überlieferung war schon zu Anfang dieses Jahrhunderts bereits nur mehr Erinnerung, aber es scheint sicher zu sein, daß dies einmal den zentralen Punkt der freimaurerischen Lehre darstellte. Der Gedanke, daß die wahre apostolische Sukzession nicht durch den Papst stattfindet, sondern durch den Großmeister der Tempelritter, stellt klar, warum man die Hohepriesterkarte des Tarots irrtümlich für eine Darstellung des Papstes hielt. Es erklärt auch, warum die frühen englischen Freimaurer über den Inhalt dieser Grade entsetzt waren und dafür sorgten, daß sie ausgemerzt wurden.

Für uns stellte dieser Grad einen Durchbruch dar, einen sicheren Beweis unserer Hypothese. Hugues de Payen wird als wiedereingesetzter Hohepriester Jahwes (Jehovas) bezeichnet, und das Amt wird an alle Großmeister der Templer bis zu Jacques de Molay weitergegeben – und die Tempelritter werden als diejenigen genannt, die die Geheimnisse unter den Ruinen des Tempels entdeckten und sie nach Schottland brachten!

Alles, was wir in unserem vorigen Buch zusammengetragen hatten, wurde durch den Inhalt dieser geheimen und fast zerstörten Rituale bestätigt. Mit wachsender Spannung lasen wir über den nächsten Grad.

Dieser Grad wurde zur Zeit der Kreuzzüge von einem militärischen Mönchsorden in Palästina begründet. Er handelt von den heilenden und rettenden Kräften der «ehernen Schlange», die den Israeliten zuteil wurden, denn es gehörte zu den Pflichten der Ritter, kranke Reisende zu pflegen und sie vor den Ungläubigen zu schützen. Bei der Werkmaurerei wird die Schlange benutzt, um die Bänder des Schurzes zu verbinden. Dazu fällt uns einiges ein: die Schlange, die sich um die Säule auf dem Rex-Deus-Ring windet, und die Tatsache, daß die Essener berühmte Heiler waren – ihr Symbol des Stabes, um den sich eine Schlange windet, wurde von der modernen Medizin übernommen.

Der nächste Grad «Prinz der Gnade» war für uns nicht von Bedeutung, aber der siebenundzwanzigste Grad des «Kommandeurs des

Tempels» ist recht erstaunlich. Es soll dies ein ritterlicher, militärischer Grad sein. Die Körperschaft, die den Grad erteilt, wird «Hof» genannt, und seine Mitglieder sitzen um einen runden Tisch und befragen den Kandidaten. Das Ritual erzählt von den falschen Beschuldigungen gegen die Tempelritter und welche Bedeutung das Leugnen des Kreuzes hat.

Wir konnten dazu nur wenige Einzelheiten finden, aber Arthur Waite hatte etwas niedergeschrieben, was er ziemlich geschmacklos fand, auf uns jedoch elektrisierend wirkte! Er stellte fest, daß das Kreuz, das man bei diesem Ritual benutzte, Initialen enthielt: JN und JBM. Der schockierte Freimaurerhistoriker sagte, man hätte ihm mitgeteilt, daß diese Initialen für **J**esus **N**azareus und **J**acques **B**urgundus **M**olay stünden.

Das war fast zu schön, um wahr zu sein. Wir hatten ja erwartet, in diesen alten Graden Material zu finden, das unsere Hypothese stützen konnte, aber wir hatten nicht im Traum daran gedacht, auf eine so endgültige und dramatische Weise bestätigt zu werden. Der erste und der zweite gekreuzigte Messias auf dem gleichen Kreuz vereint!

Zweifellos haben die letzten Templer und die Begründer der Freimaurerei Jacques de Molay als zweiten Messias angesehen.

Die Freimaurerei hatte aufgehört, ein Geheimkult zu sein, als sie Anfang des achtzehnten Jahrhunderts in London in einen feinen Herrenklub umgewandelt wurde, und wir konnten jetzt verstehen, warum die Maurer die alten Überlieferungen zu etwas machen wollten, was theologisch weniger kontrovers wirkte. Glücklicherweise konnten sie wie die meisten Zensoren keinen hundertprozentigen Erfolg verzeichnen, und so gelang es ihnen nicht, alle Spuren des alten Wissens auszulöschen, das sie so verabscheuten.

Die Grade des Alten Schottischen Ritus hatten mehr zutage gebracht, als wir je zu hoffen gewagt hatten. Aber als wir weiterlasen, stießen wir sogar noch auf weitere Beweise für die Wahrheit unserer Theorie. Der achtundzwanzigste Grad «Ritter der Sonne» soll der Schlüssel der Freimaurerei sein. Er lehrt die Doktrin der Naturreligion des «Einen Wahren Gottes», der – so sagt man – den essentiellen Bestandteil der alten Mysterien und Zeremonien darstellt.

Dieser Gedanke des «Einen Wahren Gottes» stellt den Kern der

Das Kreuz mit den Initialen der beiden Messiasse, das man früher im freimaurerischen Ritual benutzte

Freimaurerei dar. Es wird oft gesagt, diese Vorstellung stünde im Konflikt mit der fraglos arroganten Lehre der Christen, die die Götter anderer Religionen sämtlich als Götzen abqualifiziert. Die Freimaurerei basiert auf dem Gedanken, daß es Gott immer gegeben hat und immer geben wird. Er hat einfach viele Namen angenommen, denn die Menschen haben ihn unter den Namen Marduk, Amon-Re, Jahwe und Allah gekannt.

Der Grad beschreibt alle Freimaurersymbole, und als Hauptzweck wird angegeben, daß die Wahrheit über alles zu stellen sei. In einzelnen Abschnitten wird ein Vortrag über die Wahrheit gehalten, und zwar von neun Personen. Sie heißen: Dreimal vollkommener Vater Adam, Bruder Wahrheit, Michael, Gabriel, Raphael, Zaphriel, Camael, Azrael und Uriel. Über dem Eingang des Raumes, in dem der Grad verliehen wird, steht: «Du, der du nicht die Kraft hast, Leidenschaft zu unterdrücken, fliehe von diesem Ort der Wahrheit.»

Die letzten sieben Namen, die im Ritual dieses Grades genannt werden, sind die von Erzengeln. Unser Rex-Deus-Mann, der die Geschichte von den beiden Schulen in Jerusalem zur Zeit Jesu erzählte, berichtete, daß die Hohenpriester selbst diese Namen für sich benutzten. Vielleicht nahmen die Tempelritter als neue Priester Jahwes ebenfalls diese Namen an.

Diese Betonung der Wahrheit in diesem Ritual rief uns die Inschrift in Rosslyn ins Gedächtnis, die am Ende lautet: «(...) Aber die Wahrheit besiegt alles.»

Der neunundzwanzigste Grad ist unter drei Namen bekannt: «Ritter des heiligen Andreas», «Patriarch der Kreuzzüge» oder «Großmeister des Lichts». Er soll angeblich begründet worden sein, als die Tempelritter mit den Überresten der Enochsäule im Gepäck aus Palästina flohen und drei dieser Steine benutzten, um das Fundament der ersten Loge der Maurerritter in Schottland zu legen. Der Zweck dieses Grades war:

> «(...) die Tugenden der Wohltätigkeit, Philanthropie, der allgemeinen Toleranz, des Schutzes der Unschuldigen, der Wahrheitspflege, der Verteidigung des Rechts, der Ergebenheit und des Gehorsams gegenüber Gott zu pflegen sowie Fanatismus und Intoleranz auszutilgen.»

Uns kam in den Sinn, daß dieses Ritual aus einer Zeit stammt, in der die römisch-katholische Kirche jeden abschlachtete, der es wagte, eigene Gedanken zu haben. Diejenigen, die die Inhalte dieses Grades ernst nahmen, wollten ganz klar gegen diese blinde Ignoranz vorgehen.

Wir lasen, daß der folgende Grad, «Auserwählter Großritter des schwarzen und weißen Adlers», ursprünglich Einzelheiten über das Schicksal Jacques de Molays enthielt, aber leider konnten wir bis jetzt nichts Genaueres darüber finden. Das Ritual verlangt zudem, daß die Ritter dieses Grades denjenigen Rache schwören, die für de Molays Tod verantwortlich waren, und daß es ihre Pflicht ist, den Aufbau des spirituellen Tempels in der Tradition der Tempelritter weiterzuführen.

Es drängte sich uns die Frage auf, ob es nicht vielleicht die «Ritter des schwarzen und weißen Adlers» waren, die Philipp den Schönen «beseitigten».

Der einunddreißigste Grad, «Großinspektor-Inquisitor-Kommandeur», ist ein rein administrativer Grad, aber der vorletzte Grad wendet sich wieder Jacques de Molay zu. Er wird in einer Versammlung verliehen, die «Großes Konsistorium» heißt. Der Raum ist schwarz ausgekleidet, auf dem Vorhang sind Skelette, Tränen und Symbole der Sterblichkeit in Silber aufgestickt. Über dem Podest des Vorsitzenden, der «Dreimal illustrer Kommandeur» heißt, hängen die Initialen JM zur Erinnerung an Jacques de Molay. Dem Kandidaten wird das «königliche Geheimnis des Todes von Jacques de Molay» mitgeteilt. Leider ist dieses Geheimnis nirgendwo aufgeschrieben.

Die Benutzung des Wortes «königlich» legt den Schluß nahe, daß de Molay vielleicht als letzter aus dem Königsgeschlecht Davids angesehen wurde. Vielleicht beschrieb dieser Grad in seiner Urfassung die Kreuzigung dieses zweiten Messias.

Soweit wir wissen, ist der dreiunddreißigste Grad des «General-Großinspektors» der höchste Rang, den ein Freimaurer überhaupt erreichen kann.

Die Fakten hierzu sind spärlich, aber wir wissen, daß die Loge unter einem Baldachin stattfindet, in dessen nach Osten gewandten Teil der Name Jahwe auf hebräisch geschrieben steht. In der Mitte ist ein viereckiges Podest, auf dem eine Bibel und ein Schwert liegen. Im Norden steht ein weiteres Podest, auf dem ein Skelett liegt, das einen Dolch in der rechten und das Banner des Ordens in der linken Hand hält. Im Westen steht auf drei Stufen ein Thron, vor ihm ein dreieckiger Altar.

Alles, was wir über diesen allerhöchsten Grad wissen, ist, daß dort einmal das Geheimnis der Gründung des Ordens und die uralte Herkunft beschrieben wurden.

Der einzige Hinweis zum Inhalt dieses Grades stammt von unserem Freund Robert Temple, einem Sanskritforscher mit vielen Begabungen, der zudem ein wandelndes Lexikon der Physik und der Anthropologie ist. Er ist der Autor vieler unterschiedlicher und faszinierender Bücher, zu denen auch *The Sirius Mystery* gehört, in dem er die erste Erklärung dafür veröffentlichte, wie die alten Ägypter ihre Bauwerke ausrichteten, nämlich als irdische Replik der Sternbilder.

Robert lebt zwar seit vielen Jahren in London, ist aber Amerikaner und Nachfahre von George Washington, dem berühmtesten Freimaurer seines Landes. In seiner Familie gibt es seit über zweihundert Jahren immer wieder Freimaurer. Kurz nachdem Robert *The Sirius Mystery* veröffentlicht hatte, nahm ein älterer Verwandter, der Freimaurer des dreiunddreißigsten Grades war, Kontakt zu ihm auf. Dieser Herr teilte Robert mit, daß sein Buch mehr Wahrheit enthielte, als er sich vorstellen könne, und daß er ihm sehr viel zu erzählen habe. Leider dürfe er das jedoch nicht, denn Robert müsse wie er Freimaurer des dreiunddreißigsten Grades sein, um diese Dinge erfahren zu dürfen – und Robert war noch nicht einmal einfacher Freimaurer!

Er schlug vor, daß Robert eintreten und schnell nach Beförderung streben solle, damit er diese Geheimnisse, die offenbar mit dem alten Ägypten und der Bedeutung der Sterne in Zusammenhang standen, erfahren könne. Leider starb der alte Herr kurz darauf.

Wir wissen, daß das Ritual dieses letzten Grades sich mit dem Geheimnis der ersten Gründung des Ordens und seiner Herkunft beschäftigt, und diese kleine Geschichte von Robert Temple läßt den Schluß zu, daß seine Herkunft im Auferstehungs- und Sternenkult der alten ägyptischen Könige zu suchen ist. Vielleicht finden wir das eines Tages selbst heraus.

Das große Geheimnis wird rekonstruiert

Wenn man alle dreiunddreißig Grade dieses alten Freimaurerritus zusammensetzt, hat man eine Geschichte, die erzählt, daß in ferner Vergangenheit eine Sintflut vorhergesagt wurde, die dann auch eintraf und beinahe die Geheimnisse der Baumeister vernichtete. Ein Mann namens Enoch, der einer unbekannten früheren Zivilisation entstammte, beschloß, das kostbare Wissen an die Überlebenden weiterzugeben, damit sie in der Lage waren, neue Städte zu bauen und neue Zivilisationen zu begründen. Das erreichte er, indem er die Geheimnisse auf zwei Säulen gravierte, die der vorhergesagten Katastrophe entgehen sollten. Die Begründer der ägyptischen Kultur, die um zirka 3200 vor Christus entstand, sollen eine dieser Säulen gefunden haben, und der erste König von Ägypten nahm den Namen «Osiris» an, was soviel bedeutet wie: «Fürst, der von den Toten auferstanden ist».

Fragmente der anderen Säule sollen später von den Juden gefunden worden sein, und zwar an der Stelle, an der vor dreitausend Jahren der salomonische Tempel errichtet wurde. Für uns klingt das wie eine Erklärung der Juden dafür, daß sie im Besitz von uralten Geheimnissen waren, die aber auch bereits die Ägypter vor ihnen kannten. Es kann sehr gut sein, daß sie so einfach leugnen konnten, daß die Ägypter etwas mit dem Auferstehungskult zu tun hatten, der für sie so große Bedeutung bekommen hatte. Es ist bekannt, daß der frühe jüdische Symbolismus dem Stil nach sehr ägyptisch war, und selbst der Name Moses ist ägyptischen Ursprungs.

Eine solche Erklärung würde zur These unseres Buches *Unter den Tempeln Jerusalems* passen, in dem wir zu dem Schluß kommen, daß die Theologie im Jerusalem des ersten Jahrhunderts nach Christus zum Großteil von den Lehren und Sagen des alten Theben bestimmt war. Es deutet alles darauf hin, daß die Freimaurergeschichte vom Mord an Hiram Abif ein jüdischer Pescher des Mordes an Jakobus «Zadok», dem Bruder Jesu, ist. Wahrscheinlich war das Priestergeschlecht, die Ahnen der Rex-Deus-Familien, seit uralter Zeit unter dem Namen «Söhne des Zadok» bekannt.

Die Freimaurergeschichte erzählt dann, daß Salomo wirklich einen besonderen Priesterorden gründete, den es bis zur Zerstörung des Tempels im Jahre 70 gab, woraufhin seine Mitglieder über ganz Europa zerstreut wurden. Jahrhunderte später kehrten die Nachkommen dieser Leute mit «christlichen Fürsten» nach Jerusalem zurück und gründeten im Jahr 1118 einen neuen Orden. Elf Ritter schworen einander Geheimhaltung, Freundschaft und Verschwiegenheit. Es wird uns berichtet, daß diese Ritter die Tempelritter waren und daß sie unter dem Tempel in Jerusalem Fragmente der Enochsäule entdeckten, die sie zusammen mit ebenfalls dort gefundenen Schriftrollen nach Kilwinning in Schottland brachten, wo sie ihre erste «Loge» bildeten.

Wir erfahren auch etwas über die Existenz einer Tafelrunde, an der jedes Mitglied ein Schwert trägt. Wenn man daran denkt, daß die Templer Rundkirchen und runde Präzeptorien bauten, scheint es sehr wahrscheinlich, daß diese Treffen am runden Tisch die Anregung für die Artussage mit ihren Rittern von der Tafelrunde waren.

Die Geschichte in diesen vergessenen Ritualen bestätigt, daß die Hohepriesterschaft Jahwes in Jerusalem von den Tempelrittern neu begründet wurde und daß jeder Großmeister von Hugues de Payen bis Jacques de Molay dieses höchste Amt innehatte. Die Hohenpriester trugen möglicherweise, wenn sie auf ihrem Thron zwischen den beiden Säulen saßen, eine goldene Mitra.

Verblüffenderweise werden die Initialen von Jacques de Molay zusammen mit denen von Jesus dem Nasoräer auf einem Kreuz dargestellt, was darauf schließen läßt, daß beide als erster beziehungsweise als zweiter Messias betrachtet wurden. Wie in der Geschichte, die wir über den Rex Deus gehört haben, benutzten die Leitfiguren der Freimaurer die Namen von Erzengeln, und man behauptet, daß in der Freimaurerei alles um die «Wahrheit» gehe. Schließlich erfahren wir von der Existenz eines «königlichen Geheimnisses» im Zusammenhang mit dem Tod Jacques de Molays, das in diesen alten Freimaurerriten enthalten ist. Leider ist es uns bisher nicht gelungen, herauszufinden, woraus es besteht.

Könnte es die Einzelheiten von de Molays Leiden und die Geschichte des Abbildes auf dem Grabtuch enthalten?

Die allerwichtigste Erkenntnis, die wir aus dem Inhalt dieser Rituale gewinnen konnten, ist, daß die Freimaurerei aus einer Quelle stammt, die selbst für die ersten Juden schon uralt war, und daß ihre Botschaft von Jesus und seinem Bruder und Erben Jakobus gelehrt wurde. Durch sie wurde sie den Tempelrittern und schließlich den Freimaurern überliefert. Der Kern dieser Lehren besteht in Wahrheitsliebe und einer natürlichen Toleranz, die alle monotheistischen Religionen als Bestandteile einer allumfassenden göttlichen Wahrheit einschließt.

Das große und unerwartete Geheimnis, das tief im Herzen der Freimaurerei verborgen wurde, war das Wissen um die Existenz eines zweiten Messias, eines Hohenpriesters des Jahwe, der nach falschen Beschuldigungen gekreuzigt und schließlich getötet wurde. Fünfunddreißig Jahre nach dem Tod von Jesus Christus wurde sein Heimatland von einer Katastrophe heimgesucht, und ein Großteil der Bevölkerung starb einen entsetzlichen Tod. Fünfunddreißig Jahre nach dem Tod von Jacques de Molay fiel die gesamte Welt einer Katastrophe anheim, die Ausmaße annahm, die man nie zuvor erlebt hatte oder seitdem erlebt hat, und ein Großteil der Bevölkerung starb einen schrecklichen Tod.

Es ist seltsam, daß die Lehren der Essener im allgemeinen und die von Jesus im besonderen nach der ersten Kreuzigung in Vergessenheit gerieten und ein «dunkles Zeitalter» der Ignoranz begann, das zwölfhundertsiebenundfünfzig Jahre andauern sollte. Nach der zweiten Kreuzigung verbreiteten sich diese Lehren wieder, und es gab eine Renaissance des Geistes, des wissenschaftlichen Fortschritts und der religiösen Toleranz.

Das ist kein Zufall. Der Aufstieg der römisch-katholischen Kirche leitete ein Zeitalter der Vernunftfeindlichkeit ein, und die Ankunft der Freimaurerei war die treibende Kraft bei der Rückbesinnung der Welt auf die Werte von Wissenschaft und sozialer Demokratie. Freimaurer wie Francis Bacon, Sir Robert Moray, Benjamin Franklin und George Washington schufen eine neue Weltordnung. Die Ziele, nach denen sie strebten, basierten auf den Forderungen der Freimaurerei: Wahrheit, Gerechtigkeit, Wissen und Toleranz.

Ebensowenig ist es Zufall, daß die in den Schriftrollen vom Toten Meer ständig wiederholten Werte der Essener lauten: Wahrheit, Rechtschaffenheit, Gerechtigkeit, Wissen und Weisheit.

Der Satz, den Dimitrij Mitrinovic prägte, daß nämlich «die Freimaurerei in den vergangenen zweitausend Jahren das Christentum verkörperte», hat sich als völlig richtig erwiesen.

Unsere Fragen sind beantwortet

Als wir mit unseren Nachforschungen begannen, wollten wir ursprünglich sechs Fragen beantworten. Das ist jetzt geschehen:

1. *Sind einige Freimaurerrituale absichtlich geändert oder unterdrückt worden?*
   Es ist unzweifelhaft so, daß die Rituale der Freimaurer vorsätzlichen und einschneidenden Veränderungen unterworfen wurden, und das besonders in England in den Jahren zwischen 1717 und 1820. Diese

Änderungen verbreiteten sich bald über die ganze Welt, und es wurden Versuche unternommen, jeden Hinweis auf die früheren Inhalte der verunstalteten Rituale auszumerzen.

2. *Gibt es ein großes Geheimnis der Freimaurerei, das entweder verlorenging oder absichtlich verborgen wurde?*
Die Leute, die die Freimaurerei beschuldigten, ein großes Geheimnis vor der Welt zu verbergen, hatten recht. Allerdings sind die Freimaurer von heute selbst völlig unschuldig an einer solchen Verschwörung, weil man auch sie von der Wahrheit ausschloß. Das Geheimnis wurde im achtzehnten und Anfang des neunzehnten Jahrhunderts von Leuten wie dem Herzog von Sussex und Albert Pike verborgen.

3. *Wer stand hinter der Gründung der Tempelritter?*
Wir haben eine Vereinigung einflußreicher Leute entdeckt, die einer kleinen Gruppe von Familien entstammten, die an der Eroberung Jerusalems und der Gründung des Ordens der Tempelritter beteiligt waren. Ein Mann, der behauptet, ein direkter Nachfahre Hugues de Payens zu sein, hat berichtet, daß diese Gruppe aus dem zwölften Jahrhundert von der erblichen Priesterschaft Jahwes abstammte, die König Salomo begründete und die den Namen Rex Deus – «Könige Gottes» – trägt. Nach unserem Studium des Tarots, das die Templer erfanden, und der verschiedenen Variationen der Artussage waren wir in der Lage, ein genaueres Bild davon zu zeichnen, wie diese Ritter die Hohepriesterschaft Jahwes neu errichteten und die apostolische Linie fortsetzten, die Rom im Jahr 70 ausgelöscht hatte. Die verblüffenden Beweise aus den verstümmelten Graden des Alten Schottischen Ritus der Freimaurerei bestätigen diese These und lassen den Schluß zu, daß der ursprüngliche Orden «Söhne des Zadok» genannt wurde, eine Bezeichnung, die auch von den Verfassern der Schriftrollen vom Toten Meer verwendet wurde.

4. *Warum entschlossen sich die Tempelritter, unter den Ruinen des herodianischen Tempels Ausgrabungen durchzuführen?*
Die Templer und die Mitglieder des Rex Deus planten die Erobe-

rung Jerusalems und planten die darauffolgenden Ausgrabungen unter den Ruinen des Tempels sorgfältig, um die Schätze zu bergen, die ihre Ahnen im Jahr 70 dort für sie verborgen hatten. Dazu gehörten auch Fragmente der Enochsäule, unzählige Münzen, Kunstwerke aus Gold und Silber und Schriftrollen, die angeblich unter anderem die alten Aufzeichnungen des Ordens enthalten haben sollen.

5. *Welche Glaubenssätze standen hinter der Brandmarkung der Tempelritter als Häretiker?*
Es gibt viele Beweise dafür, daß man im Orden der Templer (die Hohepriesterschaft Jahwes) wußte, daß Jesus ein Mensch und kein Gott gewesen war und daß seine Mitglieder angehalten waren, ihre Liebe auf Gott anstatt auf den falschen Götzendienst am Kreuz zu konzentrieren. Sie betrachteten sich auch selbst als wahre apostolische Nachfolger, und der Papst in Rom war zwar eine geachtete Figur, kam aber erst in zweiter Linie. Jeder dieser Glaubenssätze könnte die Ursache für die Vernichtung der Templer durch die römisch-katholische Kirche gewesen sein.

6. *Können die tiefer gehenden Rituale der Freimaurer ein neues Licht auf die Ursprünge des Christentums werfen?*
Die Lösung des Mysteriums des Grabtuchs von Turin ist nichts, verglichen mit dem Eindruck, den unsere Funde auf freidenkende Christen haben werden. Doch diejenigen, die nicht in der Lage sind, andere Denkweisen zuzulassen, werden weiter an dem Mythos festhalten, der von Menschen des römischen Imperiums geschaffen wurde, die Jesus nie kannten und denen die jüdische Theologie, die er lehrte, ein Buch mit sieben Siegeln war. Die alten Rituale der Freimaurerei stellen keine Bedrohung für die Christenheit dar, sondern nur für die Ignoranz. Es kann nie der Wahrheit dienen, wenn man Wissen unterdrückt, und wir meinen, daß es jetzt an der Zeit ist, die Ursprünge des Christentums in neuem Licht zu betrachten, um zu prüfen, ob man nicht ein schärferes Bild schaffen kann als die grobe Strichzeichnung, die das römische Imperium nach der Zerstörung der Jerusalemer Urgemeinde im Jahr 70 zeichnete. Es gab viele

große Gelehrte, die sich mit den ersten Jahrhunderten nach Christus befaßten, aber sie waren nicht im Besitz der Beweise, die uns inzwischen zugänglich sind.

Vielleicht fassen die Worte von David Sinclair Bouscho, dem ehemaligen Großmeister von Minnesota, alles zusammen. Nach der Lektüre unseres vorigen Buches meinte er, das, was wir herausgefunden hätten, könnte der

> «(...) Funke sein, der eine Reformation im christlichen Denken entzündet und zu einem neuen Überdenken ‹der Fakten› führt, die wir seit Generationen blind akzeptiert und befolgt haben.»

Das Rätsel des Grabtuchs ist gelöst

In der Geschichte gibt es nichts, das ohne jeden Zweifel als wahr bezeichnet werden kann. Trotz der Art und Weise, in der konventionelle Geschichte und religiöse Legenden als «Fakten» präsentiert werden, ist es nur klug, einzusehen, die vernünftigste Lösung der Tatsache zu betrachten. Bisher gab es keine «vernünftige Lösung» für die siebte Frage, die sich uns irgendwann von selbst aufdrängte: *Woher stammt das Grabtuch von Turin?* Es gab nur eine Reihe von Spuren, die alle entweder dem gesunden Menschenverstand oder den bekannten Tatsachen widersprachen.

Jetzt sind wir im Besitz einer Erklärung für das Grabtuch, die absolut sinnvoll ist und überdies zu allen bekannten Fakten paßt, auch zu der überaus wichtigen Radiocarbon-Datierung. Wir haben ein Motiv und eine Gelegenheit und ein bizarres Zusammenspiel von Umständen, die zu den chemischen Bedingungen passen, die nötig waren, um dieses einzigartige Abbild herzustellen.

Zusammenfassend dürfen wir mit der größtmöglichen Sicherheit behaupten, daß das Grabtuch das Abbild des letzten Großmeisters der Templer trägt, und zwar aus folgenden Gründen:

1. De Molay wurde im Pariser Temple verhaftet, wo es auf jeden Fall ein Grabtuch für rituelle Zwecke gab, genauso wie es heute noch in allen Freimaurertempeln der Fall ist.
2. De Molay wurde wegen Ketzerei verhaftet, vor allem soll er Christus und das Kreuz verleugnet haben. Das könnte seinen päpstlichen Inquisitor dazu veranlaßt haben, eine Folter anzuwenden, die genau dem Leiden Jesu glich.
3. Die französische Inquisition hatte den Ruf, die rasche und effektive Foltermethode zu benutzen, Menschen an etwas anzunageln.
4. Der Verlauf der Blutspuren auf dem Abbild weist darauf hin, daß das Opfer nicht an ein symmetrisches Kreuz genagelt wurde. Ein Arm scheint vertikal über den Kopf des Opfers gezogen worden zu sein, was die ausgekugelte Schulter erklären würde, die seit Jahren Gegenstand wilder Spekulationen ist.
5. Die physiologischen Beweise auf dem Grabtuch zeigen, daß das Opfer auf ein großes, weiches Bett gelegt wurde, nicht auf eine Steinbank. Das beweist, daß der Gefolterte nicht tot war und man mit seiner Genesung rechnete.
6. Das Opfer lag zirka vierundzwanzig Stunden lang im Koma, bevor das Grabtuch entfernt wurde. Dann wurde das Tuch gewaschen und lag genau fünfzig Jahre im Schrank. Das war eine wichtige Vorbedingung für den chemischen Prozeß der freien Radikale, die man kürzlich als Urheber des Bildes identifizierte.
7. Das Grabtuch wurde von der Familie Charney erstmalig öffentlich ausgestellt. Die Charneys waren Nachkommen des Mannes, der zusammen mit de Molay verhaftet und später mit ihm auf dem Scheiterhaufen verbrannt wurde.
8. Die Verhaftung und die Folterung de Molays geschahen im Oktober 1307, was vollkommen zu der Zeitspanne paßt, die von der sogenannten C-14-Methode für die Entstehung des Tuches festgelegt wurde. Die Flachsfasern, aus denen das Leinen des Grabtuches gewebt wurde, müssen irgendwann zwischen 1260 und 1390 verarbeitet worden sein.
9. Wir wissen, daß die Tempelritter Haare und Bart im Stil der Nasoräer trugen, wie Jesus auch. Das bedeutet, de Molay hatte schulterlanges Haar und einen Vollbart – wie es das Bild auf dem Grab-

tuch auch zeigt. Obwohl Ähnlichkeit ein armseliger Beweis ist, kann man doch erkennen, daß eine der wenigen Zeichnungen, die es von de Molay gibt, dem Bild auf dem Grabtuch erstaunlich ähnlich sieht.

10. Die maurerischen Rituale des Alten Schottischen Ritus erzählen die Geschichte der Templer, und aus der Tatsache, daß auf einem Kreuz sowohl die Initialen von Jesus Christus als auch die von Jacques de Molay standen, kann man folgern, daß die Kreuzigung de Molays früher in weiten Kreisen bekannt war.

Die Welt ist jetzt im Besitz einer stimmigen und gut belegten Erklärung für das seltsame Abbild auf dem Grabtuch von Turin. Die Konsequenz, die sich aus diesen Beweisen ergibt, wird viele Menschen schmerzen, denn sie müssen jetzt ihre liebsten Lehrsätze neu überprüfen – aber wir vertrauen darauf, daß die Wahrheit mit der Zeit alles besiegen wird.

Die Topologie der Vergangenheit

Das ist das zweite Buch, in dem wir uns bemühen, die Vergangenheit besser zu verstehen. Wir begannen unser Unternehmen mit einem leeren Blatt Papier und wollten etwas über die Herkunft der Freimaurerei herausfinden. Wir sind immer weiter gereist, und unser Unternehmen dauerte länger, als wir geplant hatten, aber wir haben die Reise genossen, und das, was wir herausgefunden haben, hat uns für alle Mühe mehr als belohnt.

Nachdem die tiefsten Geheimnisse der traditionellen Freimaurerei unsere Vermutungen voll und ganz bestätigten, fühlten wir uns, als hätten wir den Gipfel eines hohen Berges erklommen, nachdem wir uns erst jahrelang durch schier undurchdringliche Dschungel gequält hatten und dann unzählige glatte Felsen schier unüberwindbar schienen. Jetzt stehen wir dort oben, und vor uns erstreckt sich eine phantastische Aussicht.

Der Weg, dem wir gefolgt sind, ist uralt. Er wurde verlassen und fast zerstört, aber wir hoffen, daß andere ihn jetzt verbreitern und befestigen werden. Von dort, wo wir jetzt stehen, können wir erkennen, daß dieser Weg nicht der einzige ist – es gibt viele. Wir können sehen, daß die Freimaurerei von Einflüssen geformt wurde, die aus uralter Zeit stammen und Jahrhunderte später wieder zusammentrafen und miteinander verschmolzen. Auch das Christentum hat eine sehr komplexe Geschichte – es verlief oft im Zickzack und verschmolz dann wieder mit etwas anderem.

Eine der Hauptstraßen, die man den «Weg Jesu» genannt hat, scheint aus anderen Orten zu kommen als dem Jerusalem des ersten Jahrhunderts, während andere, weniger populäre Straßen direkt zu den Nasoräern führen.

Nach unseren Erkenntnissen hat keiner dieser Wege eine so direkte Verbindung zum Jerusalem des Jesus und des Jakobus wie die Freimaurerei.

Wenn wir uns von unserem neuen Aussichtspunkt umschauen, können wir viele andere Hügel erkennen, auf deren Gipfeln Menschen zusammengedrängt stehen und die Augen fest geschlossen halten. Sie schauen alle nach innen und wiederholen die gleichen Worte: «Dies ist der einzige Gipfel, es kann keinen anderen geben.» Diese Menschen stehen auf dem Boden, den sie Katholizismus nennen oder englische Freimaurerei, oder an tausend anderen Orten institutionalisierten Denkens, und sie weigern sich einfach, die Augen aufzumachen, um die gigantische und wundervolle Aussicht anderer, ergänzender Wahrheiten zu erkennen, die sie umgibt. Sie fürchten das Wissen, weil es ihnen zeigen könnte, daß man auch an anderen Orten stehen kann, von denen manche sogar schöner sein könnten als der sichere und vertraute Gipfel, den sie im Zusammenhang der gesamten Landschaft nicht zu erforschen wagen.

Die traditionelle Freimaurerei hatte die Augen weit offen, als sie verkündete:

> «Wir müssen den religiösen Ansichten anderer Menschen tolerant gegenüberstehen, weil jede Religion vieles besitzt, was ihr wahr erscheint, und wir müssen Ignoranz durch Bildung bekämpfen, Bigotterie durch Toleranz und Tyrannei durch die Lehre wahrer Freiheit.»

Nachdem wir die Kurven und Wendungen unserer seltsamen Reise, die wir in diesem Buch aufgezeichnet haben, durchfahren haben, hoffen wir, daß auch Sie Ihre Stimme erheben werden, um einen neuen Umgang mit der Vergangenheit zu fördern – besonders, was die Ursprünge des Christentums angeht.

Unser nächstes Ziel ist nun, die alten Aufzeichnungen aus Jerusalem zu finden, die von den Templern ausgegraben wurden und im Jahr 1140 zunächst nach Kilwinning kamen. Wir glauben, daß sie später unter Rosslyn erneut vergraben wurden.

Wenn in Rosslyn einmal Ausgrabungen durchgeführt werden, dann wird die Wahrheit alles besiegen.

Anhang 1

Zeittafel

Vor Christus

972 Salomo wird König von Israel und baut seinen Tempel für Jahwe

922 Salomo stirbt und hinterläßt in Israel ein religiöses und wirtschaftliches Chaos

586 Endgültige Zerstörung von Salomos Tempel

539 Beginn der Bauarbeiten am Tempel des Serubbabel

6 Wahrscheinliches Geburtsdatum Jesu

Nach Christus

32 Johannes der Täufer wird ermordet
Jesus wird sowohl priesterlicher wie königlicher Messias

33 Kreuzigung Jesu

37 Die Mandäer werden durch Saulus nach Mesopotamien getrieben

62 Ermordung von Jakobus dem Gerechten am Tempel
Simeon, Vetter ersten Grades von Jesus, ist der neue Führer der Jerusalemer Urgemeinde

66 Der jüdische Aufstand beginnt

68 Zerstörung von Qumran

70 Zerstörung Jerusalems und des herodianischen Tempels durch Titus

325 Kaiser Konstantin ruft das Konzil von Nicäa zusammen

1070 Hugues de Payen wird geboren

1090 Bernhard von Clairvaux wird geboren

1094 Hugues de Payen wird Nachfolger seines Vaters als Lehnsherr von Payen

1095 Beginn des ersten Kreuzzuges

1099 Jerusalem wird von den Kreuzfahrern erobert; Gottfried von Bouillon wird zum Oberhaupt gewählt

Henri de St. Clair wird Baron von Roslin

Tod von Papst Urban II.

1100 Tod von Gottfried von Bouillon, dem ersten König von Jerusalem

Tod von William II. von England

Balduin I. wird König von Jerusalem

1101 Hugues de Payen heiratet Catherine de St. Clair, sie erhält Blancradock als Mitgift

1104 Hugues de Payen reist mit Hugo von Champagne nach Jerusalem

1113 Bernhard und die Familie Fontaine treten in den Zisterzienserorden ein

1114 Hugues de Payen und Hugo von Champagne besuchen wieder Jerusalem

1115 Bernhard wird Abt von Clairvaux

1118 Neun Ritter unter Hugues de Payen beginnen mit den Ausgrabungen unter den Ruinen des Tempels

1120 Fulko von Anjou beeidet seinen Eintritt bei den Templern

1125 Hugo von Champagne legt den Eid in Jerusalem ab, es gibt jetzt elf Templer

1128 Das Konzil von Troyes beschließt die Regel der Templer

Hugues de Payen besucht auf seiner Europareise Roslin

Payen de Montdidier wird Großmeister der Templer in England und beginnt, Präzeptorien zu bauen

1136 Hugues de Payen stirbt

Geoffrey von Monmouth schreibt *Die Sache Britanniens*

1140 Die Lehnsherrschaft von Payen fällt an den Grafen von Champagne zurück

Die Templer bringen Reliquien aus dem Tempel nach Schottland

William von Malmesbury schreibt die Geschichte des Heiligen Grals und des Joseph von Arimathia

1152 Geoffrey von Monmouth wird Bischof von St. Asaph

1153 Bernhard von Clairvaux stirbt

1174 Bernhard von Clairvaux wird heiliggesprochen

1180 Chrétien de Troyes schreibt *Le Conte du Graal*

1190 Ein anonymer Templer schreibt *Perlesvaus*

1210 Wolfram von Eschenbach schreibt *Parzival*

1244 Jacques de Molay geboren

1285 Philipp IV. (der Schöne) folgt seinem Vater im Alter von siebzehn Jahren auf den Thron

1292/3 Jacques de Molay wird zum Großmeister der Templer gewählt

1294 Bonifaz VIII. wird Papst

1296 Bonifaz gibt die Bulle *Clericis Laicos* heraus, in der dem Klerus verboten wird, Steuern zu zahlen

1297 Ludwig IX. wird von Bonifaz heiliggesprochen

1299 Philipp weigert sich, Bonifaz im Kreuzzug gegen Aragon zu unterstützen

1300 Die Templer werden bei Tortosa geschlagen, manche als Gefangene nach Ägypten verschleppt

De Molay kehrt nach Zypern zurück und erwägt einen Rückzug nach Europa

1302 Bonifaz VIII. gibt die päpstliche Bulle *Unam Sanctam* heraus, in der verkündet wird, daß die päpstliche Macht stärker ist als die der Könige

Guillaume de Nogaret wird zum ersten Berater König Philipps ernannt

Philipp IV. verbrennt öffentlich die päpstliche Bulle und enteignet die Ländereien von Prälaten, die loyal zum Papst stehen

Bonifaz bietet Kaiser Albert von Österreich den Thron von Frankreich an

1303 De Nogaret greift Bonifaz in Anagni an

Bonifaz stirbt an den Folgen des Angriffs

Edward I. von England schließt Frieden mit Philipp

1304 Benedikt XI. wird nach nur zehn Monaten im Amt von Philipps Agenten vergiftet

1305 Philipp bietet seinem alten Feind Bertrand de Gotte, Erzbischof von Bordeaux, den Thron Petri an; als Gegenleistung stellt er sechs Bedingungen

Bertrand de Gotte wird in Lyon zu Papst Klemens V. gekrönt

Robert I. Bruce wird exkommuniziert

1306 Der Papst ruft die Großmeister der Templer und der Johanniter nach Frankreich, um über eine Union der beiden Orden zu sprechen

De Molay kommt mit zehn Packpferden voller Schätze in den Pariser Temple und wird dort von Philipp begrüßt

De Molay reist nach Poitiers, um sich mit Klemens zu treffen, und argumentiert gegen die Fusion der Orden

Die Johanniter erobern Rhodos

Robert I. Bruce wird zum König von Schottland gekrönt

Verhaftung aller Juden in Frankreich

1307 De Molay reist wieder nach Poitiers, um mit Klemens über die Anklagen gegen den Orden zu sprechen

Alle Templer werden durch Erlaß Philipps des Schönen verhaftet

Jacques de Molay wird gekreuzigt, aber nicht getötet, und das Grabtuch von Turin entsteht

Die Universität kommt im Pariser Temple zusammen und berichtet über das Geständnis des Meisters

1308 Der Papst versucht, aus Bordeaux zu fliehen, wird aber von Philipp nach Poitiers zurückgebracht

Die Templer werden in Poitiers Philipp und Klemens vorgeführt

Klemens autorisiert die Pariser Kommission, die Anklagen gegen die Templer zu untersuchen

1309 Die Pariser Kommission fordert die Templer auf, im November vor ihr zu erscheinen

De Molay wird der Pariser Kommission vorgeführt; er berichtet, daß man sein Geständnis durch Folter erzwungen habe

Klemens richtet sich in Avignon ein
1310 536 Templer versammeln sich in Poitiers, um den Orden zu verteidigen
In Paris beginnt die Anhörung der Zeugen gegen den Orden
Das Konzil von Sens verurteilt 54 Templer zum Tod auf dem Scheiterhaufen in Paris
Der Erzbischof von Reims läßt neun Templer verbrennen
Der Erzbischof von Sens läßt vier Templer verbrennen
Die päpstliche Kommission beginnt die Anhörung; es gibt keine Verteidiger
1311 Die päpstliche Kommission beendet die Anhörung
Der Papst trifft in Vienne zum Generalkonzil ein
Das Generalkonzil trifft keinen Beschluß gegen die Templer
1313 Philipp reist nach Vienne
Klemens veröffentlicht eine Bulle, die den Orden der Templer ohne Schuldzuweisung auflöst
1314 De Molay beteuert öffentlich die Unschuld des Ordens und berichtet erneut von seiner Folterung
Philipp beruft seinen Staatsrat ein, um de Molay zum Tod auf dem Scheiterhaufen zu verurteilen
Jacques de Molay und Geoffroi de Charney werden in Paris auf dem Scheiterhaufen verbrannt
Philipp und Klemens sterben
1328 England erkennt Schottland als unabhängige Nation an
Im Manuskript von Renaud le Contrefait finden sich erste Hinweise auf die Tarotkarten
1329 Der Papst erkennt Robert I. und seine Nachfolger als Könige von Schottland an
1330 William de St. Clair stirbt
1348 Der Schwarze Tod kommt über Marseille nach Frankreich
1350 Ein Drittel der französischen Bevölkerung ist an der Pest gestorben
1353 Geoffroi de Charney der jüngere erläßt eine Stiftung zur Errichtung einer Kirche in Lirey
1356 König Johann II. wird bei Poitiers gefangengenommen
Geoffroi de Charney der jüngere stirbt

1357	Erste öffentliche Ausstellung des Grabtuches von Turin Henri von Poitiers verbietet die Ausstellung des Tuches
1361–72	Erneuter Ausbruch der Pest
1376	In Florenz werden die Tarotkarten verboten
1378	Klemens VII., der Neffe Jeanne de Charneys, wird Papst
1382–88	Erneuter Ausbruch der Pest
1389	Geoffroi de Charney II. beginnt erneut mit einer Ausstellung des Grabtuches Memorandum von Pierre d'Arcis
1390	Pierre d'Arcis wird es verboten, sich noch einmal zum Grabtuch zu äußern
1440–90	Bau der Rekonstruktion der Ruinen des herodianischen Tempels in Roslin
1534	Die Engländer sagen sich von der römisch-katholischen Kirche los
1578	Das Grabtuch kommt in die Kathedrale von Turin
1598	Erstes bekanntes schriftliches Protokoll einer Freimaurerloge
1601	James VI. wird in der Loge von Perth und Scoon zum Freimaurer gemacht
1602	Schaw-Statut, Charta von St. Clair
1603	James VI. von Schottland wird König James I. von England
1625	Charles I. wird König
1637	Schottland wird ein neues, englisches Gebetbuch aufgezwungen
1638	In Greyfriars' Kirkyard wird der Covenant unterzeichnet
1641	Sir Robert Moray wird in Newcastle in die Freimaurerei eingeführt
1643	Beginn des englischen Bürgerkrieges
1646	Ende der Hauptphase des englischen Bürgerkriegs in Oxford Elias Ashmole wird in die Loge von Warrington eingeführt
1649	Hinrichtung Charles' I. Charles II. wird die Krone von Schottland unter der Bedingung angeboten, daß er den Covenant unterzeichnet In England wird der Commonwealth gegründet

1650	Hinrichtung des Earl von Montrose
	Charles II. unterzeichnet den Covenant
1658	Tod Oliver Cromwells
1660	Charles II. wird König von England
1679	Erzbischof Sharp von St. Andrews wird ermordet
	Die Covenanter werden in Greyfriars' Kirkyard geschlagen und dort gefangengesetzt
1684	Es wird bekannt, daß die schottischen Logen Waffenlager besitzen
1685	Charles II. stirbt
	James VII. wird James II., König von England
1689	Wilhelm von Oranien und Mary unterschreiben die *Declaration of Rights* und erhalten gemeinsam die englische Krone
1690	James II. wird in der Schlacht am Boyne geschlagen
1702	Wilhelm von Oranien stirbt
	Anne Stuart wird Königin
1706	Das schottische Parlament verabschiedet den Act of Split Succession
1707	Die Parlamente von England und Schottland werden vereinigt
1714	Erste bekannte schriftliche Protokolle der Großloge von York
1715	Der erste Jakobitenfeldzug zur Wiedereinsetzung der Stuarts gegen den Act of Settlement, der den Thron an das Haus Hannover überträgt
1717	Gründung der Großloge von London
1724	Ramsay wird Lehrer von Bonnie Prince Charlie
1725	Gründung der irischen Großloge
	Die Loge von St. Thomas wird in Paris gegründet
1730	Ramsay besucht England
1736	Formierung der schottischen Großloge
1745	Der zweite Jakobitenfeldzug zur Wiedereinsetzung der Stuarts
1748	Dermott tritt bei den Londoner Freimaurern ein
1752	Dermott gründet die Großloge der «Alten»
1761	Die Großloge von Frankreich gibt die Erlaubnis zur Verbrei-

	tung des Schottischen Ritus in Amerika
1799	William Pitt legt den Unlawful Societies Act vor
1801	Der Oberste Rat des dreiunddreißigsten Grades für die USA wird gegründet
1813	Die Vereinigte Großloge von England wird gegründet
1819	Der Oberste Rat von England wird gegründet
	Der Herzog von Sussex wird durch Admiral Smyth in den dreiunddreißigsten Grad eingeführt
	Die Überarbeitung der Freimaurerrituale durch den Herzog von Sussex beginnt
1830	Das gesamte Ritual ist überarbeitet
1845	Der Oberste Rat für Schottland wird gegründet
1855	Albert Pike überarbeitet ebenfalls die Rituale des Schottischen Ritus
1876	England bricht die Verbindung zum Obersten Rat von Schottland ab
1881	Das «Lager des Balduin» klagt, daß der englische Oberste Rat seine Machtbefugnisse, das Ritual betreffend, überschreitet
1898	Erste Fotografie des Grabtuchs
1947	Entdeckung der gnostischen Evangelien in einer Höhle in Nag Hammadi und der Schriftrollen vom Toten Meer in Qumran
1951	In Qumran beginnen die Ausgrabungen
1955	Die Kupferrolle wird geöffnet und als Verzeichnis verborgener Schätze identifiziert
1988	Die Kohlenstoff-Datierung des Grabtuches ergibt, daß es frühestens 1260 gewebt worden sein kann
1991	Die Öffentlichkeit hat zum ersten Mal Zugang zu allen Schriftrollen vom Toten Meer

Anhang 2

Charta transmissionis (Tabula aurea Larmenii)
Die Charta der Übertragung – von J.M. Larmenius

(dechiffriert von J.S.M. Ward)

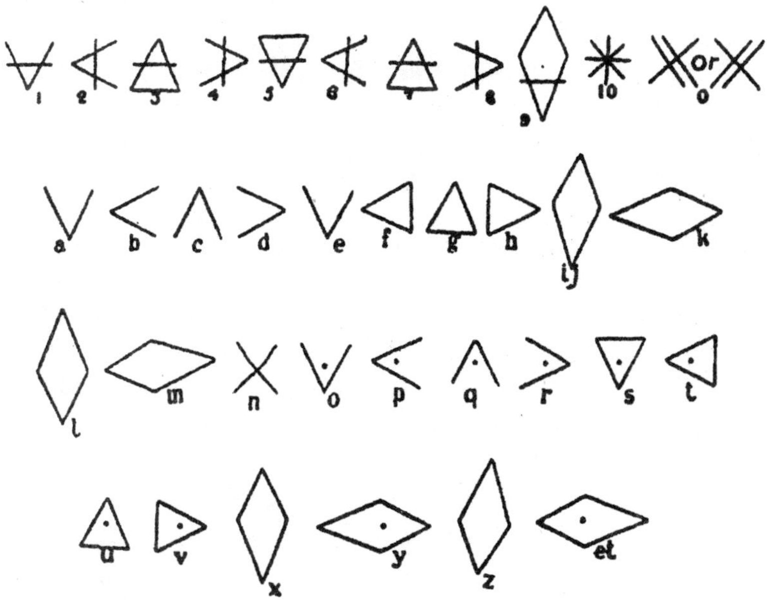

Schlüssel des Codes

Ich, Bruder Johannes Marcus Larmenius, durch die Gnade Gottes und durch den höchst geheimen Erlaß des verehrungswürdigen und allerheiligsten Märtyrers, des höchsten Meisters der Ritterschaft des Tempels (ihm sei Ehre und Ruhm), bestätigt durch den Rat der Brüder, mit der höchsten Meisterschaft über den ganzen Orden des Tempels ausgezeichnet, [wünsche] allen, die diesen Erlaß sehen, Gesundheit, Gesundheit, Gesundheit.

Da meine Kraft aufgrund des hohen Alters nachläßt, nachdem ich zum Ruhme Gottes und zum Schutz der Sicherheit des Ordens, der Brüder und der Statuten, die Last der Herrschaft und die Ordnung der Angelegenheiten auf meine Schultern genommen habe, soll es allen Gegenwärtigen und Zukünftigen kundgetan sein, daß ich, der demütige Meister der Ritterschaft des Tempels, beschlossen habe, die höchste Meisterwürde in stärkere Hände zu legen.

Deshalb habe ich mit der Hilfe Gottes und mit der alleinigen Zustimmung der höchsten Ritterversammlung beschlossen und bekräftige dies durch dieses Dekret, daß ich die höchste Meisterwürde des Templerordens auf Lebenszeit dem hervorragenden Kommandeur, meinem liebsten Bruder Theobald von Alexandria übertrage, mitsamt ihrer Autorität und ihren Privilegien angepaßt an die Bedingungen und die Zeitumstände, wozu die Beratungen mit einem anderen Bruder mit höchst ausgezeichneter, adliger Abstammung und ehrenwertem Charakter sowie von oberster Meisterschaft und oberster Autorität des Templerordens gehören. Das mag die Folge der Meisterwürde, die ununterbrochene Reihe der Nachfolger und die Einhaltung der Statuten sichern. Ich ordne jedoch an, daß die Meisterwürde nicht ohne die Zustimmung der Generalversammlung des Tempels weitergegeben werden darf. Sooft die Versammlung zusammentritt, soll ein Nachfolger von den Rittern gewählt werden.

Damit aber die Pflichten des höchsten Amtes nicht vernachlässigt werden, sollen jetzt und auf immer vier Vikare des höchsten Meisters gewählt werden, die höchste Gewalt, Vorrang und Autorität über den gesamten Orden besitzen und die Rechte des höchsten Meisters wahren; deshalb sollten die Vikare aus den Ältesten nach Rang gewählt werden. Dieses Statut ergibt sich aus dem Schwur (der von mir und den Brüdern gefordert wird) des allerheiligsten, ehrwürdigen und gesegnetsten Meisters, des Märtyrers, dem Ehre und Ruhm gebühren. Amen.

Als letztes sage und befehle ich durch Erlaß der Generalversammlung und durch die allerhöchste Autorität, die mir gegeben wurde, daß die schottischen Deserteure des Ordens der Templer mit einem Anathema belegt werden sollen und daß sie und die Brüder des St. Johannes von Jerusalem, die Besitz und Vermögen der Ritterschaft geplündert haben (denen Gott gnädig sein möge), jetzt und für alle Zukunft aus dem Kreis des Tempels ausgeschlossen sein sollen. Ich habe deshalb bisher unbekannte Zeichen bestimmt, die den falschen Brüdern nie kundgetan werden dürfen. Sie sollen unseren Brüdern Rittern mündlich überliefert werden, und zwar in der Generalversammlung und auf die Weise, wie ich sie für gut befunden habe. Aber diese Zeichen dürfen erst offenbart werden nach ordnungsgemäßem Bekenntnis und ritterlicher Weihe nach den Statuten, Rechten und Bräuchen des Ordens der ritterlichen Brüder vom Tempel, wie ich sie dem eingangs erwähnten erhabenen Kommandeur übersandt habe, nämlich wie sie mir vom ehrwürdigen und allerheiligsten Meister, dem Märtyrer (ihm sei Ehre und Ruhm), in die Hände gelegt wurden. Es soll so geschehen, wie ich es gesagt habe, so soll es sein. Amen.

Ich, Johannes Marcus Larmenius, gegeben am 18. Februar 1324

Ich, Theobald, habe die höchste Meisterwürde mit Hilfe Gottes im Jahre des Herrn 1324 empfangen.

Ich, Arnald de Braque, habe die höchste Meisterwürde mit Hilfe Gottes Anno Domini 1340 empfangen.

Ich, Johannes de Clermont, habe die höchste Meisterwürde mit Hilfe Gottes A.D. 1349 empfangen.

Ich, Bertrand Gueselin &c., im Jahre des Herrn 1357.

Ich, Bruder Johannes von l'Armagnac &c., im Jahre Xt. 1381.

Ich, der demütige Bruder Bernard von l'Armagnac &c., im Jahre Xt. 1392.

Ich, Johannes von l'Armagnac &c., im Jahre Xt. 1418.

Ich, Johannes Croviacensis [von Croy] &c., im Jahre Xt. 1451.

Ich, Robert de Lenoncoud &c., A.D. 1478.

Ich, Galeas Salazar, ein höchst demütiger Bruder des Tempels &c., im Jahre des Herrn 1496.

Ich, Philippe de Chabot ... A.D. 1516.

Ich, Gaspard Cesinia [?] Salsis de Chobaune &c., A.D. 1544.

Ich, Henri Montmorency [?] ... A.D. 1574.

Ich, Charles Valasius [de Valois] ... Anno 1615.

Ich, Jacques Rufelius [de] Grancey ... Anno 1651.

Ich, Jean de Durfort von Thomass ... Anno 1681.

Ich, Philippe d'Orléans ... A.D. 1705.

Ich, Louis Auguste Bourbon von Maine ... Anno 1724.

Ich, Bourbon-Condé ... A.D. 1787 [Es gibt mehrere Orte mit dem Namen Condate].

Ich, Louis-François Bourbon-Conty ... A.D. 1741.

Ich, de Cosse-Brissac (Louis Hercules Timoleon) ... A.D. 1776.

Ich, Cla[u]de Matthias Radix-de-Chevillon, erster Vikarmeister des Tempels, liege schwer krank darnieder, lege in Anwesenheit der Brüder Prosper Michel Charpentier de Saintot, Bernard Raymond Fabre, beide Vikarmeister des Tempels, und Jean-Baptiste Auguste de Courchant, oberster Präzeptor, [diese] Dekrete, die mir in unglücklicher Zeit von Louis Timoleon de Cosse-Brissac, Oberster Meister des Tempels, anvertraut wurden, in die Hände von Bruder Jacques Philippe Ledru, erster Vikarmeister des Tempels von Messina [? Misseniacum], damit diese Urkunde in angemessener Zeit zu einer dauernden Erinnerung an unseren Orden nach dem Orientalischen Ritus werde. 10. Juni 1804.

Ich, Bernard Raymond Fabre Cardoal von Albi, habe in Übereinstimmung mit der Stimme meiner Kollegen, der Vikarmeister und Brüder Ritter, die oberste Meisterwürde übernommen. 4. November 1804.

Anhang 3

Der Vorgang, bei dem der Abdruck auf dem Grabtuch von Turin entstand

Wir sind Dr. Alan Mills für die Erlaubnis dankbar, aus seinem jüngsten Aufsatz «Image Formation on the Shroud of Turin» (*Interdisciplinary Science Reviews*, 1995, Bd. 20, No. 4, S. 319–26) zitieren zu dürfen, in dem erklärt wird, wie das Abbild auf das Grabtuch gekommen sein könnte. Wir hoffen, daß er uns verzeiht, wenn wir seine streng wissenschaftliche Erklärung des chemischen Prozesses für unsere Leser etwas verständlicher umformulieren.

Die Charakteristika des Bildes, die nach der Meinung von Dr. Mills dringend der Erklärung bedurften, waren:

1. *Der Mangel an starken Verzerrungen.* Wenn das Bild durch den Kontakt des Leinens mit dem von Blut und Schweiß verschmierten Körper entstanden war, sollte es eigentlich die Verzerrungen zeigen, die auch auftraten, als wir einen Abdruck von Chris' Gesicht machten (s. Kapitel 7). Der Effekt sind breitere Gesichtszüge, denn das Abbild der Seiten des Gesichts wird nach vorn gezogen. Auf dem Grabtuch ist dieser Effekt nicht zu sehen. Die Gesichtszüge des Abbildes sind normal, und daraus folgt, daß es nicht durch direkten Kontakt des Leinens mit dem Gesicht entstanden sein kann.

2. *Die Dichte des Bildes ist umgekehrt proportional zu der Entfernung des Tuches von der Haut, aus der man folgern kann, daß der Prozeß*

in vier Zentimeter Abstand stattfand. Je näher das Leinen des Grabtuches der Haut des Opfers kam, desto dunkler ist die Abbildung. Es gibt bis zu vier Zentimeter Entfernung eine wachsende Grauskala, danach keinen Effekt mehr.

3. *Auf dem Abbild sind keine Verwischungen oder Pinselspuren zu erkennen.* Wenn das Grabtuch bemalt worden wäre, könnte man Pinselspuren entdecken.

4. *Der Vorgang betrifft nur die Fasern der Stoffoberfläche und hat den Stoff nicht bis zur Rückseite durchdrungen.* Wenn das Bild mit einem Pigment (Farbe oder Blut) hergestellt worden wäre, hätten die Fasern dieses Pigment aufgesogen, und Flecken wären auf die andere Seite durchgeschlagen.

5. *Die Variationen in der Dichte des Bildes werden durch die unterschiedliche Dichte vergilbter Fasern pro Stoffeinheit erzeugt, nicht durch einen unterschiedlichen Grad der Vergilbung.* Das Bild scheint durch einen «digitalen» Vorgang geschaffen worden zu sein, in dem die Farbskala eine Illusion ist und lediglich durch die Zahl entfärbter Punkte per Quadratzentimeter geschaffen wurde.

6. *Daß die Blutflecken das Leinen vor dem Vergilben geschützt haben.* Dr. Mills war aufgefallen, daß es sehr alte botanische Proben gibt, die schwachgelbe Spuren auf Zellulose hinterlassen haben, welche bei einem blaugefilterten Negativ bemerkenswerte Details aufweisen. Er fand hervorragende Beispiele für diesen Effekt unter den zahlreichen Proben, die seit 1888 im Herbarium der Universität Leicester lagern. Diese Spuren, die man «Volckringer-Muster» nennt, wurden bisher als Ergebnis einer Milchsäurereaktion angesehen.

Zu den anderen Phänomenen, die ihm auffielen, gehörte auch eines, das früher einmal den Herstellern von fotografischen Platten Probleme gemacht hatte. Sie fanden nämlich heraus, daß in völliger Dunkelheit Bilder erzeugt werden konnten, wenn so unterschiedliche Materialien wie Druckerschwärze, harzhaltiges Holz, Aluminium oder Pflanzenöl in ausreichender Nähe waren. Man nennt das den «Russel-Effekt», und man nahm allgemein an, daß dieser Vorgang durch das Freiwerden von Wasserstoffperoxid ausgelöst wurde. In den neunziger Jahren des letzten Jahrhunderts hatten Filmhersteller dann Emulsionen entwickelt, die diesen Effekt verhinderten, und das Interesse an diesem seltsamen bildnerischen Vorgang, der kein Licht erforderte, erlosch.

Dr. Mills fand stichhaltige Beweise dafür, daß ein nackter Mensch bei Windstille bis zu achtzig Zentimetern laminare (ruhig fließende) Konvektionsluftströme produziert, und so rechnete er aus, daß jedes bildformende Partikel zirka eine Sekunde brauchte, um die vier Zentimeter von der Körperoberfläche zum Stoff des Tuches zu überwinden. Den Schlüssel zu diesem Prozeß beschrieb er wie folgt:

> «Nur wenn das aktive Teilchen extrem instabil ist, würde der sanfte vertikale Transport zu einem modulierten Bild führen.»

Ein mögliches instabiles Teilchen, das die Leinenfasern vergilben könnte, ist ein freies Radikal, das man als reaktive Zwischenstufe des Sauerstoffs bezeichnet.

Ein freies Radikal ist ein Atom oder Molekül, das ungepaarte Elektronen enthält. Das am häufigsten vorkommende Sauerstoffmolekül besitzt zwei ungepaarte Elektronen (zwei Sauerstoffatome verbinden sich zu einem Sauerstoffmolekül, das O-2 heißt, um anzuzeigen, daß es aus zwei Atomen besteht). Diese Elektronen können nun Energie aufnehmen, wodurch sie ein instabiles Molekül bilden, das unter bestimmten Umständen seine Energie abgeben kann. Das ist so, als wenn man eine Batterie auflädt und sie dann leert, indem man ganz viel Energie abzieht. Das langlebigste dieser instabilen Sauerstoffmoleküle, das man Singulettsauerstoff nennt, besitzt keine Ladung, hat aber die Energie in seinen Elektronen gespeichert. In diesem «angeregten» Stadium kann es nicht lange existieren und wird rasch wieder in seinen Normalzustand zurückfallen, wobei es bei diesem Wechsel zu einer Energieabgabe kommt.

Wenn dieser Singulettsauerstoff als Gas auftritt, hält es diesen Aggregatzustand für eine für chemische Begriffe recht lange Zeit.

Man mißt die Zeit, die das Sauerstoffmolekül benötigt, um in ein «normales» Stadium zurückzukehren, indem man eine große Zahl von Singulettsauerstoffmolekülen nimmt und die Zeit ausrechnet, die die Hälfte davon benötigt, um in ihren Normalzustand zurückzukehren. Dann hat man die sogenannte «Halbwertszeit». Dr. Mills kalkulierte die Halbwertszeit für ein einzelnes Sauerstoffteilchen auf achtzig Millisekunden (achtzig Tausendstel einer Sekunde) und zeigte, daß der azidotische Schock oder Oxidationsstreß, der aus dem Aufbau von Milchsäure während des Traumas der Kreuzigung herrührte, dazu führte, daß in den Körperzellen der Hautoberfläche des Opfers einzelne Singulettsauerstoffteilchen freigesetzt wurden.

Diese Sauerstoffteilchen wurden dann in direkter Linie durch die laminaren Luftströme zum Grabtuch getragen, und als sie die Strecke von maximal vier Zentimetern überwunden hatten, befanden sie sich wieder in ihrem normalen Stadium. Je näher der Körper zu diesem Zeitpunkt dem Stoff war, desto größer war die Konzentration der Singulettsauerstoffteilchen, die die Stoffoberfläche erreichten.

Diese Art von Energiefreigabe durch reaktiven flüchtigen Sauerstoff wird die Stoffasern vergilben, und dieser Vorgang stellte schon immer ein Problem für Museumskuratoren dar, das nur gelöst werden konnte, indem man empfindliche Ausstellungsgegenstände nur bei schwacher Beleuchtung zeigte. Dr. Mills bewies, daß der Prozeß des Ausstoßes von Singulettsauerstoffatomen unter bestimmten Umständen zu einer Vergilbung jeder Leinenfaser führen würde, auf die diese instabilen Sauerstoffmoleküle treffen. Die Moleküle sind so instabil, daß sie sofort absorbiert werden, wenn sie auf die Stoffoberfläche treffen, und auf diese Weise ein Abbild des Subjekts darunter formen. Je näher die traumatisierte Haut dem Stoff war, desto mehr Fasern wurden entfärbt, und desto dunkler wurde die Abbildung.

Ein sehr interessanter Punkt ist, daß die Entfärbung nicht sofort stattfindet. Nachdem das Singulettsauerstoffatom seine Energie an das Leinen abgegeben hat, wird die Vergilbung lange Zeit weitergehen. Diese Energieabgabe wirkt als Katalysator, der einen Prozeß in Gang setzt, der höchstwahrscheinlich sehr langsam vonstatten geht. Wenn das Tuch an einem dunklen, trockenen, luftigen Ort aufbewahrt wurde, würde das Dunklerwerden des Bildes so lange Zeit in Anspruch nehmen, bis die Kettenreaktion alle Fasern betroffen hat. Dieser Prozeß, den man Autooxidation nennt, ist eine sehr langsame Reaktion und dauert viele Jahre. Danach verblaßt das Bild nur sehr langsam.

Dr. Mills' Theorie sagt voraus, daß das Bild auf dem Grabtuch langsam verblassen und schließlich ganz verschwinden wird. Kürzlich wurde berichtet, das Bild auf dem Grabtuch würde langsam verblassen.

Die Schlußfolgerungen von Dr. Mills waren faszinierend:

> «Obwohl diese Abbildungen bei Papier, zwischen das man Pflanzen gepreßt hat, nicht ungewöhnlich sind, wirkt das Bild auf dem Grabtuch von Turin doch einzigartig, weil hierfür eine höchst seltene Verkettung von Umständen zusammentreffen mußte, wobei jeder für sich schon hohe Ansprüche stellt, nämlich:
> - ein langes Grabtuch, gewebt aus feinem Leinen
> - das rasche Einhüllen eines kürzlich verstorbenen (ungewaschenen?) Körpers eines gefolterten Mannes an einem windstillen Ort
> - die Entfernung des Grabtuches nach zirka dreißig Stunden
> - Lagerung an einem trockenen, dunklen Ort über Jahrzehnte oder sogar Jahrhunderte hinweg.»

1. Die Blutspuren auf dem Grabtuch haben sich als metahämoglobine Partikel erwiesen, die mittels eines proteinhaltigen Films aus dem Blutserum an die Fasern gebunden wurden. Als man etwas davon abnahm, fand man heraus, daß das Blut das Leinen darunter vor dem Vergilben bewahrt hatte, genau wie die Theorie von Dr. Mills es besagt (s. Kapitel 8).

2. Dr. Mills' Vorgabe, daß eine bestimmte Reihe von Umständen zusammentreffen mußte, kann wahrscheinlich durch das Szenario erfüllt worden sein, das wir in Kapitel 8 beschrieben haben.

- *Ein langes Grabtuch, gewebt aus Leinen.* Die Templer führten die gleiche Auferstehungszeremonie durch, die heute noch von den Freimaurern benutzt wird, und bei dieser Zeremonie wird heute noch ein langes Grabtuch aus Leinen verwendet, so daß es mit Sicherheit im Pariser Temple ein Grabtuch für derartige rituelle Zwecke gegeben hat.

- *Das rasche Einhüllen eines kürzlich verstorbenen (ungewaschenen?) Körpers eines gefolterten Mannes an einem windstillen Ort.* Das Einhüllen von de Molays Körper in ein Grabtuch war ein letzter ironischer Einfall Imberts, nachdem de Molay ohnmächtig auf ein Bett gelegt worden war, um sich zu erholen.
- *Die Entfernung des Grabtuches nach zirka dreißig Stunden.* De Molay lag einige Zeit im Koma, vielleicht bis zum Sonntagmorgen, als man ihn herauszerrte und vor die Universität von Paris brachte, damit er seine Schuld dort öffentlich bekannte.
- *Lagerung an einem trockenen, dunklen Ort über Jahrzehnte oder Jahrhunderte hinweg.* Das Grabtuch tauchte etwa fünfzig Jahre nach de Molays Folterung bei den Nachkommen von Geoffroi de Charney auf. Das Bild könnte sich bis zur ersten Fotografie davon im Jahr 1898 sogar noch verstärkt haben.

Wir haben damit die erste vollständige Erklärung für das Bild auf dem Grabtuch präsentiert, die alles bezüglich der Entstehung erklärt und genau mit der Radiocarbon-Datierung übereinstimmt.

3. Dr. Mills lieferte uns das letzte Stück des Puzzles. Das Bild hatte sich in den fünfzig Jahren, in denen es im Schrank lag, langsam entwickelt, und nur Jeannes verzweifelte Suche nach einer Geldquelle brachte es ans Tageslicht. Dr. Mills' Aufsatz erklärt, wie das Bild entstand.

Obwohl Sauerstoff ein Element ist, sind einzelne Atome nicht der Normalzustand. Der Sauerstoff, den wir einatmen, hat zwei Atome und heißt O-2 (s. Grafik 1).

Die Milchsäureschicht auf der Haut verursacht die Trennung der beiden Atome, wobei dieser Vorgang die Einzelatome mit Energie versorgt. Danach steigen sie in dem Konvektionsstrom von dem heißen Körper auf. Dieser Zustand der Einzelatome ist instabil, und jedes Atom wird sich sofort wieder mit jedem anderen Sauerstoffatom vereinen, dem es begegnet, deshalb wird während des Aufstiegs eine wachsende Zahl von Einzelatomen in den Paarzustand zurückkehren. Wenn sie vier Zentimeter überwunden haben, sind fast alle wieder Paare (s. Grafik 2).

Wenn die Einzelatome sich erneut mit anderen Sauerstoffatomen auf der Oberfläche der Fasern vereinen, wird die Energie, die sie bei der

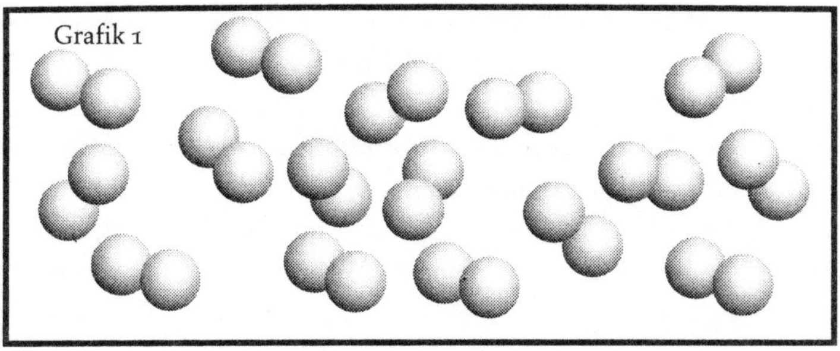

Sauerstoffatome treten normalerweise in Paaren auf

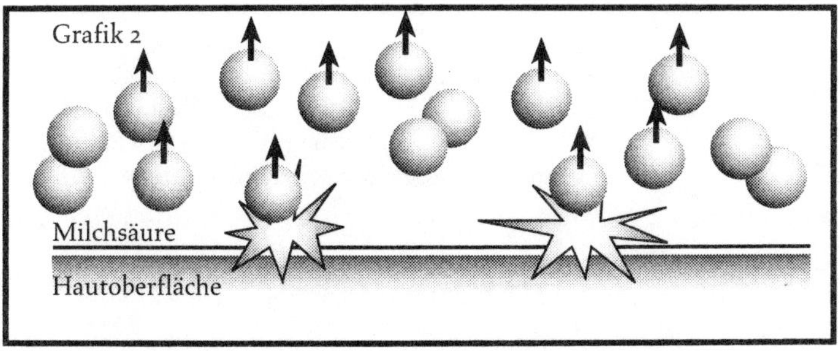

Durch den Kontakt mit der Milchsäure bekommen die paarigen Moleküle mehr Energie und spalten sich in Einzelatome auf

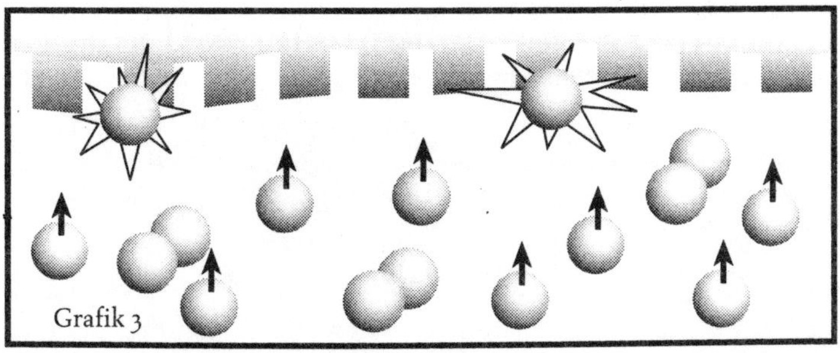

Manche Einzelatome erreichen Stoffasern und geben beim Auftreffen auf die Oberfläche Energie ab, was zu einer Verfärbung der Fasern führt

Molekülteilung gespeichert haben, wieder abgegeben, und die Fasern wechseln die Farbe. Die Faser wird effektiv bis zur Tiefe eines Moleküls versengt (s. Grafik 3).

Wenn sich ein einzelnes Sauerstoffatom mit einem anderen Atom vereint, stiehlt es den Partner eines weiteren Sauerstoffmoleküls, was

Grafik 4

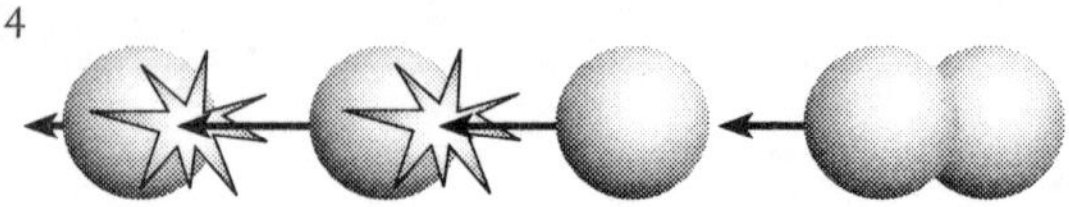

Wenn ein Sauerstoffatom einen neuen Partner von einem anderen Molekül stiehlt, bleibt ein weiteres Sauerstoffatom allein, das sich wiederum nach dem nächsten möglichen Partner umsieht; So kommt es zu einer Kettenreaktion

Grafik 5

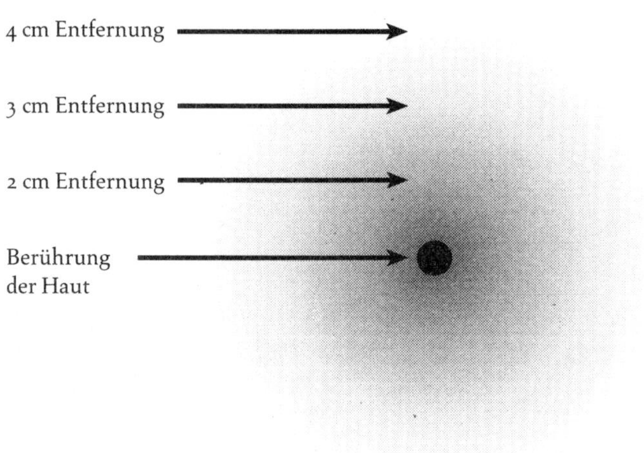

wiederum ein «verwitwetes» Atom zurückläßt, welches seinerseits das nächste verfügbare Sauerstoffmolekül nimmt. So wird eine Kettenreaktion in Gang gesetzt, die erst dann aufhört, wenn der Vorrat an Sauerstoffatomen zu Ende ist. Bei jedem Transfer eines Atoms wird ein Maß Energie transferiert, was zu einem weiteren Sengfleck auf dem Tuch führt (s. Grafik 4).

Die Zahl der instabilen, «verwitweten» Atome nimmt bei steigender Distanz ab, weil sich immer mehr neue Partner finden. Bei einer Entfernung von vier Zentimetern sind die meisten Atome wieder zu Molekülen gepaart, und es gibt relativ wenige «Energieeinheiten», die auf die Oberfläche der Fasern treffen. Es werden weniger Verfärbungen verursacht, und deshalb entsteht nur ein hellerer Ton. Weil sich die Atome in einer nichtturbulenten, das heißt laminaren Strömung bewegen, vermittelt die Verfärbung der Fasern auf dem Grabtuch ein digitales Bild des Subjektes, das darunterlag (eine Faser wird entweder komplett verfärbt oder überhaupt nicht). Die Punkte, die der Haut näher waren, sind dunkler, und je weiter das Grabtuch vom Körper entfernt war, desto heller sind die Verfärbungen. Daraus entsteht eine «Fotografie» mittels instabiler Sauerstoffatome – nicht wie gewöhnlich durch Lichtphotonen (s. Grafik 5).

Dieser Prozeß erzeugt eine Negativabbildung, genau wie man sie auf dem Grabtuch sieht.

Anhang 4

Literaturverzeichnis

Allegro, J. – *Die Botschaft vom Toten Meer. Das Geheimnis der Schriftrollen*. Fischer Verlag, Frankfurt a.M. 1957.

ders. – *The Treasure of the Copper Scroll* («Der Schatz der Kupferrolle»). Routledge & Kegan, London 1960.

Anonymus – *Secret Societies of the Middle Ages* («Geheimgesellschaften des Mittelalters»). Private Veröffentlichung 1846.

Anonymus – *Text Book of Advanced Freemasonry* («Textbuch zur fortgeschrittenen Freimaurerei»). W.M. Reeves, 1906.

Anonymus – *Text Book of Freemasonry* («Textbuch zur Freimaurerei»). W.M. Reeves, 1906.

Anonymus – *The Complete Workings of Craft Freemasonry* («Die gesammelten Werke der Meistermaurer»). A. Lewis, 1891.

Anonymus – *The Perfect Ceremonies of the Holy Royal Arch* («Die richtigen Rituale des Königlichen Gewölbes»). A. Lewis, 1915.

Anonymus – *The Lectures of the Three Degrees of Craft Masonry* («Die Lesungen von den drei Graden der Meistermaurer»). A. Lewis, 1891 und 1954.

Ashe, G. – *The Quest for Arthur's Britain* («Die Suche nach Arthurs Britannien»). HarperCollins, New York 1993.

Baigent, M./Leigh, R. – *Der Tempel und die Loge. Das geheime Erbe der Templer und die Freimaurerei.* Aus dem Englischen von Bernd Rullkötter. Lübbe Verlag, Bergisch Gladbach 1990.

Baigent, M./Leigh, R./Lincoln, H. – *Der Heilige Gral und seine Erben. Ursprung und Gegenwart eines geheimen Ordens; sein Wissen und*

seine Macht. Aus dem Englischen von Hans Erik Hausner. Lübbe Verlag, Bergisch Gladbach 1995.
Bailey, C. – *The Legacy of Rome* («Das Vermächtnis Roms»). Clarendon Press 1923.
Barber, R. – *Knight and Chivalry* («Ritter und Rittertum»).
Barbour, M. – *The New Knighthood* («Die neue Ritterschaft»). Canto, 1994.
ders. – *The Trial of the Templars* («Der Prozeß der Templer»). Canto, 1978.
Bowman, S. – *Interpreting the Past. Radiocarbon Dating* («Die Vergangenheit entschlüsseln. Die Radiocarbon-Datierung»). British Museum Press, London 1990.
Brandon, S.G.F. – *The Fall of Jerusalem and the Christian Church* («Der Fall Jerusalems und die christliche Kirche»). SPCK, London 1951.
Briffault, R. – *The Mothers* («Die Mütter»).
Buchanan, G.W. – *Jesus – The King and His Kingdom* («Der König und sein Königreich»).
Bucklin, R. – *The Medical Aspects of the Crucifixion of Jesus* («Die medizinischen Aspekte der Kreuzigung Jesu»).
Burman, E. – *Supremely Abominable Crimes* («Höchst abscheuliche Verbrechen»). Allison & Busby, 1994.
ders. – *The Inquisition* («Die Inquisition»). The Aquarian Press, 1984.
Bussell, F.W. – *Religious Thought and Heresy in the Middle Ages* («Religiöse Gedanken und Häresie im Mittelalter»). Robert Scott, 1918.
Castells, F.P. – *English Freemasonry* («Englische Freimaurerei»). Ryder & Co., London 1931.
Cawthorne, N. – *Sex Lives of the Popes* («Das Sexleben der Päpste»). Prion, 1996.
Chadwick, N. – *The Celts* («Die Kelten»). Pelican, 1971.
Chamberlin, E.R. – *Unheilige Päpste.* Aus dem Englischen von Heidi und Karl Nicolai. Wunderlich Vlg. Leins, Tübingen/Stuttgart 1971.
Charpentier, L. – *Die Geheimnisse der Kathedrale von Chartres.* Gaia Verlag, Köln 1972.
Cohen, B. – *Maimonides' Letter to Yemen* («Der Brief des Maimonides an den Jemen»).

Curzon, H. – *La Maison du Temple de Paris* («Das Haus der Templer in Paris»). Librairie Hachette et Cie, Paris 1888.
Delaforge, G. – *The Templar Tradition in the Age of Aquarius* («Die Tradition der Templer im Zeitalter des Wassermanns»).
Doane, T.W. – *Bible Myths and Their Parallels in Other Religions* («Biblische Mythen und ihre Parallelen in anderen Religionen»).
Douglas, A. – *Ursprung und Praxis des Tarots.* Aus dem Englischen von Günter Hager. Diederichs Verlag, Köln 1986.
Drower, E.S. – *The Mandaeans of Iraq and Iran* («Die Mandäer aus dem Irak und dem Iran»). E.J. Brill, Leiden 1962.
Duncan, A. – *The Elements of Celtic Christianity* («Die Elemente des keltischen Christentums»). Element Books, 1992.
Eisenman, R./Wise, M. – *Jesus und die Urchristen. Die Qumran-Rollen entschlüsselt.* Aus dem Englischen von Philipp Davies und Birgit Mänz-Davies. Bertelsmann Verlag, München 1992.
Eisler, R. – *The Messiah Jesus and John the Baptist* («Jesus der Messias und Johannes der Täufer»). A.H. Krappe, London 1931.
Ellis, Peter B. – *Celtic Inheritance* («Keltisches Erbe»). Constable, 1992.
Fellows, J. – *Mysteries of Freemasonry* («Geheimnisse der Freimaurerei»). W.M. Reeves, 1906.
Freeman, E.A. – *History and Conquests of the Saracens* («Geschichte und Eroberungen der Sarazenen»). Macmillan & Co., London 1876.
Friedenwald, H. – *The Jew in Medicine* («Die jüdische Medizin»).
Friedman, M. – *City of the Great King* («Stadt des großen Königs»).
Furneaux, R. – *The Other Side of the Story* («Die andere Seite der Geschichte»). Cassell & Co., London.
Goodwin, M. – *The Holy Grail* («Der Heilige Gral»). Labyrinth, 1994.
Gould, R.F. – *History of Freemasonry* («Geschichte der Freimaurerei»).
Guignebert – *Le Monde Juif vers le Temps de Jésus* («Die jüdische Welt zur Zeit von Jesus»). Paris, 1935.
Hallam, E.M. – *Capetian France 987–1328.* («Das Frankreich der Kapetinger 987–1328»). Longman, 1980.
Hancock, G. – *Die Wächter des heiligen Siegels. Auf der Suche nach der verschollenen Bundeslade.* Aus dem Englischen von Gertrud Lehnert. Lübbe Verlag, Bergisch Gladbach 1992.
Horne, A. – *King Solomon's Temple in the Masonic Tradition* («Der

Tempel von König Salomo in der freimaurerischen Tradition»). The Aquarian Press, 1972.

Kaplan, S.R. – *Encyclopaedia of Tarot* («Enzyklopädie des Tarots»).

Kenyon, K.M. – *Jerusalem. Die Heilige Stadt von David bis zu den Kreuzzügen. Ausgrabungen 1961–1967.* Lübbe Verlag, Bergisch Gladbach 1968.

Kersten, H./Gruber, E.R. – *Das Jesus-Komplott. Die Wahrheit über das «Turiner Grabtuch».* Verlag Langen-Müller, München 1992.

Kitson, A. – *History and Astrology* («Geschichte und Astrologie»). Unwin Hyman, 1989.

Klausner, J. – *Jesus von Nazareth. Seine Zeit, sein Leben und seine Lehre.* The Jewish Publishing House, Jerusalem 1929.

Knight, C./Lomas, R. – *Unter den Tempeln Jerusalems. Pharaonen, Freimaurer und die Entdeckung der geheimen Schriften Jesu.* Aus dem Englischen von Sabine Steinberg. Scherz Verlag, Bern/München/Wien 1997.

Knox, W. L. – *Some Hellenistic Elements in Primitive Christianity* («Einige hellenistische Elemente im frühen Christentum»). London, 1944.

Landay, J.M. – *Dome of the Rock* («Der Felsendom»). Newsweek Book Division, 1972.

Limborch, P.A. – *The History of the Inquisition* («Die Geschichte der Inquisition»).

Maccabee, H. – *The Mythmaker* («Der Schaffer der Mythen»). Element Books, London.

Mack, B.L. – *The Lost Gospel* («Das verlorene Evangelium»). Element Books, London 1993.

Mâle, E. – *The Gothic Image* («Das gotische Bild»).

Marsden, J. – *The Tombs of the Kings* («Die Königsgräber»). Llannerch, 1994.

Milman, – *History of the Jews* («Geschichte des Judentums»).

Minkin, J.S. – *The Teachings of Maimonides* («Die Lehren des Maimonides»).

Oesterley, W.O.E./Box, G.H. – *A Short History of the Literature of Rabbinical and Mediaeval Judaism* («Kurze Geschichte der Literatur des rabbinischen und mittelalterlichen Judentums).

Pagels, E. – *Versuchung durch Erkenntnis. Die gnostischen Evangelien.* Insel Verlag, Frankfurt a.M. 1981.

Peake's Commentary on the Bible («Peakes Kommentar zur Bibel»). Nelson, London 1962.

Phillips, G. – *Parzivals Heiliger Gral. Auf der Suche nach der geheimnisvollsten Reliquie der Menschheit.* Aus dem Englischen von Christiane Jung. Heyne Verlag, München 1997.

Phillips, G./Keatman, M. – *King Arthur: The True Story* («König Arthur: Die wahre Geschichte»). Arrow, 1992.

Powel Davies, A. – *The Meaning of the Dead Sea Scrolls* («Die Bedeutung der Rollen vom Toten Meer»). Mentor, 1956.

Ravenscroft, T. – *Der Kelch des Schicksals. Die Suche nach dem Gral.* Aus dem Englischen von Clivia Taschner-Refer. Sphinx Verlag, Basel 1982.

Robinson, J. – *Born in Blood* («Im Blut geboren»). Century, London 1989.

Schlatter, D.A. – *Die Geschichte Israels von Alexander dem Großen bis Hadrian.* Stuttgart, 1925.

Schonfield, H. – *The Passover Plot* («Die Passah-Verschwörung»). Element Books, London 1993.

ders. – *The Essene Odyssey* («Die Odyssee der Essener»).

Scott, G.R. – *A History of Torture* («Eine Geschichte der Folter»). Werner Laurie, 1940.

Sinclair, A. – *The Sword and the Grail* («Das Schwert und der Gral»).

Simmons, G.L. – *Sex and Superstition* («Sex und Aberglaube»).

Spong, J.S. – *Born of a Woman* («Von einer Frau geboren»). Harper-San Francisco.

Thompson, D. – *The End of Time* («Das Ende der Zeit»).

Waite, A. – *The Real History of the Rosicrucians* («Die wahre Geschichte der Rosenkreuzer»). Rebman, 1887.

ders. – *The Secret Tradition of Freemasonry* («Die geheime Tradition der Freimaurerei»). Rebman, 1911.

Wakefield, W.L. – *Heresy, Crusade and Inquisition in Southern France, 1100–1250* («Häresie, Kreuzzüge und Inquisition in Südfrankreich 1100–1250»).

Wales, Gerald of – *The History and Topography of Ireland* («Geschichte und Topographie Irlands»). Penguin Classics, 1951.

Walker, B.G. – *The Secrets of the Tarot* («Die Geheimnisse des Tarots»). HarperSan Francisco, 1984.

Wallace-Murphy, T. – *An Illustrated Guide to Rosslyn Chapel* («Ein illustrierter Führer durch die Kapelle von Rosslyn»).

Wallace-Murphy, T./Hopkins, M. – *Concurrence of the Oracles* («Übereinstimmung der Orakel»).

Walsh, J. – *Das Linnen. Das Grabtuch von Turin.* Aus dem Amerikanischen von Christian H. Bauer. Scheffler Verlag, Frankfurt a.M. 1965.

Ward, J.S.M. – *Freemasonry and the Ancient Gods* («Freimaurerei und die alten Götter»). Simpkin, Marshall, Hamilton, Kent & Co., 1921.

Weston, J. – *From Ritual to Romance* («Vom Ritual zur Romantik»). Doubleday, New York 1920.

Williams, A.L. – *The Hebrew-Christian Messiah* («Der hebräisch-christliche Messias»). London, 1916.

Wilmshurst, W.L. – *The Masonic Initiation* («Initiation bei den Freimaurern»). William Rider & Sons, 1924.

Wilson, E. – *Die Schriftrollen vom Toten Meer.* Aus dem Amerikanischen von Josephine Ewers. Winkler Verlag, München 1956.

Wilson, I. – *Eine Spur von Jesus. Herkunft und Echtheit des Turiner Grabtuches.* Aus dem Englischen von Maria Brause. Herder Verlag, Freiburg/Basel/Wien 1980.

ders. – *Holy Faces, Secret Places* («Heilige Gesichter, geheime Orte»). Victor Gollancz, London 1990.

Zilva, J./Pannall, P.R. – *Clinical Chemistry in Diagnosis and Treatment* («Klinische Chemie in Diagnose und Behandlung»). Lloyd-Luke, 1984.

Danksagung

Die Autoren möchten folgenden Personen für ihre Hilfe und Unterstützung bei der Entstehung dieses Buches danken:

Bruder Alan Atkins, Bruder John Barlow, Russell Barnes, Dr. Frank Bartells, Baron St. Clair Bonde, Mark Booth, Robert Brydon, Reverend Gerrard Crane, Reverend Mrs. Pam Crane, Greg Clark, Professor Philip Davies, Judy Fisken, Bruder Edgar Harborne, Jacques Huygebaert, Bruder Arthur Issat, Reverend Hugh Lawrence, Dr. Jack Miller, Dr. Alan Mills, Dr. Graham Phillips, Barbara Pickard, Tessa Ransford, Liz Rowlinson, Dr. Neil Sellors, Iain Sinclair, Niven Sinclair, Robert Temple, Tony Thorne, Roy Vickery, Bridget de Villiers, John Wade, Dr. Tim Wallace-Murphy, dem Personal der Bibliothek der Großloge von Schottland, dem Personal der Kapelle von Rosslyn, den Trustees der Kapelle von Rosslyn, der Bibliothek für schottische Dichtung, dem Nationalmuseum für Naturgeschichte.

Besonders möchten wir unserem Agenten Mr. Bill Hamilton von A.M. Heath Ltd für seinen unschätzbaren Rat und seine Ermutigung während der Entstehung dieses Buches danken.

Abbildungen

Alle anderen Bilder stammen aus der Sammlung von Christopher Knight und Robert Lomas

Quellenverzeichnis

Philips, G. – Parzivals Heiliger Gral. Auf der Suche nach der geheimnisvollen Reliquie der Menschheit, erschienen im Wilhelm Heyne Verlag GmbH & Co. KG, München 1997.